中国设计

大家谈

设计的实践 × 2

《设计》杂志社 组编

李杰 编

机械工业出版社
CHINA MACHINE PRESS

中国设计在经历了从引进、仿制到自主创新，再到融入企业乃至国家战略的过程后走向复兴，从自我否定转变为拥有文化自觉和设计自信。但是，在一片掌声之中，我们也看到了中国现代设计依然面临很多困难和困惑。基于此，本书聚焦"设计与实践""设计与科技""视觉传达""服装设计"主题，集结了设计领域各界领军人物，通过一系列的专题访谈，与读者分享中国设计在各个领域所取得的成就、经验，以及对中国设计发展前景的思考和预期，希望与各位设计界同仁共谋解决问题的新思路，共图中国设计的新发展。

图书在版编目（CIP）数据

中国设计大家谈 2，设计的实践 / 李杰编 —北京：机械工业出版社，2022.6
ISBN 978-7-111-70501-7

Ⅰ.①中… Ⅱ.①李… Ⅲ.①设计师—访问记—中国—现代 Ⅳ.①K825.72

中国版本图书馆CIP数据核字（2022）第056492号

机械工业出版社（北京市百万庄大街22号　邮政编码100037）
策划编辑：徐　强　　　　　　　责任编辑：徐　强　马新娟
责任校对：张亚楠　贾立萍　　　封面设计：鞠　杨
版式设计：鞠　杨　　　　　　　责任印制：张　博
北京利丰雅高长城印刷有限公司印刷
2022年7月第1版第1次印刷
145mm × 210mm · 13.625印张 · 3插页 · 307千字
标准书号：ISBN 978-7-111-70501-7
定价：128.00元

电话服务　　　　　　　　　　网络服务
客服电话：010-88361066　　　机 工 官 网：www.cmpbook.com
　　　　　010-88379833　　　机 工 官 博：weibo.com/cmp1952
　　　　　010-68326294　　　金 书 网：www.golden-book.com
封底无防伪标均为盗版　　　机工教育服务网：www.cmpedu.com

前言

　　在我国实现社会主义现代化和中华民族伟大复兴的历史进程中，设计赋能经济高质量发展、城市高效能治理和人民高品质生活的效应得到广泛认可。中央各部门和地方政府纷纷出台相关政策鼓励设计与特色产业要素相结合，以设计创新谋求城市软实力和产业优势的提升。在此背景下，如何更好助力设计实践探索，实现设计行业跨越式发展，成为摆在众多设计人面前的一道迫切求解之题。为此我们精心策划了"中国设计·大家谈"专栏并结集成书，汇聚设计行业领军人物，直面设计行业发展问题，展示设计行业优秀人才和设计思想，助力中国设计行业高质量发展。

　　自古实践出真知。本书的主题是"设计的实践"，包含设计与实践、设计与科技、视觉传达和服装设计四个章节。第一章"设计与实践"聚焦设计理论与实践的思辨，分享各领域设计发展格局和发展趋势；第二章围绕"设计与科技"邀请跨界专家结合最新科技发展输出观点，呈现中国设计人对设计与科技关系的深度反思；第三章和第四章分别围绕"视觉传达""服装设计"两个设计领域，汇聚学院和产业界的领军人物畅谈领域内的教育实践、社会实践。

　　在社会经济快速发展的当下，设计赋能的力量不可小觑，因此，及时开展对设计实践活动的反思是必要的。设计是一项思想和文化具象化的智力活动，操作性和实践性是其重要特征，未来设计行业的实践想要行稳致远，需要产学研各界的共同努力。

从学科建设来看，由于受到外来文化的影响较多，我国设计学的学科发展较晚、发展基础相对薄弱，需要更为广泛和多样化地吸收其他诸多学科的长处和养分并不断完善创新。目前设计学科在形成自身理论体系和研究方法方面依然比较薄弱，需要更加丰富的理论研究和实践积累。

从产业发展来看，设计产业的特征决定了其兼容并包的发展模式。设计产业相关实践也需要更多地考虑社会、经济、政治、生态、人文等元素，构建更加完善和友好的设计产业生态。设计实践生态不止包含甲方、乙方，更是一个庞大的人－物－环境的关系圈，尤其是环境，既包含自然环境，也包含社会环境、技术环境、政治环境、经济环境和文化环境等。

从人才培养来看，持续的高质量设计实践活动需要新鲜血液不断加入，关注年轻设计师的成长，给予年轻设计师更多发展空间和想象力，设计创新才能得到更好的发展和传承。

与此同时，设计师要想在实践中收获预期的设计成果，需要关注生产生活中的方方面面。本书集纳的专家观点对于设计实践的关注点主要集中在以下方面。

一是关注用户需求。"一流"的设计师可以创新设计需求，但大部分设计师是在寻找细分市场的过程中定位用户需求。当前是一个物质极大丰富的时代，经济发展催生了消费的多元化和碎片化特征，因此，关注细分群体的消费需求，挖掘有效需求并提供相应的服务和产品是设计师和设计管理人员的重要工作。

二是关注技术发展。技术赋能设计，设计是技术的应用载体，两者之间互为促进。不可否认，以新技术、新材料、新工艺为基础的创新设计才是真正的"未来设计"，可以说设计师对于技术的发展和应用非常敏感，真正"技术流"的设计师，往往是从用户需求出发，而不是为了应用某种技术而包装一项设计产品。设计的作用是让技术被更好地应用，设计师应该具备科技和创新的想象力，也应该具备人文关怀的能力和素养。

三是关注政策导向。政策导向在一定程度上决定了行业的发展空间，设计师和设计管理人员保持政策敏感性，可以为设计培育更多可能性。

设计实践的最终目标是为了实现行业的可持续发展。设计理论与设计实践，看似是设计可持续发展的两条路径。目前，实践方面出现了一些跛脚现象。不过，设计行业已在尝试联合行业优质资源改变这种发展不足。我们相信，在中国丰富、深厚、博大的文化土壤中，经过行业的共同努力，设计实践必然能迎头赶上，从而构建出更健康和平衡的设计生态。

李杰

前言

第一章 设计与实践

第二章 设计与科技

目录

第三章 视觉传达

第四章 服装设计

实践　　　　与　　　　设计　│　第一章

设计理论与实践
DESIGN THEORY AND PRACTICE

《设计》杂志社主编　李杰

　　我国工业设计教育起源于 20 世纪 80 年代，目前主要有 4 种产学研合作模式：①产业定向需求模式。它是由高校牵头组织团队做定向设计服务，旨在提高学生的项目实践能力。②创客空间模式。它是由高校教师与学生组织创客基地，并承担相关产业的运营管理，以增进学生的研发能力，实现自主研发。③校企联合模式。它是国内众多高校采取的模式，但效果各不相同，校企双方在认知上的差异以及组织形式松散是合作效果不佳的主要原因。④政府扶持模式。它是由政府颁布相关政策和投创专项基金，建立设计园和产业园，其中，部分项目取得了可转化及可实用的研究成果。但是政府扶持模式也存在人才培养环节脱节的情况。可见，目前我国工业设计产学研合作虽然多种多样，但仍存在合作机制不完善、合作培养教学模式较单一等问题，亟须进行深入研究与实践。

　　我国工业设计教育已有近 40 年的历史，产学研合作取得了一定程度的发展，但在人才培养模式、产学研合作方式、设计成果转化等方面均存在一些问题，需要深入研究并进行实践。有学者指出，在当今社会，一方面，设计专业学生所接受的教育往往存在"去实践性"，即学生缺乏实践机会，设计的理念脱离实际；另一方面，设计作品市场化趋势影响下的设计师则将更多的精力投入到商业利益上，在其设计实践中往往忽视对理念的认识，造成实践中理念认识的滞后。在这两方面因素的作用下，设计的发展出现了瓶颈，也正是设计发展的这种严峻形势，引发了大家对设计理念和设计实践相结合问题的思考。

辩证唯物主义认为，理论是实践的向导。大家都知道人类认识事物的规律，实践—理论—实践—理论，如此反复，周而复始，每一次循环都使理论得到提升，理论是实践中得来的精华，反过来又指导人类更好地实践，这样人类社会才能进步，历史的车轮才能滚滚向前，推动全球的发展。一般来说，理论来源于实践，又指导实践。

要想保证所设计的艺术作品质量高，除了需要借助于艺术设计学科中的具体内容外，还需要其他学科知识的辅助，从而更加全面地达成设计目标。在艺术设计过程中，虽然看似设计属于一个人的专利，但却少不了其他人员的配合，比如技术人员、生产人员、数据整理人员等，只有在相互合作的基础上，才能完成艺术作品的设计工作。所以，艺术设计这种综合性学科更应该注重理论性与实践性相结合。

曹鸣：
设计教师要能"做设计""论设计""教设计"

CAO MING : DESIGN TEACHERS SHOULD BE ABLE TO "DO DESIGN", "DISCUSS DESIGN"AND"TEACH DESIGN"

曹鸣

江南大学设计学院副院长、副教授、硕士生导师

　　曹鸣，江南大学设计学院副院长、副教授、硕士生导师，中国轻工业工业设计重点实验室副主任，移动生活方式设计研究实验室负责人，中国工业设计协会教育分委会理事，中国工业设计协会轨道交通分会理事，江苏省工业设计学会常务理事，中国五金产业技术创新战略联盟设计专业委员会委员。

　　除了作为一名高校优秀的教育者与行政管理者之外，曹鸣更是一名业内知名的产品设计师，主持参与过多项国家重要设计项目及行业创新项目，个人作品曾获得中国优秀工业设计奖（工业设计领域的首个国家政府奖）金奖、红点概念奖、iF 概念奖、美国 IDEA 设计奖银奖、光宝创新奖专业组银奖、法拉利全球设计大赛"最出人意料技术解决方案"奖等多项国内外重要设计奖项，其作品受邀参加多项国内外重大设计展会。2011 年、2013 年两次获中华龙腾奖中国设计业十大杰出青年提名奖，获江苏省工业设计十佳推进人物、2019 TIA 十佳杰出设计师、无锡市唐鹤千卓越青年文化创意人才等殊荣，也是 CHINA CYCLE 创新奖、中国设计红星奖、太湖奖等重要赛事评委，个人研究方向包括系统创新与设计战略、用户体验与产品创新、移动生活方式研究等。二十几年的设计教学与行业实践经历，让曹鸣对于"设计与实践"的话题有着个人深刻的理解。

《设计》：请您介绍下江南大学设计学院在设计实践方面的办学特色。

曹鸣：江南大学设计学院由创建于 1960 年的无锡轻工业学院造型系发展而来，是我国现代设计教育的主要发源地，也是我国设计教育改革的先锋和示范学院。经过 60 年的建设与持续改革，特别是基于新经济与信息化产业的转型，已成为以轻工为特色，在国内外具有重要影响的高水平设计学科、最具国际活跃度的国际化学院、业界卓越设计人才培养的示范基地。作为国内实践"艺工结合"学科理念的先行者，它曾连续 4 次荣获国家级教学成果奖，是国家"211 工程"一期、二期、三期重点建设项目。学院致力于建设创新型、国际化、研究型设计教育的一流设计学院，注重跨学科系统创新，办学水平和整体实力处于国内领先地位，轻工特色鲜明。设计学科在第四轮学科评估排名中位于 A 类（2017），在中国最好学科中排名第三（2020），设计学研究生学科排名第三（RCCSE），是"十三五"江苏省重点学科。

江南大学设计学院在设计实践方面长期具有明显的研究驱动、服务产业的办学特色，主要表现为以下几方面：

1）彰显轻工特色的设计实践主题。在紧扣民生的"衣食住行用"等方面长期耕耘，关注具有中国特色的"民生智慧"，与家电、个人出行、健康医疗、食品设计等行业企业建立了长期稳定的校企合作关系。

2）整合创新的设计实践培养理念。在设计实践教学中，基于新经济（服务经济）、新技术（互联网、信息技术）及新业态（共享、商业创新）变革趋势的更高要求，率先提出了"整合创新"的培养理念，重点打造学生的整合创新能力，即设计、科技、商业及文化融合创新的能力，以特定专业知识并兼具跨领域（商业创新、健康养老、互联网服务等）的能力适应未来社会的变化。

3）全方位的设计实践教学路径。在日常的本科高年级及研究生专业

2012 年飞毛腿磁动车项目

课程中积极导入校企联合创新机制，通过企业资助、联合指导、共同发布的模式，提升课程的实践深度。同时，通过校企毕业设计课题、工作室项目小组及团队项目招募等多种形式，从不同层次培养学生设计实践能力。

4）构建"设计技术实验室—创业工坊—产业实验室"实践平台体系，强化创新氛围与平台支撑。依托中国轻工业工业设计重点实验室等优势平台，建设设计原型与先进制造、交互技术、用户研究、大数据等 10 余个先进实验室；成立创业工坊，联合业界定期召开"设计创业分享大会"，指导孵化产品；与海尔、美的等企业联合，建立"未来生活创新联合实验室"等多个产业实验室，为在校生的实践实训提供了重要支撑。

《设计》：在数字化时代，设计学科的教学理念与教学模式面临挑战，您认为需要做出哪些变革？

曹鸣：数字化时代的到来对于设计学科的教学理念与教学模式的挑战是巨大的。一方面，数字时代所引发的社会、经济、文化、生活方式等方面的深刻变革，使设计所面临的问题日趋复杂性与多元性，原有的设计工具、设计流程面临新的变化；另一方面，新的时代背景对于设计人才提出了更高的要求，在原有设计综合能力的基础上，还需要当代掌握数字技术的应用能力、当代社会的解题能力，更需要培养对于未来世界的洞察及创新能力。另外，如何对社会发展构建反思与责任感意识也同等重要。所以，数字化时代下必须树立新的人才培养观：①积极拥抱数字化。不要僵化于原有的培养模式与课程体系，一些全新的课程需要增加，一些经典课程需要更新模块。②更加全面地规划培养方案。数字化背景下的人才培养需要一个系统观，从基础到专业再到实践应用，都需要整体考量。③整合创新、社会责任及反思能力培养在未来更显重要，在培养体系中需要通过课程思政、内容建设、教学环节来逐步养成，所以多样化、多层次的培养机制也需重视。

《设计》：学院是否已经做出了针对性调整？

曹鸣：江南大学设计学院在上一轮就明确了以"适应未来转型"为当代设计类人才培养的目标，以"整合创新"为人才培养的核心，培养适应未来行业领域的、有社会责任感和受尊重的新型设计师与设计领导者，以适应新经济、新社会的转型挑战。前一阶段，学院通过学科调整，原数字媒体学院中数字媒体艺术专业并入设计学院，纺织服装学院中服装设计与工程、服装与服饰设计、表演并入设计学院，旨在整合资源，为更大学科布局，推进设计学科更快更强地发展。所以，在这一轮的本科人才培养计划调整过程中，进一步加强专业的交叉融合及整合创新理念的全面覆盖。一方面，在各个专业课程体系中都加强了数字科技的结合，如原有的公共艺术做了全新定位，把数字媒介作为核心创新载体；另一方面，各专业在第六学期均进入整合创新设计课程组、第七学期均进入跨学科交叉课程组，进一步强化专业融合、学科交叉，在不同专业推进整合与系统创新的教学理念。

《设计》：在教学实践中，教师应当如何引领学生高质量地开展设计实践？

曹鸣：我始终认为，对于从事设计实践教学的教师的要求是非常高的。首先，教师需要具备各方面扎实的设计实践技能水平，要能"做设计"，才能帮助学生掌握设计实践的基本工具及基础手段。其次，教师需要具备完善的设计理论体系及与时俱进的创新意识，要能"论设计"，让教学实践的主题、内容及指导思想具备一定的先进性。最后，教师需要具备科学的教育理念及教学体系，要善于"教设计"。

一个优秀的设计教师是引领学生高质量地开展设计实践的关键。当前各大设计学院在选拔人才层面也存在着一些问题，一味强调科研导向，导致很多擅长做设计、教设计的人才进不来，使本科生甚至研究生层面的设计实践面临很多的困境。

《设计》：融入地方产业，服务区域经济社会发展，突出差异化专业培养，培养适应产业需求的创新技能型人才是时下的热门，新的市场需求是否对人才培养模式提出了新的要求？学院采取了哪些应对举措？

曹鸣：不同的学校都有着各自不同的定位，在经历了规模化、趋同化发展之后，未来设计教育的趋势是分级化、差异化，以应对未来转型社会的多元人才需求。以江南大学设计学院为例，前面我提过，它一直秉持以轻工为特色的教学理念。学院的产品设计、工业设计专业在家电创新、个人出行、健康医疗、服务体验等领域都有着长期的专注，在新的人才培养方案调整中，改变了过去散点式的专题研讨，逐渐形成了各专注领域的课程体系，让学生们更加系统地掌握专项领域知识。同时，基于无锡地方产业，我们在智能交互、数字媒体、个人出行等领域结合科研、教学积极展开校企合作，让地方产业转为教学科研的良好资源。

《设计》：疫情改变了世界，高校亦身在其中，具体感受到了怎样的挑战？有效的应对措施采取了哪些？

曹鸣：我刚刚从科研外事工作转到本科教学工作，就面临了疫情所带来的教学方式调整，这对我来说确实是个严峻的挑战。首先，需要解决所有教师掌握在线教学工具及在线沟通的问题。很多老教师不大上网，对于企业微信、钉钉、ZOOM等在线教学工具都不熟悉，我们就通过各系部主任进行一对一的帮扶，帮他们一个个构建上课班级群、教会他们使用相关软件。我本人也临时制作了大量的教学视频，共享给各位老师学习。虽然在线教学已经提了很多年，但当前的疫情真正推动每个人走到了在线教学的一线。其次，需要解决设计类课程（特别是实践类课程）的在线教学局限问题。设计理论类课程采用在线的方式相对比较容易，学院推荐的方式是教师通过在线直播的方式进行授课，通过视频会议进行课堂讨论，效果较好。专业设计类课程也是采取类似的方式，但需要教师花费更多的时间在线参与各组的设计方案讨论及评价，使用一些远程白板、思维导图等协同工具。还有一些实操类课程，会适当调整课程环节及练习主题，尽量使用学生在家中能找到的工具材料进行相关练习。教师端使用在线直播演示或录屏的方式做示范，学生通过录屏提交各自练习的成果。对于一些需要使用实验室、工坊等物理场地、工具仪器才能进行教学的特殊课程，我们进行了延期或更改，放在了线下开学后进行。在线教学过程，除了教学本身的挑战以外，更重要的还是教学管理。我们一开始就让每个授课提前组建了课程班级群，一门课一个群。各系主任都需要加入各系部课程群，以便进行日常的授课检查及效果监督。教学院长会随机入群进行随堂听课，检查教学质量及获取学生反馈。应该说，疫情对于高校教育影响是巨大的，一方面考验了教师应对教学转型的能力，另一方面对教育理念及教学体系的构建带来了新的启示。

《设计》：请您分享一些您主持或参与的设计实践的成功案例。

曹鸣：熟悉我的人都知道，我个人除了从事行政与设计教育工作以外，还是设计师，这与我一直以来的个人定位有关。我始终觉得，设计教育的从业者是离不开行业一线的实践的，优秀的设计教师应该也是一名优秀的设计师。在当前这种教学体制下，具备这两方面能力的师资是相对欠缺的，坚持实践既是个人的一种专业信仰，也是对于未来体制优化的一种期盼。

飞毛腿磁动车项目是我在个人出行领域专注了多年的一个比较典型的案例。长期以来，传统个人出行领域对于设计一直缺乏重视，一贯的标准化生产与代工形式，使大多数企业缺乏创新精神与能力。2008年一

2015 年云马 C1 智能电单车项目

个偶然的机会，我开始接触飞毛腿 FMT 磁动车项目，并进行初步的开发合作。之所以我会对这个项目感兴趣，不光是因为它独特的磁电机技术会给电动两轮车带来更自由的创新空间，同时也因为企业管理者对于设计的重视及对我本人的信赖。经过三年多的磨合，2012 年我有了一个完全自主的机会来帮助企业建立全新的产品形象。全新开发的 TDR1301Z 车型是针对都市年轻女性研发的一款电动助力单车，车架设计采用了圆润的往返曲线，改变了企业原有的型材拼接的产品形象。电池组单独置于两横梁之间，在考虑到美观轻便性的同时，也为以后车型的拓展留了空间（后续会开发电池可拆卸式车款），这在当时也是市场上重量最轻的电动车之一。这款车也有幸获得了 2012 年中国优秀工业设计奖产品类金奖，是唯一获得该奖项的院校作品。

云马 C1 智能电单车项目是 2015 年受杭州云造科技有限公司邀请参与的创新项目，应该是国内第一批智能单车项目。这个项目也是完全意义上以设计驱动的项目，从企业战略到产品规划，从产品定义到设计策略，从开发流程到量产管理，设计师都扮演了重要角色。产品定位为年轻人的第一辆智能电单车，该项目在淘宝众筹获得了年轻人的认可，首日就突破了 100 万元。同时，这一轮互联网思维下的出行创新给传统造车企业带来了巨大的触动与反思。

无锡地铁 2 号线列车项目是 2012 年我与中车南京浦镇车辆有限公司合作开发的服务地方项目。2 号线的外观设计元素来源于无锡传统"阿福"的形象，通过抽象提取，使用简约现代的方式应用于列车前脸。同时，在"阿福"传统用色系统中提取了经典绿色系列，结合绿色在无锡的城市形象中的特征进行色彩规划，在造型及色彩配合上很好地体现了城市可持续发展的特征。作为项目合作伙伴，南车集团承担了后期设计实施的大量工作，双方在项目过程中积极配合工作，保证了项目的顺利

2012 年无锡地铁 2 号线列车外观及驾驶舱造型设计项目

落实及量产。此项目是我们团队与南车集团继沈大线列车、动车组列车、青藏线列车等一些列车设计项目之后又一重大合作项目，也是发挥设计学院的设计优势为地方服务的重要成果之一。

2018 年，江南大学设计学院、荷兰代尔夫特理工大学工业设计工程学院、小天鹅设计部联合举办"TUD 情境与文化研究下的用户体验设计工作坊"。

美的"初见"洗衣机青春版是我们和美的集团洗衣机事业部（无锡小天鹅股份有限公司）长期合作下的量产项目。该项目采用联合创新的新模式，前期邀请荷兰代尔夫特理工大学工业设计工程学院联合举办了 TUD 情境与文化研究下的用户体验设计工作坊，通过国际师生和企业设计师的思想碰撞获得了大量概念成果，后续通过我的团队和企业设计师的合作输出设计成果。这种全新的合作模式取得了极好的成效，前期主要创新概念成果都在 2019 美的"初见"洗衣机青春版 MG80T1WD 上得到了体现，这是近年来校企不断思考合作模式创新的一个经典案例。

《设计》：请您分享一个目前关注的行业热门话题或正在从事的项目。

曹鸣：最近，我们与美的小天鹅在合作的一个项目——基于品牌战略的洗衣机产品 CMF（颜色 Colour、材料 Material、表面处理 Finishing）触感体验研究，是我近期策划的品牌感官体验系列项目之一。这几年 CMF 研究在各行业都是个热门话题，主要关注的范畴还是材料工艺及趋势研究，对于品牌体验与 CMF 关系研究得不多，这是我在长期与家电企业合作过程中不断思考的话题，目前也在积极推进中，希望未来有机会跟大家做分享。

傅炯：
中国消费从品质时代进入品味时代，企业如何更新设计方法？

FU JIONG：CHINESE CONSUMPTION HAS ENTERED THE AGE OF TASTE FROM THE AGE OF QUALITY，HOW CAN COMPANIES UPDATE THEIR DESIGN METHODS?

傅炯
上海交通大学设计学院设计趋势研究所所长、副教授

　　傅炯，上海交通大学设计学院设计趋势研究所所长、副教授、硕士生导师，色彩与流行趋势专家，1998 年毕业于无锡轻工大学（现江南大学）设计学院，获硕士学位，之后在上海交通大学工作至今。2001 年—2003 年，他为飞利浦设计开发了 24 款产品。2008 年，他和法国的流行趋势研究机构 Style-Vision 联合创办了 Insight Shanghai 上海国际设计趋势高峰论坛，迄今每年举办一次。2010 年，他在英国邓迪大学担任访问学者。2016 年，他创办了 CMF Shanghai 上海国际汽车 CMF 设计高峰论坛。他的研究领域包括我国消费者的生活形态和审美特征、色彩与流行趋势、品牌与产品定位。他以多年的研究经验成为业内重要的学者和演讲者。

　　傅炯认为，将前沿的技术转化为打动消费者的产品，需要企业掌握消费者细分的方法论。因为消费者是平行的、细分的，哪怕在同样的收入和支出的情况下，也会有差异化的审美特征。上海交通大学设计学院设计趋势研究所针对消费者的研究是全方位、立体化的，通过对消费者进行解构和分析，形成了清晰的消费者研究战略。如果从审美的视角对消费者进行深入细分，我国的科技企业能生产更多让消费者激动的产品，同时也能释放潜在的消费力，产生更大的销售额。

《设计》：您在流行趋势研究领域深耕多年，发布精准的流行趋势需掌握哪些要素？您所引领的设计趋势研究有何独到之处？

傅炯：流行趋势是在一定的政治经济文化背景下，某些视觉主题和视觉元素普遍受人们喜爱，这种现象叫作流行趋势。

首先，研究者要有跨学科的知识背景，既要有观察力，还要有解释力。我自己的知识体系就是机缘巧合形成的，我是无锡轻工大学（现江南大学）设计学院工业设计专业毕业的，但是我从大学三年级才开始对社会学感兴趣。研究生一年级我入选学校的辩论队，学校对我们进行了系统的社会学科的集训。研究生毕业以后，我来到上海交通大学工作，又去上海社科院跟卢汉龙老师学社会学，还发表了两篇相关论文。所以，我的社会学功底帮我形成了比较好的流行趋势分析能力。

其次，研究者及其团队需要充分的国际化，始终站在全球流行趋势的前端。西欧作为流行趋势的前沿阵地，以意大利、法国等西欧国家为中心，慢慢向东方传递。因此，团队只有具备国际视野，才能掌握当下全球流行趋势。上海交通大学设计学院设计趋势研究所具有人才结构优势，团队成员都是工业设计背景，核心成员均来自国内外重点高校，具备独到且专业的国际视野。同时，我们团队多年来一直与世界一流企业合作，在服务企业的同时，也会接收到更多前沿的流行趋势信息。

再次，需要大量的调研，因为不是所有的全球流行趋势都能满足我国消费者的审美偏好和需求，在国内流行起来。因此，我们需要对国内环境和消费者心理及审美喜好进行深入细致的研究，把握全球性和地域性的关系。对此，我们团队每年都会进行大量的消费者研究，长期跟踪我国消费者审美偏好的演变。

最后是经验，研究人员需要对社会发展、科技发展、历史文化、生活习俗等多领域有深入的理解，并且对社会现象具备敏锐观察力，观察到细微变化可能带来的涟漪效应。知道什么是将要发生的，什么是正在发生的，什么是将要结束的。唯有如此，才能精准把握流行趋势的变化，始终站在流行趋势的前沿。

《设计》：大数据时代，消费趋势变化有怎样的特征？大数据是否可以直接给出消费趋势？

傅炯：我们可以从两个层面理解消费趋势和大数据的关系。

在刚需消费层面上，大数据的确可以更高效地帮助大家监测消费趋势的变化，越是物质的、刚性的消费需求，越容易被大数据监测到。由于这些刚需消费所涉及的领域太多，传统的人工统计分析方法不仅耗时耗力，而且数据的准确性不高。随着社会、经济、科技、文化的发展以及人们消费观念和方式的转变，物联网、网购、线上或电子支付等新的消费方式进入大众的生活。这给利用大数据监测人们的消费数据提供了一个绝佳机会。通过整合分析一段时间内不同领域的刚需消费数据，加以合理预测，可以快捷且相对准确地总结出未来一段时间民众的消费趋势。

但是涉及精神和审美的消费，大数据就无法准确地预测其流行趋势，因为这种类型的消费具有被引领的特点。比如明星和时尚流行现象对消费者就具有很强的引领作用，消费者的喜好会随着猛烈的流行信息输入而改变。我们曾经做过一个关于我国女性对绿色衣服喜好的研究。2012年在上海的女性穿绿色衣服的概率是1/12；而在2013年年底，这个概率翻了一倍，达到了1/6。原因是2013年全球流行趋势的年度色是祖母绿，这个颜色在全球取得了巨大成功，包括我国市场。通过这个例子我们能看到受到流行文化的影响，消费者的审美偏好是会被引领改变的。此外，消费者期待新鲜感和惊喜感，流行趋势可以在创新和美学上引领时代的潮流。比如篮球鞋，明星联名款居然能占据大部分市场。

总的来说，大数据只能帮我们提供数据的采集、聚类和浅层的概率分析，还不具备透过表象看到本质内精神和审美层面的洞察能力以及人文思考能力，仅仅依靠大数据来挖掘和预测未来的流行趋势还远远不够。我们要发挥设计和流行文化在消费市场中的引领作用。在这一方面，我国企业目前还很薄弱。

《设计》：中国人的"审美"和"审丑"能力，每次提出都能引发无数吐槽，您认为应如何改善国人的审美能力？近几年国人的审美呈现怎样的特点？

傅炯：文化分为上层文化和民俗文化，比如《三国演义》和《水浒传》呈现的就是两个完全不同的文化层次。我国地域辽阔、历史悠久，民俗文化有很大的体量，而且我国的民俗文化灿烂多元，深受老百姓喜爱。民俗文化相对于上层文化而言，没有那么高雅，所以它自然会有"俗"的一面。

我国整体的美学教育还是相对落后的，所以政府提出了将美育作为重点的发展方向。因为对于未来一个高水平的消费市场，如果民众的美学修养欠缺，这部分消费力就不能释放出来。除了普通民众之外，政府官员、社会上层的美学修养也有很大的提升空间。

从过去百年的历史看，整体而言，我国没有经历过全方位的现代抽象艺术的洗礼，整个民族基本上处于比较传统的具象审美阶段。20世纪三四十年代出现过苗头，比如鲁迅先生早年的平面设计作品，北大的校徽就是鲁迅先生设计的，我们能从中看到现代的、抽象的审美。新中国成立初期，我国的平面艺术受到苏联结构主义的影响非常大。改革开放之后，现代抽象的审美才比较完整地从西方进入我国。总的来说，我国大部分社会上层精英和绝大部分民众没有经历过比较系统的现代审美的熏陶和训练，无法欣赏抽象的造型和色彩所带来的艺术美感，相对而言，他们还是比较喜欢具象的形象，这导致我们没有形成比较优质的现代设计消费市场。这就是"审丑"的社会原因。

《设计》：请您阐释一下"高视觉品质的可持续性设计"这一趋势的具体呈现。

傅炯：所谓"高视觉品质的可持续性设计"，其实是指可持续设计或者环保设计的升级。可持续设计起源于 20 世纪八九十年代，国外兴起了绿色设计的风潮，那个时候的环保设计可以理解为把废旧材料打碎，再回收利用。从 CMF 的角度看，当时这种再回收利用的材料，其视觉品质本身就不是很好了。但当时的环保人士和比较先进的消费者能够容忍这种视觉缺陷，而且对使用环保材料感到非常自豪。

但是到了今天，消费者对环保材料的需求发生了变化，提出了既环保又美观的新需求。同时，材料供应商对环保材料的处理水平越来越高，使环保材料也能形成越来越好的视觉品质。比如，SABIC 有一种回收材料 PCR（Post Consumer Recycled，回收再生料），它与原生材料的视觉品质差异已经非常小了，肉眼很难看出区别。这些新技术推动了"高视觉品质的可持续性设计"的发展。

《设计》：您曾提出"中国消费将马上进入品味时代"，"品味时代"的标志性特征是什么？拼多多高歌猛进，"消费降级"与"品味时代"是否矛盾？

傅炯：品味时代，是在品质之上，消费者提出了更多的感官要求和文化要求的新的消费时代。比如，品质时代，消费者不再仅仅满足于最便宜的商品，他们要求更好的商品；品味时代，消费者不再满足于好的品质，他们还要求更好的设计、更好的体验。品味时代是消费者和品牌共同进步的时代。在这个升级的过程中，如果企业没能跟上，会被市场残酷抛弃。

拼多多不是消费降级，而是底层民众的消费升级。通过拼多多的买家秀，我们可以观察到，拼多多的用户哪怕买的是一个假的品牌电视机，但是在他们简陋的客厅里也是一个体面的物件，是一个能让他感到骄傲的产品。纵使它是假货，可能还会有很多品质上的问题，但是对于购买者来说，仍然是消费升级。我国市场有很强的学习能力，低端产品的品质以及设计感有很大的提升空间。底层消费者的审美和消费力的巨大提升潜力,将会继续强有力地推动未来的"消费升级"市场的发展。

《设计》:在数字化时代,设计学科的教学理念与教学模式面临挑战,您认为需要做出哪些相应的变革?

傅炯:在数字化时代,即目前所处的硅基时代以及未来的碳基时代,人类社会的整体结构产生了巨大变化,原本个人和社会之间存在比较实体的链接,在未来,数字化会导致人与人之间的空间距离增大,人、社会、信息三者之间的互动与沟通将进一步增强。所以,设计与数字化、智能化的结合是不可避免的。2019 年,上海交通大学设计学院对工业设计专业的教学计划做出了比较大的改动,就是为了顺应时代的变化。我们增加了《数据科学基础》《创意编程》《数学分析》《产品信息架构》《新媒体设计 – 交互绘本创作》等课程。

《设计》:在教学实践中,教师应当如何引领学生高质量地开展设计实践?为提高学生的实践能力,学院给学生创造了哪些条件?

傅炯:上海交通大学设计学院根据时代的变化及师资结构的变化来管理教学和科研,以科研为核心的态势更加明显。比如,我们在 2009 年就把工业设计专业分为 4 个研究所,在 2020 年开设了 IIDE(国际工业设计工程硕士课程),把全系分成 5 个方向:智能化设计、信息与交互设计、设计策略与管理、用户体验设计、设计文化与地域振兴。老师形成合作的团队,学生可以根据自己的特长和专业兴趣进入不同的团队,打破了一位研究生只有一位导师的模式,学生可以接触到不同方向的项目和跨领域的知识。IIDE 项目也非常注重国际化和产业化,课程主要以英文授课,并且会从产业界大量引进企业导师来授课。

SABIC PCR 材料

傅炯：疫情对我国社会的推动作用非常大，我们发现，当一家人长时间共处在一个空间时，夫妻关系和亲子关系都遇到了很大的挑战。值得我们反思的是，为什么一家人不能在同一屋檐下待很久，很多人在里面待久了会崩溃呢？

所以，疫情过后家居行业和心理辅导行业就崛起了。这两个行业针对后疫情时代的家居生活展开了很多探讨。那么，家居设计的总趋势是什么呢？过去，我们把家装修得很好看，很大程度上是为了展示给别人看，满足自己的虚荣心。现在，人们开始从舒适性的角度考虑整个空间的设计，考虑一家人在里面的生活场景。下一个阶段就是遵循内心的感受，考虑不同的家庭成员在家里的各个空间是否感到内心的安宁、祥和和快乐。也就是说，基于个人内心感受的设计将成为趋势。

所以，好的空间设计不仅仅是美观的、流行的，还应该是温暖的、治愈的。我们需要创造有利于个人成长和家庭关系的居住空间。

《设计》：请您分享一些您主持或参与的设计实践的成功案例。

傅炯：2018年，我们为苏泊尔锅具开发了产品色彩系统。我们首先对全球设计趋势进行了梳理，然后分析了它们的产品特征。它们的产品有炒锅、珐琅锅、水杯、厨房小工具等十余个门类，每个门类的产品都有不同的产品技术特征和设计特征。我们首先把它们产品色彩中不好看的、陈旧的大量删除，然后根据不同门类产品的特征对应寻找合适的流行主题，提取色彩。这时提取的颜色有一两百个，需要整理、收拢、系统化，把新的色彩系统中比较有特征的颜色强化。我们团队有一位资深的法国色彩专家。我们与她合作的方式是，先由我国员工整理一遍，她调整一遍，我们再调整一遍。外国人的蓝绿眼珠看到的颜色与中国人的黑眼珠看到

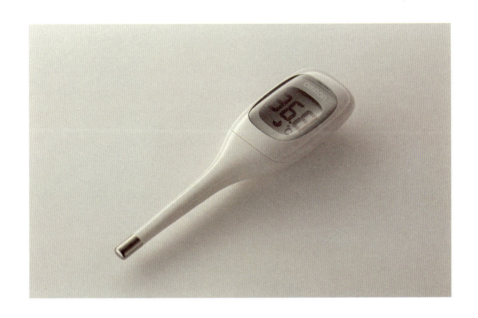

电子温度计——日本设计师 柴田文江（2015）

富士山啤酒杯——日本设计师 铃木启太（2008）

的颜色存在差异，色彩审美也不一样。所以，对西方专家也不能完全依赖。应用这套色彩系统的全系产品在 2019 年 9 月发布，获得了很不错的市场反响，在设计界也引起了广泛关注。

《设计》：请您分享一个目前关注的行业热门话题或正在从事的项目。

傅炯：我们团队目前重点关注高科技领域。我国的高科技行业往往更专注于技术，"直男"思维比较严重，忽视了对消费者审美的研究，这阻碍了企业的发展。另外，大部分企业缺少针对消费者细分的方法论，产品的价格完全取决于技术的难易程度。

将前沿的技术转化为打动消费者的产品，需要企业掌握消费者细分的方法论。因为消费者是平行的、细分的，哪怕在同样的收入和支出的情况下，也会有差异化的审美特征。上海交通大学设计学院设计趋势研究所针对消费者的研究是全方位、立体化的，通过对消费者进行解构和分析，形成了清晰的消费者研究战略。

如果从审美的视角对消费者进行深入细分，我国的科技企业能生产更多让消费者激动的产品，同时也能释放潜在的消费力，产生更大的销售额。我们正在努力进入高科技企业，推广消费者审美研究和流行趋势的相关理论和方法论。

高峰：
中兴终端　离技术近，离用户更近
GAO FENG: ZTE CLOSE TO TECHNOLOGY, CLOSER TO USERS

高峰
中兴通讯终端产品设计中心设计总监、设计部部长

　　高峰，高级工程师，光华龙腾奖——中国设计业十大杰出青年，中国十佳工业设计师，上海青年高端创意人才，现担任国家级工业设计中心——中兴通讯终端产品设计中心设计总监、设计部部长。

　　他主持设计的产品远销160多个国家和地区，影响数亿用户，获得了包含 iF、红点在内的国际设计大奖 20 余项。通过建立跨地域国际化的设计团队，他为中兴通讯及全球客户提供了良好的产品设计和端到端解决方案。在产品创新设计上，他强调以人为本的设计思想和设计驱动研发的工作流程。他设立了"亲新简思"四字设计理念，涵盖人本、创新、审美和社会四大哲学体系。申请专利 40 余项，涵盖显示触控、语音控制、人机交互、工艺机构及外观设计等多个领域。

　　中兴通讯终端产品设计中心隶属中兴通讯产品研发中心，成立于 2005 年，一直专注于终端产品的设计及研发，旨在为中兴旗下品牌及原始设计制造商市场提供优质的设计解决方案，是获得工业和信息化部认定的国家级工业设计中心。设计中心成立以来已完成产品设计逾千件，销量千万级的明星产品数十款，获得国际、国内设计大奖 50 余项。在多年的发展中，设计中心逐渐形成了"送鲜花给情人"的设计理念，以及"亲新简思"四字评价标准与设计哲学。在产品同质化的当下，中兴通讯深入研究用户使用场景，努力推动设计创新和品类创新，做到既满足大众消费者、新时代年轻人的需求，又能在独特市场满足独特群体的需要，同时也在游戏手机、智能手表、耳机、电视、电动牙刷、快充等领域为用户提供更加完善的产品生态。

《设计》：请介绍下中兴通讯终端产品设计中心的构成及主要工作内容。

高峰：中兴通讯终端产品设计中心隶属于中兴通讯产品研发中心，成立于 2005 年，一直专注于终端产品的设计及研发，旨在为中兴旗下品牌及 ODM 市场提供优质的设计解决方案，是获得工业和信息化部认定的国家级工业设计中心。设计中心由 ID/CMF 设计师、UI/UX 设计师，以及相关的工艺、结构、前期硬件等工程师团队构成，是手机行业建制最全、规模最大的设计团队之一。

设计中心成立以来已完成产品设计逾千件，销量千万级的明星产品数十款，获得国际、国内设计大奖 50 余项。自主设计的 MiFavor UI 和 Stock+ 软件平台致力于为用户提供更加智能、体贴的使用体验，迄今已经演进 9 代，服务数亿用户。设计中心有着完善的设计执行与管理流程，从用户研究、概念设计、超前技术预研，一直到用户体验测试、可靠性测试等，体系建制比较完备。

《设计》：请您阐释一下中兴通讯终端产品设计中心的"亲新简思"设计理念。

高峰：设计中心在多年的发展中，逐渐形成了"送鲜花给情人"的设计理念，以及"亲新简思"四字评价标准与设计哲学。"送鲜花给情人"是我们的核心设计理念，也是以用户为中心设计思想的一个浪漫比喻——像关心情人一样去了解用户的喜好，像选育鲜花送给"Ta"一样去设计产品，翘首以盼，了解"Ta"的反馈，这跟送鲜花给情人是一模一样的。而"亲新简思"做设计，是对这个设计理念的具体化陈述，体现了不同方面的设计要求。"亲"是以人为本，从用户的角度关注产品的使用感受和易用性；"新"是创新为重，注重技术进化与产品革新；"简"是简约为美，从美学和人机交互的角度不断优化产品的综合体验；"思"是思考本源，关注特殊群体和社会环境。四字之中，"亲"是核心，设

上 / 设计中心荣誉墙
下 / "送鲜花给情人"设计理念

计以人为中心，人是设计的起点，也是设计的终点。"亲"就是给人以深刻的关怀，让产品和用户之间的沟通亲近而顺畅。

《设计》：大数据、人工智能（AI）、直播带货等新事物改变着消费者和市场，是否也影响设计环节？

高峰：中兴通讯是一家高科技企业，在信息技术领域深耕多年，天生就非常重视新兴技术。大数据、人工智能等早已被引入到设计之中，对产品和用户界面（UI）设计的规划、创意、选择和决策具有一定的指导意义。

我们先聊一下人工智能。严格来讲，人工智能并不算什么新事物，早在 20 世纪中叶就已经有人研究了。随着计算机，尤其是互联网、移动互联网和云计算的发展，人工智能越来越成为我们生活的一部分，很难离得开了。有专家把人工智能的发展分为弱人工智能、强人工智能和超人工智能三个阶段。弱人工智能聚焦于记忆与存储、感知与表达，以及限定领域内的智能；强人工智能聚焦于认知与学习、决策与行动，以及跨领域的智能；超人工智能开始有了独立意识和创新能力，是人工智能全方位超过人类的阶段。目前我们还处于弱人工智能时代，在手机上能够做的主要是语音交互、图像识别之类的。

早在 2014 年发布的手机产品"星星 1 号"上，我们已经把语音交互很好地引入到产品之中。当时我们提出了 GUI+VUI+NUI= Better UI（图形界面 + 语音界面 + 自然界面 = 更好的用户界面）的说法，打破了由苹果引导的语音交互独占交互通道的错误理念。语音交互可以解放双手，但绝对不只是为了解放双手。举例来说，当你说"打电话给高峰"时，手机发现高峰有若干个电话号码，就会询问你是打给移动的号码，还是电信的号码。如果用纯语音交互通道，简直是个噩梦，一是念号码非常耗时；二是念完了你也记不住，无法复述。最佳的方案是，切换到图形界面的交互通道，直接呈现若干个号码，并标记上序号，你只要回答第几个，或者用手指点出某一个，整个交互活动就完成了。这一理念现在已经成为所有带屏产品语音交互设计的基本原则之一。

当然，人工智能也不仅仅是语音交互、文本和图像识别，我们还在手机产品内置了一些人工智能的算法，通过学习了解用户的习惯，实时提供一些系统优化与维护。这样能够保证用户使用一段时间后，系统仍然保持良好的性能和稳定性。这里以性能加速体系中的 Z-Booster 为例，首先，Z-Booster 2.0 全场景系统优化引擎，通过 AI 算法对系统资源进行智能调配，针对游戏及多任务场景深度加速和优化，带来持久流畅和高精度画质。其次，Boost App 技术通对 AI 技术对用户使用习惯进行智能学习和预先判断，提前对常用 App 进行预加载，并将 App 经常使用的数据提前锁定，最终实现常用 App 启动时间缩短 30%。此外，通过 AI 学习智能识别到手机进入闲置状态和深度睡眠状态，系统自动进行系统垃圾和小文件碎片整理，提升系统流畅度，加强应用管控措施，提升续航时间。

与此同时，这些人工智能所利用的大数据，包括中兴商城以及各类线上销售渠道获取的销售数据，也都直接或间接地影响着我们的产品定义、ID/UI 设计、色彩开发。相比以往的消费者调研，大数据分析在研究效率和准确率上都有大幅提升。

《设计》：在科技高速发展和市场需求的共同作用下，智能手机迭代加速，同时同质化也越发严重，您认为智能手机的发展趋势是怎样的？在激烈的市场竞争中，如何避免同质化？

高峰：老年人常思既往，少年人常思将来。不论哪个行业，趋势总是掌握在年轻人的手里。智能手机未来的设计趋势也是由年轻人的喜好决定的。我们非常关心 Z 世代，他们从认知世界的初始阶段就接触互联网科技，是互联网原住民。他们比较显著的特点是崇尚高颜值、社交需求旺盛、寻找理想人设，愿意为自己的个性和兴趣买单。年轻人越来越具有个性，市面上雷同的产品无法满足多样的需求。中兴通讯希望围绕 Z 世代年轻人的需求，通过设计牵引、价值创新打造终端产品的差异化。

从设计牵引的角度，我们努力让艺术与技术达到更加完美的结合，把跨界设计元素有机地融入产品，创新出独特的设计元素。在"颜值即正义"的今天，为他们提供更具个性、更加美观的产品。通过"视觉锤"去强化品牌调性，打造产品的高级感，以此契合年轻用户追求个性的审美喜好；从价值创新的角度，始终坚持极致简约的设计理念，比如，通过屏下技术解决方案，率先实现了屏下摄像头手机的全球商用。另外，作为企业公民，中兴通讯也非常关注环境，以及环境与人的关系，我们在设计中会考虑环保材料的运用，比如选用素皮来替代真皮等。在近期获得 G-Mark 大奖的"家"系列终端上，设计理念与家具有机融合，让 CPE 完美地遁形于家居环境之中。

在产品同质化的当下，中兴通讯深入研究用户使用场景，努力推动设计创新和品类创新，做到既满足大众消费者、Z 世代年轻人的需求，又能在独特市场满足独特群体的需要，同时也在游戏手机、智能手表、耳机、电视、电动牙刷、快充等领域为用户提供更加完善的产品生态。

《设计》：在智能手机、智能家电之外，中兴通讯还将关注哪些终端产品领域？

高峰：随着全球和我国 5G 技术及应用的蓬勃发展，5G 建设的大规模部署，以及万物互联场景的快速成熟，将会给人们的生活方式带来无限想象空间，也给终端业务带来了巨大的机会。

中兴通讯将重点聚焦中国 To C 公开市场，打造科技、品质、年轻的全新终端品牌形象，进一步完善终端产品队列，包括智能手机、"个人 + 家庭"数据，以及丰富的周边生态产品，配合中兴云，构造完整生态和场景。强化与年轻人心智的沟通，离技术近，离用户更近，打造符合年

上 / 5G CPE-MC801A
下 / MiFavor UI 全新设计系统

轻用户（Z世代）偏好，科技、品质、年轻的全新中兴通讯终端品牌形象。以更年轻、更多样的形象与消费者交流，为年轻用户带来5G全场景无缝衔接的智能生活方式。

《设计》：校企合作搞竞赛或工作坊是时下流行的合作方式，因此产生了很多优秀的创意。中兴通讯与高校有哪些合作模式？从高校学子身上得到了哪些有益的启发？

高峰：目前，公司有一个面向国内高校的中兴通讯产学研合作论坛，整体组织和管理公司所有的高校产学研课题合作，设计中心也是在这个组织下开展高校合作的。

我们开展的合作方向包括人工智能、天线设计、新材料工艺和未来概念设计等，覆盖终端的主要技术研究方向。有前沿探索性课题，也有面向产品的当下技术热点。

在UI设计领域，我们除了面向未来的概念设计、针对技术的情绪化语音之外，还把主题设计作为一个专题持续进行合作。一方面，这样的课题给了高校一个持续性的课程训练方向，给设计专业同学提供了一个非常细致的培训机会；另一方面，这也能帮助公司从中发掘优秀的人才。同时，为了加速新人成长，我们还开展了面向实习生的"未来设计师"计划，尽管规模有限，但效果还是非常明显的。

在校企合作过程中，将教学与企业实际要求相结合，使学生能接触实际项目，有利于学生知识面拓展，丰富社会实践经验，提高学生竞争力。例如，在主题设计课题中，中兴通讯设计师与中国美院学生多次现场上课，讲解主题设计整体过程，对输出内容各阶段进行现场评审。校企合作使学生经历了项目需求定义、目标用户调研、小组头脑风暴、设计素材收集、设计灵感挖掘、情绪板制作、设计输出、用户测评、专家评审等系统化设计流程，使学生具备实际项目经验，自己的作品直接面向用户，得到市场检验。

　　整体来说，与高校的合作均能让双方受益，很多优秀的创意也让我们的设计师颇受启发。对中兴通讯来说，这不仅扩展了我们的研究思路，而且提升了我们的技术积累，并且收获了很多创新的标准、专利、提案等；对高校来说，中兴通讯无形中搭建了一个成果转化平台，并通过与高校建立联合实验室来提升学校的学科建设，促进了学校人才培养，可谓共赢。

《设计》：您主持设计的产品获得了包含 iF、红点在内的国际设计大奖 20 余项，请您以一位资深工业设计师的身份给青年设计师及设计专业的学子一些建议。

高峰：算起来，我参加工作快 20 年了，真的算是一个工业设计老兵了。这 20 年里，我见证了中兴通讯终端产品设计中心从无到有、从小到大的发展过程，也见证了我国工业设计行业的蓬勃发展，看到了不同设计师的成长。在同样的行业里，有不同的职业发展方向。以设计界大佬来说，职业发展方向可以分为戴森式、乔纳森式和斯塔克式。

　　戴森式是在万众创业的大环境中，逐步从具体的细节设计工作开始，慢慢转变为产品经理或者成为合伙人，甚至创始人的一条路径。这一类的设计师往往有着超强的自信和执着，愿意为了自己的梦想做出不懈的努力，并且在这个过程中，百折不挠。乔纳森式的设计师喜欢深耕某一领域，逐渐成长为某企业的高级设计总监。他们往往愿意在一个产品领域里，持续地努力和付出，把整个行业的用户需求、技术趋势和产业链情况摸透，并逐渐形成一定的前瞻性和话语权。斯塔克式的设计师是设计公司的主体成员。无论主设还是总监，他们往往以涉猎各行各业的产品设计为乐趣，在这个结构洞的位置上，展现自己作为斜杠青年的超凡创意。

　　这三种类别的设计师代表不同的发展方向，也代表者不同性格和选择，同时也对设计师的能力有不同的要求。年轻设计师应该尽快找到并

上 / 屏下摄像头手机——AXON 20

下 / 创新设计储备

选择自己适合的方向。选择即使失去，失去也是另一种选择。就像选择男女朋友，你选择 A 就不能体验到跟 B 在一起的感受，选择 B 就不能体验到跟 A 在一起的感受，即使选择脚踏两只船，也难以体验用情专一的感受。所以，选择的时候要审慎，选择之后要执着。因为，只有执着的人才能成功。

《设计》：请和我们分享一个您关注的行业热门话题或正在开展的项目。

高峰：追求"更大的屏占比"一直是手机行业共同的努力目标，工程师先后攻克了屏下光感、屏幕发声以及屏下指纹等技术难题，距离真全面屏的目标越来越近。最后一个"钉子户"就是前摄像头，在经历了刘海屏、水滴屏、打孔屏几代技术演进之后，中兴通讯的工程师率先将目标对准屏下摄像头这一终极解决方案。为了实现这一目标，设计师和工程师兵分多路，从屏幕、算法、界面几个技术领域展开攻关。

在屏幕方面，为保证屏下摄像的透光量，屏下摄像区更是采用了创新的超高透微米级新材料；同时重新设计了驱动电路，将其从均匀分布改为跨区域围绕分布的方式。此外，我们为 AXON 20 设计了一款独立芯片，对常规显示区和副屏区域进行整体驱动。

在算法方面，为了弥补材料透光率不足的问题，中兴通讯的工程师首创了去雾算法。在人物自拍的场景下，如遇到人脸曝光情况，在进行图像高强度处理前，对原图像进行饱和度和色彩的提升，之后再做高强度的去雾算法。通过减少亮度分量和算法里的对比度提升等参数增加通透度。在人脸暗光的情况下，通过增加人脸亮度和饱和度，保证算法调整后的肤色正常。

在界面设计上，为了完整凸显全面屏的优势，UI 设计师迅速展开用户调研和样机分析工作，针对性地开发更具沉浸感的模式，同时优化了大量的第三方应用，最终达成完整一体感这一初始目标。

李琦：
打通"定义－设计－研发－制造－营销－品牌"的商业全链路

LI QI: OPEN UP THE "DEFINITION-DESIGN-RESEARCH-MANUFACTURING-MARKETING-BRANDING" COMMERCIAL FULL LINK

李琦

瑞德设计创始人＆董事长、总裁，中国工业设计协会副会长

李琦，瑞德设计创始人＆董事长、总裁，中国工业设计协会副会长，杭州工业设计协会会长，国内首批高级工业设计师，中国设计业十大杰出青年，中国十大卓越策划专家。1995 年，李琦毕业于浙江大学工业设计专业，其毕业设计作品"方太吸油烟机"成为我国工业设计毕业作品成功产业化的首个案例。1999 年，李琦创立瑞德设计，2014 年带领公司在新三板成功挂牌，被《凤凰周刊》誉为"中国工业设计拓荒者"。20 多年来，李琦带领团队在大跨度的商业领域成功完成 2000 多个超级案例，创造 3000 多亿元的商业价值，不断用商业创新引领着我国工业设计的变革与前行。

瑞德设计的服务领域从早期的产品设计拓展到空间设计和品牌策划设计等方面，服务行业从创立初期的厨电延伸到工业、卫浴、家居、医疗、宠物、食品、美妆等，形成了以"瑞德设计 · 服务"和"瑞德设计 · 出品"两大业务模块为支撑的共创、共享、共生的科技型设计公司。其中，"瑞德设计 · 服务"包括产品设计、空间设计和品牌策划设计；"瑞德设计 · 出品"则聚焦于产品和品牌孵化、商业展具制造、礼赠品定制等。产品和品牌孵化板块，如 2010 年孵化的 2m² 智慧学习桌、2019 年的缤兔专业美妆冰箱 PINKTOP、2020 年的专业厨房新风冷空调和母婴速热抑菌毛巾架等，真正打通了"定义－设计－研发－制造－营销－品牌"的商业全链路。

《设计》：从设计师转型企业家，这是您一早为自己规划好的职业路线还是公司发展使然？

李琦：首先我自己是非常坚定地要深耕在设计行业的，但是从设计师到企业家，肯定是和我的毕业设计作品成功产业化有关的。1995 年，我和瑞德设计联合创始人晋常宝先生的毕业设计作品就是方太集团的第一台抽油烟机，这也是我国首个成功产业化的工业设计毕业作品。这一合作就是 25 年。在我国，一家设计公司和企业能够携手走过 25 年，确实是非常难得，可以说全国范围内，这样的案例是很少见的。

《设计》：作为国内工业设计的头部企业，"瑞德设计"从产品设计公司逐步发展为综合型设计公司，这是否代表着设计公司发展的大趋势？

李琦：设计服务于需求，反过来，需求也倒逼设计行业变革。设计不再局限于自身，变得越来越"大"，与其他领域的边界越来越模糊。之前被视为孤立环节的设计，与研发、制造、营销、品牌融合，构成"大设计"。设计团队的构成也更加丰富多元，包括设计师、工程师、心理学专家、市场专家、品牌策略专家等专业人才。对设计企业而言，"顺时而变"则是为了更好地生存。企业需要根据市场环境的变化和技术的发展，及时调整自身的定位。

瑞德设计的服务领域从早期的产品设计拓展到空间设计和品牌策划设计等方面，服务行业从创立初期的厨电延伸到工业、卫浴、家居、医疗、宠物、食品、美妆等，形成了以"瑞德设计·服务"和"瑞德设计·出品"两大业务模块为支撑的共创、共享、共生的科技型设计公司。其中，"瑞德设计·服务"包括产品设计、空间设计和品牌策划设计；"瑞德设计·出品"则聚焦于产品和品牌孵化、商业展具制造、礼赠品定制等。产品和品牌孵化板块，如 2010 年孵化的 2m² 智慧学习桌、2019 年的缤兔专业美妆冰箱 PINKTOP、2020 年的专业厨房新风冷空调和母婴速热抑菌毛巾架等，

上 / 产品设计——方太风魔方油烟机
下 / 品牌设计——2020 和平精英国际冠军杯 PEC 系列周边

真正打通了"定义－设计－研发－制造－营销－品牌"的商业全链路。

至于未来是否会成为趋势，我认为这个问题应该这样理解：从产品设计公司来看，我觉得未来的我国工业设计行业会走向两极化。第一个模式是个人工作室的性质会非常鲜明，即在某一个小领域、小赛道里做得很专向、很极致，会以一种小型团队的形式存在。这个模式应该会以很大的比例存在。第二个模式是一部分公司会走向综合型设计公司。这些公司往往服务的是更大型、更综合性的品牌，需要具备提供更综合的商业解决方案的能力，包括商业策略、产品定义以及整个的创新链路也要非常完整，甚至要有产品化交付这种综合的商业实现能力，这一点其实是很关键的。所以我认为，未来的设计公司应该会按照这样两极化的方向发展。瑞德设计到今天走了 20 多年，探索出了这样的一条科技型综合设计公司的路径，也只能说我们代表了其中的一种发展趋势吧！

《设计》：您认为工业设计的核心是帮助企业解决商业问题，瑞德发现问题和解决问题的方法有什么独到之处？

李琦：的确是这样，设计最根本的还是要解决问题，在商业世界更是如此。尽管瑞德设计在不断发展变化，但我们的方向始终没有变：以用户为中心，以商业和用户需求为导向，从解决痛点问题出发，聚焦科技与商业深度融合，并通过工业设计对科技的运用提供针对性的综合解决方案，深耕产业创新。比如我们为方太厨电研发设计的水槽洗碗机，专为全球华人厨房设计，集洗碗机、水槽和果蔬清洗机三种产品形态于一体，以开创式的品类创新创造了一个商业"神话"：自 2015 年上市以来累积销售额已突破 50 亿元。方太品牌也因此在水槽洗碗机品类稳坐行业"第一把交椅"，形成竞争壁垒。

细分领域的好设计，同样具有巨大的商业潜力。"瑞德设计·出品"的自主产品专业厨房新空调、母婴速热抑菌毛巾架，以及自主品牌

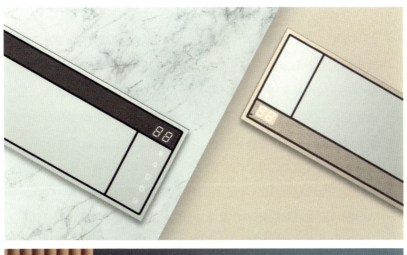

上 / 专业厨房新风冷空调

下 / 母婴速热抑菌毛巾架

PINKTOP 缤兔专业美妆冰箱等，都是在越来越细分的新消费需求下进行的品类创新。

　　以缤兔专业美妆冰箱为例，我们洞察了当代女性在美容和护肤产品的消费投入越来越大，专业级功效成分产品欢迎热度不断提升，而不少这类产品在开封后容易滋生细菌，需要低温、遮光保存，如维生素 C、维生素 A、果酸等热门成分的护肤品，或者光敏的精油。这类产品并不适合在储存食物的 4℃ 以下的冰箱中存放，温度和干燥度都是很大的问题，保鲜美妆产品成为亟待解决的痛点。基于这个痛点，我们开创了"美妆冰箱"这个全新品类，10℃ 左右的恒温状态和不易产生冷凝水的风冷系统更适合保存护肤品。我们还采取了多样化产品策略，推出了单开门、双开门、面膜冰箱以及多款联名 IP 款。缤兔也取得了不错的成绩：上线半年时间内，天猫销量第一，行业销售占比超 50%。

《设计》：在大数据和人工智能为王的时代，设计如何克服产品研发周期赶不上市场迭代的焦虑？

李琦：这应该一分为二地看。首先，为什么会有焦虑呢？因为整个市场的竞争会越来激烈。激烈的是什么？——产品的同质化越来明显。同质化则来源于通用型技术越来越多，你的"独门暗器"越来越少。在这样的前提下，我们的产品真正在市场竞争的过程中，产品的研发需要有差异性、独特性，这需要大量的时间去培育。但是市场又迫切需要你有更多层出不穷的新产品，而整个行业的竞争者会越来越多。现在只要一个好产品出来，一堆人都涌进来了。那么，在这样的大环境下，我们的设计如何克服这个焦虑？首先，在设计之前，专利的布局非常重要。如果你的专利布局没有做到位，被竞争者超越的可能性就会非常大。这同时也要求你需要有产品策略和产品定义的综合架构能力，而且它需要更前置。其次，在进行设计的时候，你要具有强大的超级符号感。也就是说，设计已经不是一种美化的过程，更多的是要在整个赛道里，在这个品类里能脱颖而出，在消费者的心智上形成更强的认知感，对消费者进行情感的触达，让消费者产生共鸣，这对设计的整体塑造能力提出了史无前例的要求。最后，设计要更综合。不能说只是一个外观设计，一定要把品牌、营销等链路前置，也就是说，我们从产品开发的时候，就要把大量的商业信息和商业策略融合在里面。综合来说，我认为设计要具有提供更综合的解决方案的能力，来抵消产品开发周期可能赶不上市场迭代的焦虑，形成更强大的竞争力，在市场上形成个性化和差异性的"护城河"，让我们在消费者心智中形成极强的烙印，快速产生共鸣。

《设计》：近年来，瑞德计划以设计合作为切入点，布局优势产业领域，形成设计服务和股权投资联动的合作模式，在这种合作模式中，设计公司如何掌握主动权实现自身的发展和收益？

李琦：有关设计服务与股权投资联动的合作模式，其实从理论上来说，瑞德设计走得很谨慎，尤其是股权投资联动的合作模式。首先，企业的收益成本非常昂贵；其次，企业资源的集约投入和持续性投入的成本也是非常高的，同时收获的效益又非常慢。所以，在这种合作模式下，设计公司如何掌握主动权实现自身发展和收益，就很关键。我觉得就是宁缺毋滥，如果没有把握，就不要轻易去做这件事，否则你花了很多精力，也只是发挥想象力而已，不会有实际的商业收益。但是你一旦确定，要以股权的方式投进去的时候，这就意味着这个产业、这个类目，你将全身心扑在上面，成为行业顶级的商业策略者、顶级设计的领先者。这同时也要求整个公司的资源和行业竞争实力需要大幅提升，才能占据主动权，才有可能在实现自身发展的同时获得最好的收益。也就是说，你还是要把产品做得足够与众不同，足够有市场竞争力，才能与你的股权联动的合作伙伴一起获得市场成功。如果这个产品成功不了，企业怎么成功？企业如果不成功，那股权投资有什么意义？那不就变成了写在上面的一个阿拉伯数字吗？所以，对瑞德设计来说，我们就是少之又少、精之又精，但一旦决定就全力以赴，实现我们自身发展和收益双丰收的成果。

《设计》：您曾说："瑞德设计未来要像谷歌一样，是带有极强科技文化属性的平台，而不是一个简单的项目组织。"这个愿景是否已经实现了？

李琦：可以说，我们正在实现着。瑞德设计从 1999 年成立至今，从最早的单纯设计服务公司，正在成为一家共创、共享、共生的科技型综合设计公司，我们在走向这条路径。当然，这个愿景和大环境也是直接相关的。所以，我也希望我们国家的设计能够真正变得强大，真正在全球拥有它的核心竞争力，这是一个大的愿景。

《设计》：您担任过多项国内外设计大奖的评委，您认为好的设计奖应该具备哪些要素？

李琦：首先，一定要具有商业价值，并且要具备功能、体验、场景的整体架构，一个优秀的、有生命力的设计一定是有场景的、沉浸式的；其次，要有社会价值，好的设计一定是积极向上、正能量的；最后，要有专业价值，代表行业趋势和标杆能够让业界学习。

《设计》：以瑞德设计 20 年的经验，您认为设计教育还可以做哪些与时俱进的革新尝试？

李琦：首先，我认为我国的设计教育现在已经做得很好了，也有很大的进步，但是还可以做得更深入。现在设计教育理论有很多，大家的视野也逐渐开阔，但是在方法论层面，比如做项目的完整度和全面性上，还需要加强，背后其实还是要加强设计行业老师们的综合能力，特别是实践能力。其次，我觉得在设计教育方面还要加强再教育的过程。设计本身就是实践类学科，这种再教育对我们来说就显得非常重要。现在的大学毕业生，实践的能力都有点缺失，所以我认为加强再教育是很有意义的。研究生是一个路径，再教育的路径还需要再打开一些。我想这对我国工业设计的发展和优秀人才的冒尖是非常关键的。

《设计》：请您以一位资深工业设计师的身份给青年设计师及设计专业的学子一些建议。

李琦：三个关键词。一是勤奋。我觉得勤奋能够改变所有的一切，设计真的是一个实践性学科，没有什么特别的，你首先功夫要硬，画 1000 张草图和画 100 张草图，在你身上体现的价值链是不一样的。在专业领域里不可一知半解，悬在半空中，勤奋练自己，练手、练眼、练脑。我经常说，设计是需要时间去磨炼的事，如果一个设计师没有十来年的打磨，从某种意义上来说，不能真正称为一个设计师。二是深入。走进企业，走进产业第一线，走进车间，进入每一个工序，并且真正去做用户调研，去了解洞察每个环节之间深层次的关系，而不只是为了写一份报告，这才是真正意义的设计研究。三是发心。要热爱设计，这是你能坚持下去的原动力。不仅要在成绩上非常优秀，在意识上更要有非常高的要求。这是一个非常好的时代，再加上好的理念、好的作风，才能真正意义上获得一个好的结果、好的成就。

《设计》：设计行业未来的趋势是什么样的？

李琦：首先，设计肯定是给产业服务，产业的变化让我们设计的重心变化很大。其实我们一开始的时候，在 2000 年前甚至在智能手机出现以前，我们更多的是以产品的属性去诠释设计，即主要是做产品的功能。但是后来，尤其在 2010 年以后，我们可以宣传自己，赞扬自己的主张，那时候开始逐渐地体现出生活方式的改变。所以，设计涉及现代的创新产品内容，方式型创新比较多。未来有两条脉络线会非常有意思，一条脉络线更多来自关系，因为物联网（IOT）变得不一样，它更多化于无形，但另外一条更张扬有形，它更关注个人的状态。我想这两条脉络线在未来的设计里会变得越来越鲜明，越来越接近用户的个人口味，并且越来越细分。比如，方太有一个非常大的中医研究院，主要研究养生食谱，它给你一套系统，通过各种器材告诉你应该吃什么，但它并不做食材。如果它把这些数据和做食材打通呢？硬件、软件不就完成了吗？这又是一种关系，我想未来这种趋势会越来越明显。

这对设计不是冲击，而是对设计再思考的过程。所以，我觉得今天创新真的是一个很值得去展开的话题。它以更开放的方式，把很多东西融合在一起。瑞德设计针对商业创新总结了 8 个趋势关键词——战略、美好、减法、高级、规模、持久、印记、话题，并且会发布年度商业创新趋势蓝皮书，也希望能给大家带来更多的思考。

瑞德设计办公大楼外景

吕杰锋：
设计教学改革应围绕培养六大新能力展开

LYU JIEFENG: DESIGN TEACHING REFORM SHOULD FOCUS ON CULTIVATING SIX NEW ABILITIES

吕杰锋

武汉理工大学艺术与设计学院院长、教授、博士生导师

　　吕杰锋，武汉理工大学艺术与设计学院院长、工业设计专业责任教授、博士生导师，曾任教育部、科技部、广东省政府"科技特派员"、国家公派赴意大利米兰理工大学访问学者，兼任湖北省机械工程学会工业设计专业委员会副理事长、中国机械工程学会工业设计分会常务理事。

　　在吕杰锋看来，这个"知识爆炸"的时代，全世界的知识总量 7~10 年就会翻一番，设计学科的知识边界也在不断拓展，设计活动中的方法、技术、工具飞速丰富和更新，设计教学的内容是否能跟上时代的脚步？同时，由于数字化技术和互联网的普及，知识传播的方式、范围与速度日新月异，传统的课堂教学已经未必是最为高效的教学模式，什么样的教学平台和手段能够满足现代设计学科教学的需要和特点？……这些都成为当今设计教学所要面对的挑战。

《设计》：请您介绍下武汉理工大学艺术与设计学院在设计实践方面的办学特色。

吕杰锋：武汉理工大学艺术与设计学院的设计实践在三个方面具有较为鲜明的特色。

一是面向行业、交叉协同，推动国之重器的自主创新发展。比如在我校特色背景之一的船舶行业，我院先后承担了多项重大研发课题，为国内船企设计各类船舶 10 余艘，其中南海"三沙 2 号"交通补给船 2018 年首航，得到 CCTV 等多家媒体的关注和报道。

二是以人为本、科技驱动，满足人民群众对美好生活的需要。比如我院与海尔集团共建的"海尔－武汉理工大学创客重点实验室"，以生活形态研究探索未来智能家居家电发展方向，引入信息技术、人工智能等领域学科资源，提出近百项智能家电概念设计方案与原型，其中"可移动多模块"智能空调等 20 件方案被海尔纳入产品发展战略。

三是立足地方、服务政企，为武汉城市的建设与发展打造亮点。比如我院承担的武汉地铁 VI 导视系统等，正助力地铁形象成为"武汉名片"；我院承担的 2019 年第七届世界军人运动会射击馆、射箭馆、军博馆的建筑、环境与周边建筑立面改造、道路照明设计，受到来现场考察的国际军体射击委员会主席乌尔芬斯伯格高度称赞。

我院将以上三个方面的设计实践成果转换为教学内容、课程案例、实验条件、实践课题等形式，促进了设计教学。

《设计》：在数字化时代，设计学科的教学理念与教学模式面临挑战，您认为需要做出哪些变革？

吕杰锋：首先，这是一个"知识爆炸"的时代，全世界的知识总量 7~10 年就会翻一番，设计学科的知识边界也在不断拓展，设计活动中的方法、技术、工具飞速丰富和更新，设计教学的内容是否能跟上时代的脚步？同时，由于数字化技术和互联网的普及，知识传播的方式、范围与速度日新月异，传统的课堂教学已经未必是最为高效的教学模式，什么样的教学平台和手段能够满足现代设计学科教学的需要和特点？……这些都成为当今设计教学所要面对的挑战。

但我认为，设计教学需要革新的根本原因是时代与社会对设计人才专业能力的需求正在变化和提高。我将新时代设计人才所需的"新"能力，总结为以下6点。

1）新对象适应的能力，即能够运用设计的基本方法、技术和经验，解决"新"设计对象的"老"设计问题，如扫地机器人的造型、结构、界面设计等。

2）新技术运用的能力，即能够运用新的设计方法和技术，突破性地解决创新设计中的关键问题，如运用参数化设计技术实现复杂结构和造型的自动化生成。

3）新场景构想的能力，即能够洞察时代、社会、科技、用户的变化，前瞻性地勾画人类未来的生活方式和场景，如无人驾驶技术普及后的汽车总布置与内饰设计；能够理解革命性科技、业态对于人类社会的价值和可能性，构想新科技、新业态的转化与应用场景，如基于云平台的云手机设计。

4）新产业链聚合的能力，即能够为创新设计整合其所需的知识、技术、资源等，形成新的完整产业链，如相较于传统工业设计注重整合策划、设计、制造这一基本链条，新兴的产品服务系统设计则还要整合互联平台、相关利益者、服务、运维等各方。

5）新模式打造的能力，即能够以创新模式主导未来设计发展方向，如分布式设计模式。

6）新产业开创的能力，即能够预见重大机遇或趋势，以革命性设计创新引领或开辟产业领域、变革传统产业形态。

设计教学理念、模式的改革，归根到底，应当围绕如何更好地实现这些新能力培养来展开。

吕杰锋：为实现以上目标，学院一直在展开相关教学改革的思考和探索。围绕新对象适应能力的培养，在教学中会有意识地引入更多新的课题作为训练对象，如舰船设计、智能机器人设计等；围绕新技术运用能力的培养，开设了用户研究、参数化设计、开源软硬件等新课程，建设了 3D 打印、3D 反求与数控加工、智能设计等实训平台；围绕新场景构想能力的培养，开设了前瞻性设计等探索性课程，同时在教学中也加强了对"面向未来而设计"的引导；围绕新产业链聚合、新模式打造与新产业开创的能力培养，提出了人才培养目标升级的思路，即在"双师型"（设计师＋工程师）专业技能人才培养的基础上，提升为"整合型"（能够整合创新设计全产业链的知识、技术、资源等，主导项目开发）专业综合人才的培养，并实验性地培养部分"领军型"（能够理解设计内在规律与发展趋势，提出创新发展模式；洞见重大机遇或趋势，提出重大设计创新）专业拔尖人才，重点是构筑培养学生前沿视野、创新素质、开拓精神与领导才能的机制。

吕杰锋：学院一贯高度重视学生实践能力的培养，从各方面创造实践教学和训练的条件。

在机制上，学院要求各专业培养计划中，实践环节占总学分的比例不低于 30%；实施了本科生工作室制，根据导师研究方向与承担课题，开设了汽车设计、游艇邮轮设计、智能设计、可持续设计、文创设计等方向的数十个学生工作室，每年面向二、三年级本科生和各级研究生招录入驻，在导师带领下展开课外设计实践；结合课程会不定期邀请企业一线设计师来校任教，已从东风、海尔、浪尖、腾讯、京东、华冠、外高桥、鸿翼、博乐、木马、创新工场等知名企业聘任多名兼职实践导师，并引入企业课题；从经费、设备、政策上，支持学生设计成果的实践转化。

在平台上，基于我院省级实践教学示范中心，学院建设了包括陶艺、木工、模型、油泥、摄影、手工艺、手绘屏、丝网印刷、综合材料、3D打印、3D反求与数控加工、媒体与视觉传达、数字交互与娱乐设计、动作捕捉与虚拟演播、录音棚等20余个实验室，面向所有学生开放；投资数千万元，建设了3000多 m² 的邮轮游艇梦工场、陶瓷梦工场，吸引大学生来此创新创业；与上汽通用五菱、海星游艇、海尔集团、江通动画等共建企业实践基地。

《设计》：在教学实践中，教师应当如何引领学生高质量地开展设计实践？

吕杰锋：首先，教师应当树立科研与教学相互促进的理念，引导学生参与到实际课题中来，并以行业标准要求和检验学生，真实的环境可以得到真实的反馈。

其次，在指导过程中，教师可以参考真实的项目运行机制进行管理，如组建学生团队、由学生担任团队领导者（Team Leader）等角色、对成员进行绩效考核等，这有助于学生在完成设计项目的同时，形成职业认知并思考职业规划。

最后，实践教学是最能体现"授人以鱼不如授人以渔"的环节，教师更多地还应是提供方向和方法上的指导，给学生留出更多的自主探索空间，可以促进学生自我认识和发展。

《设计》：**本校毕业生近年来的就业呈现怎样的特点？这反映出企业最需要学生掌握哪些方面的能力或技能？**

吕杰锋：本校毕业生的升学就业率一直相对稳定，近年来一直在95%以上，其中境内外升学人数约占30%，更多毕业生则被全国各地的企业、单位录用，自主创业的学生也不在少数。总体而言，毕业生就业方向呈T形分布，有宽度也有深度。宽度体现为覆盖的行业领域广泛，涉及制造、文娱、信息、建筑、科研、教育、服务等多种行业，深度体现为在汽车、船舶、装备、创意、传播、互联网、设计服务等领域的大型企业中具有明显的竞争优势，用人单位的满意度高。

当前，无论初创型公司还是成熟的大型企业，对毕业生综合素质的要求越来越高，如专业能力、学习能力、开拓能力等多方面都有需求。企业首先希望毕业生掌握全面、系统的专业素质，如知识方法、专业技能、创新能力等。其次，企业需要毕业生具备综合应用与学习适应能力，在面对不同的行业与岗位，增强自主学习性，扩大跨学科知识面，能熟练将理论灵活运用于实践中。最后，企业需要毕业生具备一定的人格素质，如团队协作能力、抗压能力、表达沟通能力、领导管理能力等。这些是毕业生职业发展的重要影响因素。

《设计》：**"融入地方产业，服务区域经济社会发展，突出差异化专业培养，培养适应产业需求的创新技能型人才"是时下的热门，新的市场需求是否对人才培养模式提出了新的要求？学院采取了哪些应对举措？**

吕杰锋：武汉一向是工业与文化重镇，在汽车、船舶、机械、文旅等领域具有比较深厚的基础，近年来在行业转型升级中的势头也很强劲，同时在高新技术、创意产业领域也发展迅猛，形成了以"光谷"为代表的一批产业聚集区。作为传统的九省通衢，现代的中部中心城市和长江经济带的区域战略中的重要城市，武汉与包括长三角、珠三角在内的经济发达地区联系非常紧密，对华中地区的辐射效应明显。

因此，学院的人才培养既要立足地方，又要面向全国，即响应国家在制造、海洋、城市化、互联网、文化等领域的重大战略，依托地区产业特色，坚持"面向行业"的专业定位，以大型邮轮、新能源汽车与智慧出行、智能产品与高端装备、文旅融合发展等为代表的产业发展为契机，与我校汽车、船海、机械、信息等优势学科交叉，与本地和周边行业企业协同，为国家重大行业需求培养卓越设计人才。

以我院工业设计专业为例，其面向汽车、船舶、机械装备行业，开设了交通工具设计、机械装备设计两个特色方向，建成了与行业接轨的教学体系与平台，如覆盖汽车内饰、外饰、Color&Trim、HCI（人机交互）等在内的课程体系和覆盖数位屏手绘、油泥模型制作、3D反求与数控加工等的实训平台，目前毕业生已遍布东风、一汽、上汽、广汽、吉利、奇瑞、比亚迪等各大主机厂，从用人单位的反馈来看，这一培养模式能够较好地满足企业的需求。

《设计》：疫情改变了世界，高校亦身在其中，具体感受到了怎样的挑战和启示？有效的应对措施采取了哪些？

吕杰锋：这场疫情最直接的启示是，疫情之下，没有人可以置身事外，在人类命运共同体中，每个人都有责任与义务发挥自己的社会价值。同时，疫情如同一面放大镜，照出人类发展方式和生活方式的痼疾，设计作为具有改善人类生活与社会使命的专业，应当反思做些什么。高校作为培育社会人才的摇篮，不仅需要培养学生的职业技能，更应该培养学生为人类而设计的设计价值观。

在疫情防控期间，身处全国疫情的中心，学院组织师生结合线上进行的课程教学，展开了一系列"抗疫"主题的设计，从凝聚人心、鼓舞士气的海报，为抗疫一线医护人员做好隔离防护的同时减轻身心负担的产品，到为广大市民解决消毒防护或隔离生活中诸多不便的产品和服务，取得了不错的效果，部分优秀作品被"学习强国"、《楚天都市报》等媒体刊载，或在全国大学生工业设计大赛、"楚天杯"工业设计大赛中获奖。但这些还远远不够，我们还需要在高校责任、设计伦理、远程教学等多个方面持续深入思考和探索，以应对后疫情时代。

《设计》：请您分享一些您主持或参与的设计实践的成功案例。

吕杰锋：近几年，因为承担着邮轮美学设计重大课题的一部分任务，我和团队一直在从事邮轮外观设计的研究和实践，也形成了一些概念性的方案。

缪斯号是一艘歌剧主题的邮轮，除了以海天背景为舞台、客房阳台为看台的功能创新外，还尝试探索由飘逸自由的曲面空间和几何结构，来形成邮轮优雅的造型风格，实现如音乐般空灵的意境。

通过对丝绸之路上不同地域建筑特征的提取，对邮轮侧面舱室进行模块分割与组合，营造海上异域风情。同时，内部空间搭配各种风格，提供各地文化的体验活动，给予游客沉浸式的特色文化体验。

《设计》：国外是否有可借鉴的设计实践模式？

吕杰锋：在国外，设计实践是设计教学中非常重要的一环，所以有很多可以借鉴的设计实践模式。例如，芬兰的"三分法"教学体制中，由教师指导的设计工作室制度帮助学生进行设计实践，同时会为学生提供大量的设计实践场所，如木工工作间、陶瓷工作间、金属工作间。新加坡南洋理工学院的"教学工厂"模式，把企业环境和学校的环境有机地结合在一起，营造了一个校园式的工厂实践环境，同时实行双轨制教学，在完成基础专业学习后，一部分学生先进行专业课程培训，再进行项目实践与企业实践；另一部分学生则先进行企业实践与项目实践，再进行专业课程培训，以此对学生进行分流，保证全年不间断地进行企业项目，以配合企业的需求。在"双元制"职教模式的基础上，德国实行的实践模式是五八实习学期制。在原来应有的学期基础上额外增加两个实习的学期，将其间隔安排在教学中，形成"学习—实践—再学习—再实践"的模式，反复加深实践和理论学习的相互认识。不难看出，国外的设计实践教学极其注重设计实践与企业、真实项目课题的结合，鼓励学生进入企业，进入项目里锻炼。在高校里，则需要从根本上优化和完善培养体系建设，给予学生足够的实习实践的平台与时间，将实践贯穿在整个设计教育当中。

《设计》：请您分享一个目前关注的行业热门话题或正在从事的项目。

吕杰锋：我近来比较关注关于"未来设计"的话题。所谓未来设计，我的理解就是根据对未来科学技术发展、社会结构变革、意识形态演变、艺术风格转向等的理解与预测，对未来人类生活的形态与场景做出前瞻性、探索性、实验性的设计，而当前全球物联网、自动化体系、机器人体系、智慧城市、可持续材料与能源体系、生化诊疗、大数据等技术知识的爆炸式增长，对面向未来的设计不仅提供了可能，而且提出了迫切的需求。

实际上，面向未来的设计探索，在国外的很多名校、名企已经起步。1980 年，麻省理工学院成立的媒体实验室，致力于科技、媒体、科学、艺术和设计融合研究，带来了使用电子墨水屏的 Kindle 和能受大脑控制的仿生假肢等先进设计和科技成果；2009 年开始，每隔 2 年，微软公司都会发布一个名为"Future Vision"的概念视频，描绘对未来的畅想。后来，谷歌公司也成立了 X 实验室，主导研发了大量前沿项目，包括开创VR/AR 风潮的 Google Glass；亚马逊公司也成立了 Grand Challenge 部门，在医疗和终端运输领域展开了利用 AI 技术来预防和诊治癌症、完成包裹"最后一英里"的投递的方案研究；脸书公司的 Connectivity Lab 提出了高空无人机 Aquila 和新的无线网络技术 Terragraph。近些年，清华大学也成立了未来实验室，在人机自然交互及用户体验、新型材料的镜像计算与交互设计、交互式数字孪生空间、沉浸式交互学习及其体验设计等领域展开研究；北京师范大学也成立了未来设计创新研究中心；京东 X 实验室推出的自动驾驶重型卡车和 JDY-800 干线无人货运飞机，让未来物流无人化进一步成为可能；小米的 milab 已经为我们带来了小米 VR 眼镜和小米 AI 音箱。

目前，未来设计主要在三个方向上有较多的研究与应用。一是可持续性，在人们逐渐意识到"自然资源是有限的"这一前提下，在人－环境所构成的系统中进行的可持续性未来设计。二是信息化，依托信息技术的发展而进行未来设计，新型人机接口、智能机器人、仿生假肢等智能产品都将打开人类对未来的想象。三是人性化，围绕人类社会及生活的发展，对少数群体及特殊群体需求的关注，将是未来设计的重点。除了对未来的合理预测，未来设计的另一重点是跨学科团队和平台的建设，这也是武汉理工大学正在努力的方向。

上 / 武汉理工大学艺术与设计学院
下 / 陶艺实验室

邱丰顺：
厚积薄发 我们需要解放创造的思维

QIU FENGSHUN： WE NEED TO FREE OUR CREATIVE MIND

邱丰顺

北京壹玖贰伍文化创意有限公司创始人

邱丰顺，著名设计师、设计战略专家，北京壹玖贰伍文化创意有限公司创始人，北京艺有道工业设计有限公司创始人，中国文化部文创人才训练班特聘讲师，故宫文创研发交流中心艺术设计顾问，敦煌文旅集团文创设计总顾问，中央美术学院客座教授，北京服装学院艺术设计学院硕士研究生导师，西安美术学院创业导师，香港大学 SPACE 中国商业学院（简称港大ICB）创意与企业战略课程讲师。

2001 年 –2006 年，邱丰顺担任摩托罗拉亚洲区设计总监，主导设计的"太极"系列智能手机是摩托罗拉在亚洲销售最成功的经典手机。2007 年 –2016 年，邱丰顺创建的北京艺有道工业设计有限公司连续获得国际设计大奖，其中 2010 年创维 E11 彩电设计、2012 年创维Bridge 彩电设计及 2016 年唱吧 C1 随身卡拉 OK 麦克风设计获得"德国红点设计至尊大奖（Bestof the Best）"。2008 年 –2013 年，邱丰顺受聘为中国创维集团设计战略总顾问，为创维集团建立完整的工业设计战略体系，创维创新设计中心在 2013 年被认定为国家级工业设计中心。

2010 年，邱丰顺投入中国文创产品的开发及文创设计方法理论的建立和推广；2014 年，邱丰顺受聘为中国文化部文创人才训练班特聘讲师，为我国的非遗传承人、文创设计师、博物馆文创产品开发相关人员进行文创理论及实务的培训。2019 年，邱丰顺受聘为故宫文创研发交流中心产品设计顾问，负责指导故宫文创产品设计开发平台的搭建；协助建立故宫文创产品的设计开发流程及文创 IP 授权系统，完善文创产品供应链系统。

《设计》：为什么公司起名"壹玖贰伍"？

邱丰顺：1925 年 10 月 10 日，故宫首次对外开放。紫禁城这个皇城竣工于 1420 年，所以 2020 年是紫禁城建成 600 周年。我们不要把紫禁城和故宫博物院搞混了。故宫博物院是博物馆，紫禁城是皇城。

"壹玖贰伍"这个公司是 2017 年成立的，当时我已经有一家专做工业设计的公司，后来因为和故宫的缘分，文创的东西越做越多。恰巧时任台北故宫博物院的院长是我的顾问，我经常向她请教。我 9 岁第一次去台北故宫博物院的时候就迷上了故宫，这么多年来一有空我就会去看看。2014 年，我开始和北京故宫博物院合作，后来就专门成立了"壹玖贰伍"。通常用数字当名字是很难注册上的，而"壹玖贰伍"刚好就很幸运地注册成功了。我的另一家公司叫"奉三无私"，来自故宫里的一块牌匾，是皇帝的家训，讲怎样做一个明君。故宫里面有太多的故事了，是挖不完的。

现在我国最大的文化标志就是故宫，两岸故宫都包括在内，都跻身于世界十大博物馆之列，2015 年都庆祝了故宫 90 周年，体现的是文化传承上的统一。

2001 年，我第一次参观北京故宫博物院，那是我抵达北京之后做的第一件事，那是一种梦想成真的感觉，我几乎跪下来亲吻那块土地。多少次在台北故宫博物院里看那些文物的时候我都在想，它们曾经在宫里的时候是怎样的状态？

台北故宫博物院有 61 万件国宝，北京故宫博物院有 180 多万件，加起来 200 多万件，每一件都是精品，如果给每一件都弄一个故事、一个产品出来，十辈子你也弄不完。所以我就跟很多设计师讲，如果你要做故宫文创设计，要有心理准备，十辈子都做不完，心态要摆正，要有一个虔诚的心，不要光想着赚钱。

为故宫做文创还多亏了工业设计给我的训练，让我和一般人看事物的角度有所不同。做产品一定要有社会价值，要产生经济效益，那么就可以倒推，这件东西到底要满足谁？比如，我了解到现在某个人想要有一个很棒的水杯，那我可能会去想故宫里面什么文物与水和杯子有关，就有了方向和线索，这是第一种方法。第二种方法是漫无目的的方法，我就有这个能力。我有很多与故宫相关的书，当看到一件文物觉得很棒时，我就会想这个东西能不能变成什么，和第一种方法的路径是正好相反的。但当要求故宫文创产品一年做 1000 个的时候，光靠这两种途径就不行了，我们还有一套方法能够实现，就是导入工业设计的技巧和方法论。

当有了数量上的要求时，我们就开发出了更合理的办法，刻意做出很多系列。比如雍正的十二美人图，一下子就有了 12 件产品，关键的问题是把这十二位美人用在哪里。我们因势利导把她们附加在了睡枕、水杯、镜子和东方美人茶等产品上。

故宫在售的文创产品有 9000 多个 SKU（即最小存货单位），以故宫所有在售商品的销售数据为参考，经过统计，大部分都是 100 元以下的商品卖得好，因为故宫属于旅游景区那个"赛道"，消费者大多是旅游团，所以客户群的特性会影响设计决策，你要明白设计的东西谁会在哪种情景下花多少钱购买。这种旅游商品大多是冲动型消费，游客并没有预期他要买什么东西，他看到觉得不错，价钱合适就会买。那 9000 多个 SKU 分为 140 多个品类，当中只有 40 种商品比较容易产生消费行为。

《设计》："壹玖贰伍"称自己为"以东方美学为标杆的创新设计公司"，已经参与多项我国顶级文化 IP 创意产品的开发工作。要做出顶级文化 IP 创意产品，您的团队遵循怎样的设计策略和方法？

邱丰顺：我现在很大一部分重心放在做文创。文创必须有文化符号，但如果你的控制能力不够，就会变成给产品贴文化符号，那不是设计。文创设计也是设计，但跟艺术不一样，它有一个底线，就是要在规定的时间里把东西做出来，成本也会有限制。它有很多的规范和前提，你就必须运用一些设计方法，才能在规定的时间和合理的成本之下把它做出来。

做文创设计也有很多难点。第一，本科教育里没有这个学科，可能有很多原因，一是没有老师可以教；二是现在总认为文创只是工业设计的一小支而已。目前我国台湾已经有文创设计系了，但是放在设计学院下面，没有单独成立。第二，文创设计需要文化符码，就要求设计师对文化要有更深入的研究，没有文化底蕴的人做不了这个。什么叫有文化？在中国很简单，儒释道先得弄明白。如果肚子里没有墨水怎么挥洒出来呢？所以我经常说，在中国，一个没有中国文化墨水的设计师做不了文创设计师，因为你无法产生文化上的连接，而且这种连接一定是文化已经吸收内化到血液里去了。所以要做文创设计更难，除了文化底蕴的支撑之外，还需要符合几个条件：一是好设计；二是能卖钱。

文创不是必然与古典相关。比如，工业设计里的一支——意大利的Alessi，它很明显是工业设计的产物，但是它带有文化特质，而且它的产品很多都是不用电的，像牙签盒、糖果罐之类的，事实上很多厨房用具本来就不需要带电。这些东西应该算是文创的一个部分，我们叫它"生活美学"。

更明显的文创设计领域是博物馆、美术馆或景区。最明显的则是娱乐IP（知识产权），迪士尼就是最好的例子。所以，现在很多人要创造IP，创造IP很容易，但是把它变成有效的IP是很难的。创造了一个IP之后，你要培养它，培养到家喻户晓，还要有人去收藏，这个过程是很难的。我国现在的IP很少。这就跟我们的动漫影业是一样的，现在懂技术、懂技巧的人很多，动脑的人不多，也就是我们可以弄出很棒的IP形象，但是没有培养IP的人才，不会讲故事是我们的问题。

所以我们要认清楚现状，不要好高骛远，也不要妄自菲薄，更不要自吹自擂，要很清楚地认识到自己和别人的实际差距有多大。我国文创设计最大的问题是设计的平台还没建起来，设计师的培养与文化是绝对相关的，文化不可能用钱"砸"出来，零星的火花只有连成一片的时候才能变成熊熊大火，才能整体兴旺。现在有看到小火花，但还没连起来。

其实，我国文创设计的普遍问题是没有合格的设计总监，就是在企业里面管设计的总监，这种人合格的还太少，再往下一个层级的优秀设计师多了去了。

现在全世界所有关于设计的、美学的、艺术类的东西，还是西方人把持。在我们的美学教育中就很明显，设计学院不教中国的美术史，现代的艺术教育从包豪斯开始讲起。中国事实上有自己的美学基础，我认为应该有一门中国的工艺美术课，因为我们现在所做的任何产品，包括故宫里面的那些文物，很大一部分事实上是我们对美的定义。

纵观人类历史，最早的设计师是谁？是工匠。甚至北京猿人在开始使用工具的时候会把一个石头磨成锋利的片状，这个就是设计了。我们现在做的事情和他们没什么差异，所有我们做出来的产品，事实上都是人类因为自身能力受限了，所以需要一些工具去延伸机体的功能。但是设计学院不从那边开始追，就直接讲包豪斯是现代设计的起源地。这样讲当然没有错，但是我国的设计史也要填补，比如我国制造得最早的车、冰箱、电扇等。

我国悠久的历史文化沉淀确实会形成一种压力，让现代人感觉无法超越，所以我们今天要思考，这所谓的压力怎样转换成题库、素材，我们要学的是创意的思维、解放的思想。

很多人问我，中国未来的设计要怎么去走。我说很简单，回到找自己的根。这个系统有几千年的传承，我们去世界舞台玩，谁能玩得过我们？我国有一句话叫"取法乎上，仅得其中；取法乎中，仅得其下"，我们现在把西方的东西抱着跟宝贝一样，但你把西方的这些东西学得再怎么厉害，也不大可能超越他们自己人。所以我们要去思考，我们不要敝帚自珍，也不要觉得全世界都不好，你要在看到别人好的地方的时候，回头看看你的根在哪里，然后你要珍惜自己。如果不是你自己设计出来的东西，你永远就是跟着别人走，学到人家的皮毛而已，没有学到精髓。

现在整个社会环境变化太快，人性也比较复杂。我们现在讲"术"，就是技巧，中国人学技巧很快，但是学到一定程度的时候就上不去了，你没有学到那个"艺"，"艺"才是精髓。两者不可偏废。

《设计》：您从何时开始关注并参与设计赋能非遗保护的事业？担任故宫文创研发交流中心艺术设计顾问一职，您给故宫文创的发展做了怎样的规划？

邱丰顺：很多非遗转化的过程会受到限制。大师分好多种，一种是他在艺术上的造诣很高，工艺也很好，基本不需要外界的帮助。还有一种是有工艺，但艺术的部分比较弱，尤其是不符合现代人的审美标准，这时候设计就有发挥的空间。合作中我一直秉持向大师请益的心态，而不是我来指挥的心态。虽然很多大师的艺术形式不符合现代审美，但是人家做设计已经三四十年了，都七八十岁，怎么可能听一个二十几岁的年轻人指导。所以，要讲究方式。

故宫事实上没有延伸出知名的IP，毕竟故宫的名号太大了，要做出一个能够代表它的IP难度颇大。

故宫的文创授权是把元素开放给设计方，设计出相应的东西以后，故宫审查委员会进行审查，通过之后设计方进行生产，故宫提供线上、线下的销售渠道，产品会有故宫相关的标识，不能通过故宫以外的渠道销售，销售以后进行分成。这种模式的好处是故宫没有销售压力，卖得好不好都是设计方要关注的问题。我们之前曾经弄过缂丝云锦，一把宫扇卖到 9000 多元，结果一年卖不到一把。缺点是没有引导性。我帮故宫文创研发交流中心导入了产品开发体系，它没有设计队伍，建立这个体系以后，有人要和它合作，就可以按照这个体系来做。我还用一些方法帮故宫开发其他元素。北京故宫还计划建一个北院，参考台北故宫博物院专门做展览用。

《设计》：您曾在题为《设计引爆新商业》的演讲中提到"具备文化萃取、消费体验和社群运营三大核心要素的新商业"，设计如何才能"引爆"这"新商业"？

邱丰顺：我们做设计的从新艺术运动时代一直推到今天，每一个时代所强调的关键元素都不太一样。比如，20 世纪早些时候很重视生产，谁能够更快地把东西生产出来，谁就厉害。所以，那时候设计要配合设计出一些能够快速生产的东西，20 世纪四五十年代的人要求不高，有东西能用就好了。后来，人们的要求越来越高了，就变成了功能需求，同样一个杯子，三种功能的就赢过两种功能的。再后来要求品质，要耐用，然后又加了科技。20 世纪末，设计本身被高举了，因为 Frog Design 公司提出了"form follows the emotion（形式追随激情）"的理念。因为制造、品质都已经不是问题，设计师想到的造型都可以被做出来，设计师就开始把个人情感注入产品里面。这个时期产生了很多设计大师。大家购买的原因不是功能或品质，而是大师的签名。比较有名的是斯塔克，从建筑一直到苍蝇拍都有设计。另外一个有名的例子是 Swatch 手表，让手表成为一种装饰品，功能之类都是次要的。

后来就转成用户体验，而体验的下一步就是情感文化。人们要和购买的商品产生一种情感认同，产生"这个东西是为我而设计的"情感，有情感上的交流，所以就有了"果粉""米粉"等群体。

品牌不再像以前那样，只需要塑造一个很棒的形象，消费者因为羡慕这个形象而会想拥有这个产品来彰显自己。现在其实很多人不再迷信名牌，而是会考量这个品牌的理念跟我的"三观"是不是一致，当你认同它的时候就会去支持它，不认同的产品再便宜也不要。所以，现在品牌已经放下了身段。你看苹果的店都叫"体验店"，导购就像朋友，你买不买都没关系，通过情感会渗透出一种文化，最终你认同了它的文化，就会产生消费，消费了以后这种文化认同越绑越紧，而且会变成一个螺旋状，你越认同就会越往上走。

《设计》：在您看来，什么样的设计才能代表中国设计？

邱丰顺：这也是我每次去设计院校演讲的一个主题。

形式是中国人的风格和历史传承下来的，最有名就是明式家具，现在很难突破，这就是中国风格。中国风格表现最多的是建筑。现在大都市里的摩天大楼没有中国元素，因为中国历史上没有那么高的建筑物，所以很多人会在一个建筑物上面放一个大屋顶，那是一种误用。中国风格一定会跟中国的文化、历史这些图腾有关系，或是基于为中国文化、中国人服务的设计，这才叫中国风格。

我经常举这个例子，几年前中国的一个汽车厂家说要设计出中国的法拉利。而法拉利之所以称为法拉利，是基于其本国的历史文化。为什么法拉利敞篷车很多？还专门有一个颜色叫法拉利红。因为意大利生产法拉利的地方是沿着地中海，四季如春，开敞篷车可以看风景，享受人生。为什么美国没有这样的文化？美国没有地中海，还常需要横越大陆，人的个子也大，所以美国的车都很大，跟房子一样。日本资源紧张，汽车要越做越小、越好维修，很注重细节。

所有的设计一定要回到生活方式上。中国汽车工业发展时间尚短，还没让我们的文化沉淀在汽车上。法国人或意大利人会觉得美国人不会喝咖啡，没有咖啡文化。这些差异就和生活方式相关。

所以要有中国风格之前，我们得先找回中国人独有的生活方式。现

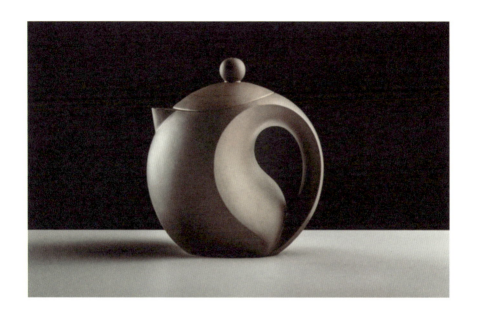

太极紫砂壶

在的生活方式和以前不太一样，节奏也更快。这也就解释了为什么中国的家具设计现在陷入了一个瓶颈。中国以前有卧榻，朋友来了，两个人席地而坐，喝茶、品酒、聊天。现在朋友来了，就往餐厅里的餐桌旁一坐，我们现在生活方式、住家环境大多西化，更多的年轻人喜欢宜家的东西，毫无违和感，毫无抵抗地就进入中国的千家万户。

无论外来的还是自己发展的都不重要，最适合你的最终会沉淀下来变成你的。

《设计》：什么是好设计、好设计师、好设计奖？

邱丰顺：我年轻的时候曾看不起某明星，觉得他净拍烂片，后来我有一次听收音机里某明星的访谈，当主持人问他，"我听说你拍了好多部电影都没有得过什么奖，你会不会很郁闷？"某明星说，"不会。我拍片的目的很简单，有人花了两个小时看我的片，他走出电影院心里很快乐，就够了。"我觉得他讲得有道理，不是每一个人看电影都要像上课一样，要学到深刻的人生道理，搞得自己太累了。于是我的头脑开始转变了。问什么是好设计，我讲个真实的经验。以前在摩托罗拉的时候，摩托罗拉最畅销的手机，卖了1.3亿部，就是超薄款V3。它的设计师那时才刚毕业1年多而已，他因为这款设计被全球293个杂志采访，是很棒的设计师。而实际上这个案子在摩托罗拉内部原本是毁誉参半的，很多人不想让它上市，因为摩托罗拉有很多对产品品质的规范，它是不及格的。比如，它的超薄是牺牲了按键的行程舒适度换来的。摩托罗拉专门验证使用体验的部分就给它不及格。除此之外，为了把厚度压缩到14cm以内，牺牲了很多东西。但是当人们拿到了这部很棒的手机时，其他方面都可以忍受了。我于是在思考一个问题，如果设计师当初没有来到摩托罗拉，或者当时我们因为体验不及格而不让V3上市，那么市场会不会就有遗憾，或者说其他符合标准的款式是不是也有机会成为当年的爆款。所以，很多东西有太多偶然性的成分。

在我看来，现在全世界最难拿的奖是日本的 G-Mark 设计奖。它非常严格，要求必须是上市一年以上的产品，有销售成绩才能去参赛。此外，它的评审过程也是非常艰苦的。我认为它是现在含金量最高的设计奖，没有商业化，完全是日本政府出钱支持的。

这里还有一个非常大的悖论，一个东西非常环保，而且各大设计比赛都认为它环保，但有可能你因为用了环保的材质而受限，比如环保纸发黄，设计出的东西就没有白色的那么吸引人，消费者就不会购买。那么，这是不是好的设计？

各大设计比赛对好设计的定义和标准其实都有一些权重的不同侧重，获得 iF 金奖的产品参与 G-Mark 评比可能都没有入围，这也很正常。但通常环保性会被高举，美学会起很大作用，因为它比较容易被感知；功能也很重要，当你设计出一个全世界绝无仅有的功能，就很容易被感知；再往上是经济性、市场性。DIA（中国设计智造大奖）比较独特，讲求"社会影响力"，比如现在疫情防控期间，有人设计了一个给患者佩戴的面罩或者快速检测的试剂，这个影响力就很大了。

有一年 DIA 第一名的 Sony 产品是教导儿童动手学习编程，让没有任何科学基础的儿童通过产品学会编程，它不一定好看，但是社会影响力很大。

"什么是好的设计"是我演讲的一个重点。我定义"好设计"分三个方面：一是能够打动人心。比如这个东西很好看，这个东西很好用，这个东西是为我而设计的，解决我的痛点。人的感性就和男女朋友谈恋爱一样，"这个好漂亮，我很喜欢"。二是理性。理性的部分包括这个产品值多少钱，有没有符合我的标准，有没有环保。三是消费者会不会掏钱来买。如果这三个都符合，就是好设计。如果更细分，就还有品牌设计语言在里面。

一定要记得设计最终要产生经济效益，如果不产生经济效益，不考虑经济效益，那么你不是设计师，你是艺术家。我经常跟很多设计师讲，设计不能单独存在，它单独存在没有意义。设计一定有一个要满足的对象，就是买单的那个人，但是买单之前你要通过好几关，如果你在企业里面，要先通过设计总监，做出符合品牌的设计。所以，工业设计师在今天的中国跟 20 年前比起来，地位和影响力都下降得蛮严重的。

20 年前设计一个手机，样子好看就好了，现在不是。现在你买东西回家，第一件事是手机连上网，然后下载一个 App。现在很多东西还要有社交属性，设计师以前一个人就搞定了，现在很多不同领域的人都要参与进来，设计师的权重被分掉了。

现在手机、家电等的设计都在趋同，走极简风。中国现在很多的设计都往苹果方向去弄，我形容现在的趋势叫"设计性冷感"，这是趋势，但是一定会有"反动"。苹果已经开始在"反动"了，它新出的机型有好几个颜色。人到最后就不想跟别人一样，在没有主见的时候我要跟你一样，但等到大家都一样的时候，我又不想跟别人一样，这是人的天性。

《设计》：请您以一位资深工业设计师的身份，给青年设计师和设计专业的学生一些建议

邱丰顺：首先要做你喜欢做的事，然后再考虑你有能力做的事。你需要先喜欢"设计"这个事情，把它放在第一位，因为你爱它以后你才会投入，才会达到在这个领域平均水平之上的水平，那么你所期望的那些东西就会随之而来。所以，首先你要爱它。

我觉得现在很多年轻人不快乐主要有以下几个原因：一是随波逐流。看网红好我就要去当网红，但这些东西是一直在变的。工业设计发展的这 30 年来，经历过几次大的波折，比如 20 年前很多工业设计师转行去

做 UI 设计，因为觉得它特别火。后来又变成 UED，最近是服务设计（Service Design）。我觉得回到问题的源头，前提就是你喜不喜欢它。如果你喜欢那就去，但如果你只是随波逐流，我觉得就有待考虑。

二是欲望很大，但能力没跟上，总想一蹴而就。凭我多年的设计经验，世界级的大师也看过不少，严格来说，设计还是要有一些天分的。但是设计没有天才的，我听说过音乐天才、数学天才，就没听说过设计天才。一个人高校毕业的时候，他的人生第二次教育才刚开始，一个更宽广的社会大学才刚开始，而且这一次的学习更关键，没有老师，没人给你打成绩，都是靠你自己。

三是要爱你所做的工作。常言说"吃得苦中苦，方为人上人"，我认为刚好相反，人就是要快乐，要用快乐的心情去做事。如果你觉得学习不快乐，你把它当成玩就好了。你选行业也是一样，与其做一份薪水很高但很不快乐的工作，还不如选一个很快乐但薪水不一定高的工作，做久了以后薪水就会高了。

我有一个哲学，就是快乐哲学。你不要说我现在很痛苦，三年以后我就能快乐了，不要，你现在就要快乐。我所谓的快乐不是说放纵自己，而是从心里愿意去做这件事情。其实严格来说，设计师这个行业是很苦的，理性的人是不会选择这个行业的，因为你接到一个案子后，24 小时都在脑中转，不像生产线上的组装工人，组装完了拍拍手回家了。对优秀的设计师来说，没有下班的时候，但是他在享受这个过程。我不太相信设计师每天在高压的熬夜加班之下会弄出好东西。

我评估设计品质的时候，有一个"百慕大三角"作为衡量标准，三角形中间代表设计师的价值，三个角上分别是时间、金钱（成本）和品质，这三个东西是互斥的。你要有好的品质，就要花费足够的时间，要花更多的钱。所以，如果我来评估两个设计师的设计能力和价值，首先我会考虑他们在同一时间和同一薪资水平前提下，哪一个的设计品质比较好。

中国设计师的设计品质为什么不高？因为给的设计时间很短，报酬也很少，而"百慕大三角"是互斥的。中国设计师的价值现在显然是被低估了，但是和国际企业比起来仍有一段很大的落差。所以，设计师一定要投入很长的时间去学习很高的水平，才能够得到很高的报酬。

《设计》：请和我们分享一个您关注的行业热门话题或正在开展的项目。

邱丰顺：我现在关注的就是文创这个"赛道"。

文创最大的特征就是它不是发明，不是刚需，但它会渗入每一个"赛道"。就像你并不缺衣服，但为什么还要再去买一件 Hello Kitty 的衣服？你不缺杯子，为什么看到猫爪杯还是要去抢购？因为你要的不是它们的功能，而是情感上的互动和文化上的认可。所谓文创发挥到极致就是 IP 化和收藏。这和功能没关系，完全是满足文化和心灵的那部分需求，这就是马斯洛需求层次理论中的高级需要。

文创现在还处于一个很初级的阶段，与网红经济结合可能会更好，因为网红有流量，要流量变现就需要带货，帮别人带货肯定是不可持续的，卖自己开发的、带有自己属性的东西那就不一样了，比如李子柒。这种 IP 化的过程比较容易去推展文创商品，原因很简单，因为它不是刚需，一定要创造一些有辨识度的东西。

上 / 中国聚龙 JL8000 银行纸币清分机
下 / 印象北京地图竹扇

张明：
学生就业转变为先就业、再择业、后创业的"新三步"

ZHANG MING：THE TRANSFORMATION OF STUDENT EMPLOYMENT INTO "NEW THREE STEPS"

张明

南京艺术学院工业设计学院院长、教授、博士生导师

张明，博士、教授、博士生导师，教育部首批国家一流专业负责人，南京艺术学院工业设计学院院长，中国工业设计协会常务理事，中国工业设计协会设计研究专业委员会秘书长，江苏省工业设计学会副秘书长，中国工业设计十佳教育工作者，美国克瑞顿大学访问学者，金陵造物设计师品牌创始人。

近年来，学生就业方向呈现的变化与中国主要产业的变迁密切关联。张明谈到，从 2010 年起，大量的产品设计学生转向了用户研究、用户体验以及交互设计方向，这也对我们的培养目标产生了新的影响。同时，学生的就业呈现多元化趋势，从以前的高校、大企业的设计部门以及设计事务所为主的"老三样"，转变为先就业、再择业、后创业的"新三步"。从目前的就业来看，由于中国的设计教育经过了近 20 年的高速发展，社会上的存量设计师有百万人之多，而企业的就业岗位有限，因此，对于校招的新进员工，企业不仅要求他们具备扎实的实践能力，更要求他们具备对未来概念的规划能力和进行产品定义的能力，这些要求也反作用于高校的设计教育。

《设计》：请您介绍下南京艺术学院工业设计学院在设计实践方面的办学特色。

张明：南京艺术学院是一所综合性艺术类院校，办学历史悠久，至今已有 100 多年，在这样的学科背景之下，具有深厚的人文积淀和浓郁的艺术氛围。南京艺术学院工业设计学院提供全学位段的教学，包含产品设计、交互设计、展示设计专业，立足于学校特有的学科土壤，秉持自己原创的学术脉络，根据国家对高等教育的规划，结合长三角的产业优势，立足于南京深厚的文化底蕴，以用户研究、消费研究和创意驱动文化，将中国传统造物理念进行现代化转译和跨文化解读，并与技术相关学科进行交叉融合，在家具家居、消费电子、智能硬件、文化创意及交通工具等方面形成了自己独特的设计教学面貌和人才培养模式。

《设计》：在数字化时代，设计学科的教学理念与教学模式面临挑战，您认为需要做出哪些变革？

张明：信息技术如今浸润和渗透着人们生活的方方面面，这也对设计人群和用户体验提出了新的要求，设计学科的教学目标和教学思路应充分顺应这一时代趋势。信息化技术改变了设计师的工作模式，远程办公、云端协同等技术为不同地域和文化背景的人进行协同工作带来了便利和新的途径。信息化时代，设计教育也应充分利用信息化技术，对资料的获取、远程教学等诸多方面做出相应的改变。结合国家"十四五"规划，设计教育也应坚持创新驱动发展，推动教育体系现代化升级，调整对于学生培养的能力偏向，使科技、艺术、文化深度融合，促成新时代协同创新新局面。

《设计》：学院是否已经做出了针对性调整？

张明：南京艺术学院工业设计学院跟随信息化潮流，在师资队伍建设过程中，已将编程和生成式计算纳入产品设计和交互设计专业的教学研讨和教学实践中。对于智能硬件的搭建和传感器在产品设计和交互设计中的应用也进行了布局和调整，作为专业的核心基础课程纳入新版的教学计划中。

《设计》：为提高学生的实践能力，学院给学生创造了哪些条件？

张明：为了加强和完善实验室建设，学院经过筹划与申请，于2019年获得中央财政高校专项资金支持，通过筹建柔性创新与先进制造实验室，为学生的学习和实践提供了良好的硬件资源。与此同时，工业设计学院充分利用长三角的产业特点和优势，与博世西门子、海尔、三星、华为、阿里巴巴等产业界著名的头部企业开展多样化产学研合作，深度参与企业的未来趋势研究、产品定义等重要环节，在产学研的合作中，在教研与教学两个方面促进学生的实践能力。

《设计》：在教学实践中，教师应当如何引领学生高质量地开展设计实践？您对教师有怎样的要求？

张明：我们学院对于教师的要求可概括为专业成就和人格魅力。专业成就包含教师对专业的理解和对学科前沿动态的把握，在授课中与学生交流，用自己的专业能力与精神状态引领学生在积极活跃的氛围中汲取专业营养并不断进步。教师应具备理论和实践并重的素养，在与学生一起实践的过程中言传身教，与学生共同解决在实践中遇到的种种问题。人格魅力首先体现在立德树人方面，教师是一种特殊的职业，授课之外，育人是更为重要的方面，大学作为职业生涯教育的重要组成部分，教师对于学生的示范作用以及对其人生道路的引领作用是至关重要的。

上 /"时光"色散时钟——学生:刘佳敏(本科);指导老师:张明

下 / 低面设计与折纸的融合实验——学生:陈婷(硕士);指导老师:张明

上／"山映斜阳"桌柜组合——学生：宋辞、蔡汉文（本科）；指导老师：张明
下／"安晚"非对称组柜——学生：卢慧杰、郝盛楠（本科）；指导老师：张明

《设计》：本校毕业生近年的就业呈现怎样的特点？这反映出企业最需要学生掌握哪些方面的能力或技能？

张明：近年来，学生就业方向呈现的变化与中国主要产业的变迁密切关联。2002 年开始的移动终端就业潮到 2010 年左右终结。2010 年左右，iPhone4 引领的智能手机潮流的全面爆发，塑造了中国通信产业的集约化特征，淘汰了许多山寨机厂。从 2010 年起，大量的产品设计学生转向了用户研究、用户体验以及交互设计方向，这也对我们的培养目标产生了新的影响。同时，学生的就业呈现多元化趋势，从以前的高校、大企业的设计部门以及设计事务所为主的"老三样"，转变为先就业、再择业、后创业的"新三步"。毕业 10 年左右的学生，有相当一部分开始了自主创业的历程，大企业的高度集中与微型创新企业的崛起产生了鲜明的对比。另外，近年来的学生有缓就业、不就业的趋势，这与社会的转变和学生家庭的代际关系、就业难度和社会压力的增大密切相关，相关产业的退化和萎缩也导致了近年来转行的学生有增多的趋势，但核心的企业和相关的高校对学生就业的能力期待在持续增高。从目前的就业来看，由于中国的设计教育经过了近 20 年的高速发展，社会上的存量设计师有百万人之多，而企业的就业岗位有限，因此，对于校招的新进员工，企业不仅要求他们具备扎实的实践能力，更要求他们具备对未来概念的规划能力和进行产品定义的能力，这些要求也反作用于高校的设计教育。

《设计》：疫情改变了世界，高校亦身在其中，具体感受到了怎样的挑战？有效的应对措施采取了哪些？

张明：新冠肺炎疫情在全球的蔓延对高等教育带来的影响主要体现在两个方面：一方面，疫情迫使教学模式从线下转为线上线下混合的方式，广大师生也从最初对远程教学的不适应转为探索师生隔屏共创的新路径。然而，对于创意型设计教育，线下的面对面交流不可或缺。另一方面，疫情虽然把课堂搬到了远程屏幕上，但也让全社会认识到了实体学校存在的必要性，大量学龄青年滞留家中所带来的一系列社会和家庭问题，随着疫情的暴发逐步显现出来。因此，高校作为年轻人学习以及为未来做准备的场所是必不可少的。

新冠肺炎疫情防控期间，在全院 32 名专业教师、10 名行政人员以及 596 名本科学生的共同努力下，我院于 2020 年 1 月 28 日起开展并完成各项本科教学工作 92 项，于 3 月 2 日正式启动 2020 届本科毕业生在线教学工作，于 3 月 16 日全面实施本科在线教学工作。教学平台方面，我院教师根据所在专业特色及课程需求，主要借助于钉钉、ZOOM、腾讯会议、微信、QQ、中国慕课大学 MOOC（爱课程）、超星学习通等网络平台及工具进行线上授课。在线授课方式可谓形式多样，主要以直播为主、录播为辅，同时采用线上讨论、线下小组作业，以及使用校内外优质网络资源等开展线上教学活动。老中青三代教师积极备课，从一开始面对信息技术的忙乱到后来的从容，凝心聚力调整好状态，迎接在线教学挑战。本科生在线学习参与率为 100%，由于部分学生身体原因，出勤率每周情况不一，出勤率最低为 99.7%，大多教学周出勤率保持在 100%。同时，我院师生共创作了 124 件主题性作品，两次被学习强国平台报道，取得了良好的教学效果和社会效应。

《设计》：请您分享一个目前关注的行业热门话题或正在从事的项目。

张明：我们正与国内知名的通信企业进行深度合作，对下一代移动终端的发展趋势和产品定义进行研究。在此期间，对未来消费者的审美偏好、生活形态以及消费习惯的转变进行描述，同时也对下一代通信技术与用户体验的关联进行系统性的梳理。最后的结果呈现将对未来 3~5 年移动终端的新概念、新形式、新体验给出答案。

"拂翼"风扇——学生：金祥 等（本科）；指导老师：张明

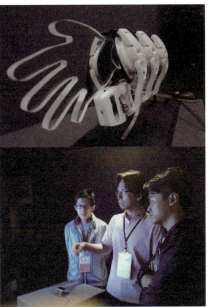

工业设计学院设计教师王可和刘彦实验作品《触形 sonar vision》和《游感 feeling the flow》亮相 2019 台北数位艺术节

张帆：
设计师已深度介入汽车全生命周期

ZHANG FAN：DESIGNERS ARE DEEPLY INVOLVED IN CAR LIFE CYCLE

张帆

广汽研究院副院长、概念与造型设计中心主任

张帆，广汽研究院副院长、概念与造型设计中心主任，作为总负责人全面管理广汽集团自主品牌所有车型的设计工作。2011 年，他加入广汽后出色地完成了广汽传祺 GS8、GS4、GM8 和广汽埃安 Aion S 、Aion LX、Aion V 等一系列明星量产车型，以及 Witstar、Enverge、ENO.146、ENPULS 和 MOCA 等概念车作品，在国内外汽车设计领域产生了很大的反响，极大提升了中国原创汽车设计的影响力。

作为首位华人设计师，张帆于 2003 年至 2011 年为奔驰工作，主导设计的 Concept A-Class 概念车成为引领奔驰新一代设计语言的标杆作品。

在时代与理想交织的作用下，不想继续重复自己的张帆从德国奔驰回国加盟广汽研究院。张帆加盟广汽后先组建团队，再构建体系调整战术聚焦产品，让广汽在汽车设计方面快速具备高水平自主创新的能力。通过一系列新产品，张帆快速帮助广汽自主品牌建立起超越其他中国品牌的竞争优势。张帆认为，作为设计师，我们身处技术转型过程中，既要能够轻装前行，用积极的心态拥抱变革，构建全新的知识体系，同时还需要保持设计师独立思考的能力，开放性和创造性地提出解决方案。

《设计》：当初是什么促使您毅然回国加入广汽？您的加盟给广汽带来了怎样的变化？

张帆：这可以说是时代与理想交织的结果。在奔驰这样的顶级汽车企业摸爬滚打八年，我拥有了量产车作品，也有了自己的概念车作品。作为一名汽车设计师，想要达成的目标基本都实现了，加上我对汽车设计全流程也很熟悉，再待下去感觉只是重复自己，我需要一个更广阔的天地去发挥和施展自己的才能。恰好 2010 年中国一跃成为世界上最大的汽车市场，国内汽车行业蓬勃发展对高水平汽车设计有迫切需求。作为一名中国设计师，我对于中国市场、对于满足中国消费者需要的汽车设计有更敏锐的洞察。回国，我既能为中国的汽车工业做贡献，又能实现个人抱负，所以 2011 年我就加入了广汽研究院。

我加盟广汽后先组建团队，再构建体系调整战术聚焦产品，让广汽在汽车设计方面快速具备高水平自主创新的能力。通过一系列新产品，我快速帮助广汽自主品牌建立起超越其他中国品牌的竞争优势。尤其是 GS4、GS8 这样的明星产品，不仅帮助中国品牌摆脱了抄袭的固有印象，达到原创设计的新高度；还在市场上取得了极大成功，让人们对广汽自主品牌的发展充满了信心。

《设计》：请介绍一下设计师在广汽研究院中的自由度和话语权。

张帆：设计师在广汽研究院甚至广汽集团都拥有较大的自由度和话语权。这源自广汽集团严谨务实的企业发展理念。尤其是自主品牌从无到有的发展经历，让广汽愈加看重人才在企业中发挥的效应。就汽车设计而言，我的加入填补了当时国内的技术空缺，在短时间内把广汽自主品牌的产品力提升到了新高度。这让集团和研究院充分认识到设计的能量与价值，因此也给予这个专业足够的话语权和尊重，让我们有更大的发挥空间。当然，这也带来了更高的期待、更多的挑战和更大的压力。

设计是一个需要不断突破创新的行业，尤其是在我们的模范引领下，中国其他品牌也快速实现了"从 0 到 1"的突破。今天，中国市场已经进入了一个群雄逐鹿的争霸时代，对广汽而言要实现"从 1 到 10"的创新升维是当前面临的新课题。

《设计》：时至今日，自主品牌自身的设计力量是否已明显增强？随着国产车企设计队伍国际化的加强，是不是已经无所谓"自主车型"和"合资车型"之分了？

张帆：广汽率先在设计领域的填平补齐为品牌创造了巨大地市场价值。这也感召了其他自主品牌，纷纷在设计领域开始不遗余力地投入。短时间内，我们看到整个自主品牌设计力量的突飞猛进。这种突飞猛进主要表现在每个主机厂都建立起体系完整且庞大的设计队伍。中国自主品牌汽车的整体设计水平有明显提升，不但"品质感"出众，就连"创新度"也开始独具一格。

尤其随着能源换代，在全球范围内，中国品牌的新能源汽车设计可谓独领风骚。近年来，不断涌现的成功案例逐步支撑起独属于中国市场的电动车设计风格。可以说，当前自主品牌的设计能力既有国际水平也有自身特色，处于未来有无限可能的良性发展阶段。自主车型与合资车型相比，设计的创新度和品质感的差距越来越小，甚至不分上下。

不过，自主车型的定义和合资车型的定义，我觉得还是泾渭分明的。相比合资，自主品牌在某些方面反而更具优势。比如，自主车型的开发周期更短，对于新技术的应用更快、更大胆；能够针对中国用户的痛点提出更多、更新的解决方案；更加注重用户体验，注重创新汽车与其他互联网使用场景的体验融合。而合资车型在这些领域的动作相对更慢。所以在今天，我们看待自主车型和合资车型，已经不是一个简单的谁落后谁先进的概念，而是在一个竞技场上各有所长、各有特点、并驾齐驱的状态。

《设计》：国产汽车自主品牌起步晚进步快，中国汽车消费者的消费心理也发展得更为成熟，在您看来，当今中国消费者的汽车审美和消费倾向有了怎样的变化和特点？

张帆：与其说"成熟"，不如说中国消费者的消费心态变化特别快，可能更准确。中国消费者对车的认知经历了"三连跳"，从浅显、熟悉到提出期待。今天的中国消费者正逐步把互联网生活中养成的使用习惯迁移到汽车上。应该说，中国整个汽车工业的发展、汽车设计的发展，离不开中国消费者的驱动力。这种驱动力对于汽车设计来说，首先表现在对于设计美学快速变化、不断迭代的用户需求上。可能是历史、文化、消费者认知三大因素的交融，中国消费者对汽车颜值高度和新鲜度的要求可谓苛刻。这也导致在中国汽车市场要想取胜，颜值是非常重要的商品竞争力，也因此让设计领域变得非常重要。此外，现在汽车设计的竞争不只是停留在造型审美层面，实际上，设计师越来越多地介入使用体验建构、交互设计、品牌传播、服务设计等方方面面。设计师深度介入消费者和汽车购买、使用的各个触点中。这种现象反过来对于汽车设计师的能力也有了更加全面、更加多元的要求。

《设计》：作为一家实体汽车生产企业，面对大数据、人工智能等如此具有"颠覆性"的时代变革，广汽给出的解决方案是怎样的？

张帆：大数据、人工智能、电动化、智能化这些关键词，不仅是广汽更是整个汽车行业现在面临的技术挑战。一方面，这意味着我们需要调整甚至摒弃过去百年汽车行业一些在技术体系和开发模式上的思维定式，去拥抱现代技术带来的新需求、新期待；另一方面，这些新的技术确实创造了新机遇，让设计师有更多手段去创造新的产品形态、新的用户体验，为产品赋予前所未有的使用价值。

所以，作为设计师，我们身处技术转型过程中，既要能够轻装前行，用积极的心态拥抱变革，构建全新的知识体系，同时还需要保持设计师独立思考的能力，开放性和创造性地提出解决方案。在这个消费需求快速变革的当下，只有这样，才能形成我们的引领优势。目前，广汽在新能源智能驾驶系统领域，大数据的应用都有比较深入的布局。例如，广汽新能源发布了旗下 Aion S、Aion LX、Aion V 三款产品。这三款产品一经推出就迅速在中国新能源产品市场上占据了引领位置。该系列产品搭载了广汽独立开发的"ADiGO（智驾互联）生态系统"，能通过不断的系统迭代增强产品的智能性，给驾驶带来更多便捷体验。

广汽正在积极布局面向未来的智能座舱，我们创新性地提出"先知共生"的设计理念，要求汽车不仅智能还能懂得消费者的需求，做到真正的贴心便捷。大数据、数字化则被广泛应用于用户研究、产品开发、生产制造、销售服务体系的方方面面，我们希望借此缩短企业和消费者之间的距离，帮助更快速、更精准地应对消费者日益增长的用车需求。

《设计》：您在汽车设计一线奋战多年，设计和管理都有所涉及，可否对高校的汽车设计教育提出一些贴合一线需要的意见和建议？

张帆：我觉得高校汽车设计教育可能需要加强针对性。我们对于优秀设计师的期待，实际上来自"技"和"道"两个层面。"技"是设计师应该具备的基本的技艺、技法、技能，比如手绘能力、油泥模型制作能力、三维数据模型制作能力、审美创新能力。面对行业颠覆性发展，设计师还需要在设计趋势、技术趋势、社会趋势以及消费者的需求变化这些"道"的层面保持一个开放和饥渴的学习心态，并且能够提出自己的观点。所以我希望在高校具体课程设置中，一方面加强汽车设计基本技能的培育；另一方面帮助学生打开视野，逐步构建自己对于趋势的洞察，理解驾驭世界的复杂性，而不是做一个单纯画图的工具。

《设计》：校企合作搞竞赛或工作坊是时下流行的合作方式，因此产生了很多优秀的创意。广汽与高校有哪些合作模式？从高校学子身上得到过哪些有益的启发？

张帆：一个充满活力的汽车设计团队，需要持续不断的新鲜想法。除了汽车设计大赛，我们还通过开放更多的实习通道，与院校建立教学合作关系，帮助团队开拓思想。2018 年起，广汽设计与美国艺术中心设计学院（Art Center College of Design）和创意设计学院（College for Creative Studies）、英国皇家艺术学院（Royal College of Art）、以色列 Shenkar 工程与设计学院、中国美术学院、广州美术学院、湖南大学设计艺术学院等国内外高校，展开了校企合作课程。通过与高校的紧密配合，我们收获了很多新鲜点子。这些点子虽说很难直接被转化成量产作品，但从中可以发现当代年轻人的兴趣点和关注点，这有助于设计师在日常工作中掌握好创新的侧重点。另外，更重要的是，通过这些校企连接，我们能够发现一些人才。现在，不管是设计大赛还是校企合作，都是我们最有效的人才挖掘方式。

《设计》：请您以一位资深工业设计师的身份给青年设计师及设计专业的学子一些建议

张帆：我认为首先要对设计行业有热情，热情是发自内心的喜欢，因为设计是一个创造性非常强的行业。我曾经说过一句话："设计师是天底下仅次于上帝的职业，因为我们都是在创作。"很多解决问题的日常用品或交通工具，都源自设计师巧妙的思考与创新，所以这是一份很有成就感的职业。除了成就感，这也是一份非常具有挑战性的工作。无论激烈的竞争压力还是持续创新的诉求，对设计师本身是一个非常大的挑战。在汽车行业能够站得住、沉得下，实际上是个人能力的证明和体现。所以胜任这份工作，执着、专注、热情非常重要！

油泥师工作图

其次，一定要练好基本功。设计不只是一个学科，更是一个"由技入道"的过程。其中，"匠人"的成分不可或缺，手头功夫需要长时间对于技法技能的积累。一个优秀的设计师应该是"手、心、脑三位一体"的融通状态。这需要花大量的时间去练习铺垫，一步步成长。

再次，年轻人在强调自我个性、自我创造力的同时，也要注重团队合作。汽车工业的庞大体量就注定了不可能单打独斗，而需要协同创新。所以，设计师既需要凸显自己的个性和创造力，也需要在一个大的平台环境中去推进自己的想法，和团队一起共创实施。因此，设计师要具备共同协作的能力。

最后，希望年轻人在立足当下的同时，对行业的未来发展有所思考。既做匠人又做思想家，既是设计师又是战略家。设计是一种商业手段，为商业目的服务。设计不是艺术，一切创新都必须满足商业目的。设计师不能只图自己的爽快，而是需要通过造型、体验、服务创新交融，最终给用户带来价值感和获得感。所以，年轻人要学会在体系中工作并具有长远的思考，要"以终为始"着眼于设计在用户端最终落地的样子来推进创新。

《设计》：请和我们分享一个您关注的行业热门话题或正在开展的项目。

张帆：我认为是"体验定义汽车"。其实，行业更多谈的是"软件定义汽车"，不过在我看来，软件只是手段，它的底层逻辑是今天的消费者对用车体验有了新要求，所以"体验定义汽车"可能更准确。为用户创造好的体验是一场造车观念的变革，将会对汽车设计产生颠覆性的影响。当下汽车魅力可能主要源自汽车的外造型，丰富的曲面变化、繁多的设计主题、多样化的形态语言，几乎奠定了汽车设计的根本。但未来汽车的外观可能变得更加简洁标准化，甚至蜕变为一个可移动的盒子。而和用户体验息息相关的内饰设计，可能会变得更加丰富和个性。广汽过往很多概念车都展现了我们对"体验定义汽车"的设计思考。已经结束的 2020 年广州国际车展，我们的概念车 MOCA，用模块化、个性化、智能化、场景化重新定义汽车。MOCA 是承载我们对未来思考的下一代智能移动终端，我们用科技和设计让用户抢先一步体验未来。

张黎明：
"设计"是对实现目标全流程、全生命周期的产品管理

ZHANG LI MING："DESIGN" IS THE PRODUCT MANAGEMENT OF THE WHOLE
PROCESS AND LIFE CYCLE TO ACHIEVE THE GOAL

张黎明

深圳好博窗控技术有限公司战略规划及产品管理中心顾问

张黎明，毕业于中央工艺美院（现清华美院）工业设计系，深圳好博窗控技术有限公司战略规划及产品管理中心顾问。

处于创新型社会的今天，中国工业设计到了需要走出自己原有从西方引进并简单消化的过程，需要从设计理论设计方法进入超越简单造型体系的基本设计专业架构的认知。需要理解工业设计在产业生态发展中对多元性因素融合与抽象做出新的感受和阐释。产业的生态化发展越来越需要面对复杂、复合因素解析和逻辑升华；需要研究工业设计理论和原有定义自身的局限和约束，需要回归到现实实际产业发展所存在的各种客观发展逻辑和生态中。张黎明认为，今天的设计对环境和对象已不再是简单物化造型美的需求，而是需要建立对需求、产业、生态、技术、信息、数字化管理、数字化流程、价值链、材料、工艺、管理、运营、竞争、资源、社会、行业、人性、生活、哲学、家庭以及美等，有一个全面理解和宽阔视野的知识架构。设计师不仅需要具备一定的学习能力和自我变革创新素质，也需要具有自我设计力的持续修养。

《设计》：在数字化时代，传统门窗制造业迎来哪些机遇与挑战？

张黎明：数字化时代一些关键词——大数据、人工智能（AI）、信息流、算法、人机交互、云计算、云平台、云储存、智能传感、智能控制、智能制造、互联网+、物联网（IoT）、移动互联、5G、区块链、城市智能、智慧医疗、智能家居等。这些词所呈现出来的内在关系是数字化时代所推动的社会生产和生活方式整体数字生态的场景建造过程。这一多元路径的生态建造过程逐渐将会使人、机、物等关键要素时时紧密地链接起来实现多方式、多通道、多载体的数字交互与协同。

对企业来说，实现OT（运营技术）+IT（信息技术）+CT（通信技术）的数据融合，实现对各类产品、设备、生产、运营、服务、管理等应用场景信息流全面的链接，充分发挥数据的价值；在数字化研发、智能化生产、网络化协同、个性化延伸、定制化服务、精益化管理等业务层面得以全面数据管理；在流程优化、协同制造、协同研发、资产管理、质量追溯、远程交互、数据建模、数据统计、预测维护、风险管理、订单管理、库存管理、生产管理、可视化、在线服务等方面建设合理的数据分析、数据统计模型以及数据沉淀，让数据为企业管理和运营创造价值，提高企业运营和协同效率，让企业管理更加透明化，沟通更加便捷化，人、机、物更加平台化。

这些技术逻辑成就了当下数字化时代的基本特征和生态关系架构。构建数字化就是达成价值链和公司经营全要素的数据链接和人、机、物之间的数据交互协同，实现制造业体系和数字化时代的核心竞争力加速提升。

今天，对企业来说，如何改变和适应这种数字经济的生态和发展是关键。数字化是一个很好地提升运营管理的工具或途径，是提升效率和服务最底层的基础，也是数字化转型时代对于"高效与协同"链接关系中全新目标和内容的应变能力建设，以及提升企业价值创造的关键。对传统门窗制造企业来说，数字化将加速企业快速升级和演变，实现企业未来核心竞争能力的布局。

对企业而言，数字化建设过程中最大的瓶颈就是人才。数字化建设不是一蹴而就的，它需要适应不同企业的生态环境和经营路径。对于人才来说，这也需要一个漫长时间的培养和适应。

《设计》：在门窗消费领域，最显性的痛点是什么？

张黎明：门窗在消费终端的核心痛点是门窗的性能、品质、安全、便捷、美观和管理。

《设计》：好博窗控技术在行业内提出"整屋门窗智能开启"的概念，门窗究竟可以多"智能"？

张黎明：好博窗控是传统门窗五金企业，在智能化投入研发已经有十多年的历史。经历了由单一的电动开窗器到电动门，再到今天的智能门锁、指纹窗锁、密码窗锁、芯片执手及系列智能开窗方式的发展过程，为好博窗控基础智能产品的发展和市场布局奠定了基础。好博窗控已经初步建成家庭不同场景应用的系列智能产品线，也在门窗行业产生了积极的影响。行业内全球首先在执手中植入芯片，启发了传统门窗五金正式进入对物联技术融合的转型和升级，得到了国内外同行业的尊重。我们开始和华为的 Hilink、小米、欧瑞博、阿里巴巴等智能家居生态建设的几家平台做对接，力争在未来城市智能和社区智能生态建设中赋予不同建筑及每个家庭未来更高生活需求合理的智能化门窗系统解决方案。

未来的智能门窗将对家庭室内空气中的甲醛、一氧化碳等影响健康的室内空气质量指标做到有效监测和管理；对风、雨、湿、热等不同气候特征下的舒适感要素进行管理；对防火、防盗等安全要素做到全面管理；对老人、小孩的在家行为安全及便捷使用做好相应解决方案。让门窗会呼吸、能感受、会自我控制，也能远程交互，让智慧家居生活中的门窗为每个家庭创造更加健康、便捷、舒适的生活环境。

《设计》：好博窗控技术在门窗行业的核心影响力是什么？所谓的"核芯竞争力"又是什么？

张黎明：门窗是家居生态中最难、最复杂的产品。建筑节能，门窗是关键。但中国门窗的节能长期被忽略，也未能被重视。直到近些年才被提上日程，数据统计，每年门窗能耗是建筑整体能耗的 40%~50%，占社会总能耗的 20%。门窗节能指标是 K 值，K 值因各地区气候和环境条件的不同各有差异。2020 年，GB/T 8478—2020《铝合金门窗》对门窗节能等指标要求升级，如何达到门窗的各项综合指标，设计合理的门窗配置系统解决方案是门窗整体系统研发的重中之重。

好的门窗系统需要通过选择材料、应用材料、研究型材结构以及五金件、角码、胶条附件等基本配件和工艺等方面实现，还要广泛研发和吸收环保性能的表面处理、玻璃防辐射处理、光学材料、化学、有机材料、防火材料、石墨烯材料、纳米材料、芯片、传感、物联技术、降噪技术、防火技术、玻璃光学技术、光电技术、AI 技术等各项材料和技术。门窗不仅需要其基本的开启功能作保障，也要承接基本的节能、安全性能、环保的各项指标，实现终端家庭在门窗使用中的品质、安全、健康、便捷的良好体验。这并不是一件容易的事。

中国门窗行业虽然体量很大，但整体素质偏弱。除国外品牌的几家企业外，国内实际有综合性研发能力的企业并不多。好博窗控在行业内是少数拥有系统、五金、智能"三位一体"的设计研发团队的企业。每年为行业客户开放和输出各种系统门窗的解决方案，如窗纱一体窗、内开内倒窗、悬挂外开窗、推拉压紧窗、窄边景观窗等。为 B 端用户赋能，

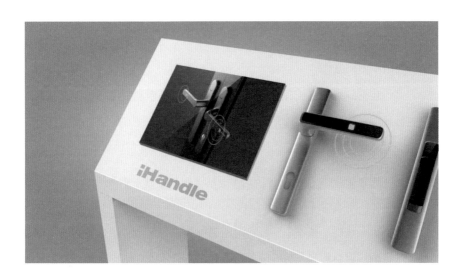

可通信门窗执手

为终端用户提供更好的、高品质的门窗产品的体验。通过努力，好博窗控已经在全球行业内走到了台前，成为行业关注的焦点。经过好博窗控全体员工的努力和奋斗，好博窗控已成为推动行业发展的一台强劲的发动机。近几年，门窗行业应用的"K"槽标准槽口方案，已经成为行业内广泛应用的事实标准；快装五金、多种控制五金方案和门窗系统方案、指纹、芯片、智能窗等智能控制解决方案也为门窗行业创造了有效的价值。悬挂外开窗、内开内倒窗、窄边景观窗、六三折叠窗、推拉压紧门窗等系统门窗方案在国内外行业内已经产生了良好的影响，促使门窗行业走向一个新的境界。

目前，好博窗控已经拥有门窗类产品各项专利 300 多项，部分产品已经拥有多项国际专利，成为行业内专利最多的企业之一。

对企业来说，人才是我们"核芯"的竞争力和价值创造的利器。

《设计》：您曾在 2020 服务设计论坛上分享了题为《基于企业战略的创新服务设计》的演讲，服务设计对于好博窗控技术的价值是如何体现的？

张黎明：我在《基于企业战略的创新服务设计》中讲"企业战略的核心是实现价值目标与可持续发展的路径"。"服务"已不是传统的售后服务，而是全流程的服务管理。"设计"已不是简单意义上的造型或装饰，而是对实现目标全流程、全生命周期的产品管理。设计研发的优化管理是产品创新及运营全要素的"服务协同、协调"，是对内、对外流程和运营中整体的信息交互与有效协同，并对客户需求进行全程介入和管理，为客户需求提出最佳解决方案，促进各级 B 端客户创造更大价值，也同时让终端使用者实现最好的产品体验。

好博窗控将产品创新作为驱动，通过差异化创新为客户赋能。这就需要服务和设计在概念、思维、方法上全面升华，对标国际先进的技术性企业和国内外各项行业标准，及时根据行业变化和行业影响因素做出结构和策略性调整。聚焦各项资源优势，为大客户提供高品质的产品创新和服务，做好各项流程的优化和潜力深度的挖掘。自 2019 年开始，好博窗控为大型客户实行"一客一策"政策和"定制化"服务，帮助客户更好地创造价值。

《设计》：请介绍一下好博窗控根据当地气候和人居环境进行科学研发，实现本土化、专业化的门窗系统解决方案的研发设计思维和流程。

张黎明：解决好门窗系统的节能和综合型性能，它要面对不同地域、环境、气候等客观外在条件因素影响；还要面对不同 B 端客户的需求、建筑生态指标、产品功能指标、节能性能指标、可制造性、成本、竞争力、未来发展等需求；又要重视居家健康、安全的生活及商业运营等方面的内容的需求。

首先，要从最基础需求和理论层面寻找突破。门窗应该是区域性很强的产品。门窗不仅有环境和气候条件下的开启方式和性能差异需求，同时也有对地域性人文和建筑不同风格的需求。一直由欧洲一些公司引领的门窗标准和门窗的呈现方式实际上并不能很好地完成全球各区域多种气候及生活方式需求下的多元解决方案。例如：南北纬 35°范围降雨量大、蚊虫多的区域，欧洲代表性公司原有的部分门窗产品并不能完全满足和保障这些区域场景实际对防水、防雨、防蚊的应用需求；另外，在中国随着建筑业匆忙发展的生态中，不少建筑规划缺少了一些科学和系统性考量。高楼林立，波光粼粼，给楼宇之间制造了不少的光、热、噪声以及复杂的风压环流等问题；建筑形态的多元化、个性化、门窗的体量越来越大，对于门窗高承重和开启带来新的挑战和问题；建筑安装人员的整体素质缺少系统性训练，也给门窗带来不少品质问题；中国整体建筑环境生态和欧洲有着巨大的差异，适应德国气候和环境特征的原有的部分门窗产品不能完全适应中国南北巨大气候差异下的建筑方式和生态环境下对门窗性能和人文区域的需求，也无法满足和解决降雨量大，以及高温、高湿度条件下多蚊虫等各类问题；开发商多层的建筑承包中，安装工人素质和技术参差不齐使施工品质大打折扣；同时，供应链的恶性竞争也给门窗安全留下不少隐患。适合中国环境及气候条件的系统门窗成了核心问题。

2003 年，好博窗控开始深度布局独立的研发团队，在防腐、防水、气密、节能以及开启功能创新等方向做了大量的材料、工艺和结构的深度探索。经过大量的研发、检测、试验和论证，2014 年—2015 年好博窗控推出了一系列不同于欧洲技术的悬挂外开窗和高承重 K 槽系统五金。2015 年至今，好博窗控陆续推出基于防蚊虫的内 / 外开窗纱一体窗、内开内倒窗、全密封推拉双位移密封门 / 窗等系统门窗；以及管理家庭门窗开启安全的平开限位装置、高承重多系列隐藏式铰链、快装控制五金、智能控制解决方案等几十个系列 2000 多项配套产品，已在国内外市场广泛应用。

其次，需要优化研发设计中的研发和管理的流程，将原有设计研发流程优化为一站式的产品全生命周期管理。将企业产品进行平台方式的数字化全流程管理，把研发项目的各个需求内容和环节统一放置在数字管理平台上来进行有效的协同，并对产品研发过程从产品的需求到产品淘汰的全部生命历程的所有阶段清晰化和预管理化。这提高了产品开发效率和精准度，避免了很多不必要的浪费和失误，也为供应链和生产制造提供了更加精益化的高效可能。

多层定义下设置数字协同服务的架构，通过设计应用服务—数据与

63 折叠窗：采用隐藏执手方案关闭状态正面干净利落，开启状态时呈现最佳景观感受

文件—客户端实现基础流程逻辑。通过对研发前端对象建模—流程建模—任务目标建模—权限定义—多角度定义，进入 PLM（产品生命周期管理）流程，即查看项目任务—项目文档交付—项目任务交付—查询完成；最后通过 ERP（企业资源计划）平台对新增项目维护项目计划—维护项目团队—项目启动—查看项目进度等架构实现流程全程和多层的评审和数字化管理。

研发设计流程通过 PLM 做数据化的分解研发和档案管理。PLM 贯彻一体化的信息系统集成策略，通过上传 CAD 数据到链接 ERP 平台，企业可以在产品研发、设计、工艺、生产、采购和质量等各部门之间架设一个协同的工作平台，建立从设计到生产运营的流程和数据的快速通道，实现真正意义上的"设计生产一体化"，提高企业整体运作效率。企业对每个项目在各部门协同和供应链协同执行环节进行过程监管和结果优化评审，保证研发在可制造性执行方向做出精益化管控和落地，减少流程中过多的错误和部分项目内容的反复，最终通过审核将研发结果 BOM（物料清单）在 ERP 数据上线，并把所有研发内容 BOM 按设定编号进入系统运营，再通过 PMC（生产及物料控制）计划流程协同将研发结果转发和传递到供应链协同计划。这样整体实现了企业运营从客户需求调研到设计研发，再到供应链与生产，最后到产品淘汰的全生命周期管理，所有数据都会实时在线，为企业数字转型打下基础。

《设计》："融入地方产业，服务区域经济社会发展，突出差异化专业培养，培养适应产业需求的创新技能型人才"是时下的热门，请您从企业用人的角度谈谈对近年来高校毕业生的分析及期待。

张黎明：历经发展，好博窗控在深圳光明新区已经是一个被关注的品牌企业，每年给国家上缴不少税收。2019 年，好博窗控被评为深圳知名品牌、国家 AAA 级信用企业和高新科技企业。好博窗控在中国门窗行业内已成为知名品牌，也成为中国门窗行业创新发展的重要推动者和标准的建设者。

好博窗控在美国、越南设有分公司，在韩国、印度、泰国、新加坡、马来西亚、迪拜等国家和地区设有区域代理；在深圳总部设有五金研发中心、系统研发中心和智能化研发中心三个产品研发中心，制造中心和专业实验室以及 IT 软件开发等核心价值链创造部门；在佛山设有门窗系统检测试验基地、门窗系统培训基地和系统运营中心，为门窗行业做专业化的人才培训和标准的输出。

目前，好博窗控同国内唯一设立门窗系统专业的山东建筑大学合作，作为山东建筑大学研究生的实训和研究基地。双方共同努力打造一个理论与实践双驱动的产学研结合的优质研发基地，为中国门窗的技术和标准的建设做出应有的贡献。

门窗行业虽然整体体量大，但因为它是比较传统的行业，也是很不起眼的行业，加上整个社会绝大多数人并不了解门窗行业的实际情况以及产业所处的位置和技术发展情况，所以往往会被忽略。国内除山东建筑大学设有相关系统门窗专业外，很少有学校设有这个专业，所以毕业生源相对较少。实际上，除了门窗专业毕业生外，我们也欢迎更多建筑和室内设计，平面、工业设计及 3D 动画制作等相关的专业设计人才，以及电子工程、自动化控制、软件和算法、机械设计等专业的毕业生加入我们的团队，为中国门窗技术发展献计献策。

《设计》：工业设计对制造业的创新引领和转型升级的作用持续攀升，请同我们分享几个工业设计助力好博窗控"将开窗重新定义"的案例。

张黎明：处于创新型社会的今天，中国工业设计到了需要走出自己原有从西方引进并简单消化的过程，需要从设计理论到设计方法进入超越简单造型体系的基本设计专业架构的认知。需要理解工业设计在产业生态发展中对多元性因素融合与抽象做出新的感受和阐释。产业的生态化发展越来越需要面对复杂、复合因素解析和逻辑升华；需要研究工业设计理论和原有定义自身的局限和约束，需要回归到现实实际产业发展所存在的各种客观发展逻辑和生态中。今天的设计对环境和对象已不再是简单物化造型美的需求，而是需要建立对需求、产业、生态、技术、信息、数字化管理、数字化流程、价值链、材料、工艺、管理、运营、竞争、资源、社会、行业、人性、生活、哲学、家庭以及美等，有一个全面理解和宽阔视野的知识架构。设计师不仅需要具备一定的学习能力和自我变革创新素质，也需要具有自我设计力的持续修养。

要做好对企业发展的良好主推与协同，工业设计需要跨界理解和融合所需要的一切可能资源，建设综合性分析以及可执行的设计研究，对设计思维、设计逻辑以及设计方法需要从观念和认知上根本解决，对于创造性来源需要系统性地进一步扩展和升华；需要输出更多综合素质的系统性设计人才培养；需要更深入地把需求关注引入整体产业链和资源价值链的优势再造中，吸收、优化和聚焦需求本身多种可能，打破固有的认知边界和技术逻辑，研究探讨能够协助企业、产业进入更具价值的创新方向；需要加强综合性分析研究能力，加强对国内外技术创新研究以及可持续发展的可执行研究计划。工业设计体系同样需要"重新定义"。

好博窗控产品涉及创新的案例如下：

悬挂外开窗是好博窗控重要的创新产品之一（有国际专利）。该产品设计两种开启方式：

第一种，平推90°外开方式。这种开启方式平常需要快速换气时可以使用，或者有火灾等特殊情况时也可开启，供营救逃生使用。

第二种，在下雨或需要微通风换气时可安全悬挂开启。这种方式是日常大多数情况下的开启应用。这种开启方式在日常出门忘记关窗或常规非暴雨雨量的情况下不用太多担心。同时，这种开启方式不会占用室内空间，也不用担心窗会磕到小孩的事情发生。这种开启方式还有对开启角度的限定，解除日常使用时儿童跌落的安全隐患。使用方便，操作简单，视觉体验好；外开状态下内侧可配置防蚊金刚纱网，防止蚊虫进入。

窗户在锁闭状态下能达到良好的隔音、防尘、防水的密封效果。这种窗型适合降雨量多、蚊虫多的地区和场景使用，大大提升了居家的安全感、方便性和舒适度。

自 20 世纪 50 年代欧洲推出内开内倒窗以来，外开窗一直没有类似窗型的突破。2014 年，HOPO 在完全保留外开窗的优势基础上，大胆做了开启结构上设计思维的突破，增加了上悬挂的开启方式，解决了悬挂状态窗扇下垂的关键问题和安全隐患。窗扇承重达到 80kg，开启扇开启达到近 4 万次，超越国标常规门窗开启 2.5 万次的标准要求，也达到了欧洲的严格检测标准。2014 年 11 月，悬挂外开窗产品正式小批量面向全球市场推广，产品推出后，在国内外引起了轰动。2015 年年初，产品在结构和操作方式上进一步升级优化，保证了卡接支撑安全功能。2015 年上半年，悬挂外开窗第二代产品正式批量销售，目前已成家装门窗的主流产品之一。

科技　　　　　与　　　　　设计　　　| 第二章

设计与科技

DESIGN AND TECHNOLOGY

柳冠中

人类在日常生活中总是有意无意地改造着这个世界。既然注定如此，那么我们应当努力将世界最美好的精神铸入生活之中，铸入这个由人类不断改造的世界。社会的发展是新旧事物交织融合的过程，新事物的发展总要经历一个由不完善到完善的阶段。如同一颗幼芽，新事物的发展需要阳光雨露，需要修剪枝叶。在这个过程中，新事物与现有的社会发展状况不断碰撞、磨合，必定要经历曲折，新事物既要适应社会，又要能够有所突破、有所创新。人类社会就是在这样的矛盾中曲折前进。如果随意提出一个思想，社会原有的机制就能接纳，那么这个思想绝对不会是新的。我们的设计事业也是一样，不能因为出现摇摆和挫折就退缩不前，必须认准方向，坚持不懈，调整步伐，只争朝夕地走在社会转型的前列。

设计是以人类总体文明对工业文化、商业文化和技术文化的修正，也是平衡人类社会可持续发展与人类欲望的杠杆。在我国经济转型升级的关键时刻，我们要警惕商业黑洞和科技光环的诱惑误导我们对"物质文明与精神文明"的理解。设计不应沉溺于"无病呻吟""抖机灵"式的"创新"陷阱之中，要提倡设计之本，为人民服务，以国家急迫需要为重。我们要淬炼磨砺出能担当"社会设计师"责任和素质的中国设计师，创造公平、合理、健康的生活方式。

商业、技术与设计植根于人类社会的土壤中，从使用者的生活需求那里汲取思路。这三者均围绕"人类的可持续发展"这一核心，而设计在这三者之中与核心最为接近。商业、技术都掌握着相应的话语权，设计当然应该也是一样。设计不能只是简单地服务于技术或者商业，不能只是为了"功利"，更要对合理、健康、适可而止的潜在需求进行挖掘，思考并展示自身的价值与能量。当技术、商业、设计三者的博弈不可避免，如果设计没有自己的主张，将何以立身？

坚守理想，跨界合作，定义并引领"需求"是设计的操守。设计必须有理想和野心去驾驭"商业"这匹烈马，而不应安于躺在"商业"的怀里被哺育。只有这样，人类才有可持续的未来。虽然设计仍是新兴的行业，羽翼未丰，但绝不应该在商业前面一味妥协。中国设计人才的培育需要有人默默地耕耘，土壤改良好了，设计的根才能深深扎入中国产业的土壤中。只有坚持下去，设计才能根深叶茂，开花结果！

设计不应该只是商业和技术的工具。它虽然不是生产力，却是解放生产力的"生产关系"。商业、科技与设计都可以被视为社会的支柱，但相比较而言，商业与科技都是参天大树，设计却只是幼苗一株。几千年的设计文明几乎都是为权贵服务，空有光鲜的外表，距离大众的生活甚远。人类历史发展至今，设计应当具有用"人类总体文化"修正工业文明的胸怀与能力。

光有"商品"是不够的。就好比一条河流，或者你热爱河流两岸的丰收或者荒芜，或者你热爱在河流上航行的漂泊，但这些都是景色，是"物欲"。你应该体会到河流是生活，有其诞生与死亡，必须通过景色观看到本质，同时看到它所经历的幸福与面临的困境。你不仅要热爱河流两岸，还要热爱正在流逝的河流自身，热爱河水的生和死，热爱它的养育，并且要带着爱意忍受洪水的破坏。

我们必须克服设计的"世纪病"，克服我们对于表象和修辞的热爱，克服设计中对于"炫耀""时尚""风格"的追求，对于视觉和器官感觉的刺激，对于细节琐碎的描绘，克服所有这些"病态"的爱好。设计不仅仅是视觉的，也不只是一种语言，它是安静的、单纯的，如同润物细无声的春雨，是一场一场静悄悄生存方式的革命。设计"传达"的"传"

仅仅是技能，而"目的"是"达"，要为大多数民众谋福祉。

比尔·盖茨曾感叹："现代社会拥有无与伦比的创新精神，而斯坦福大学正处在创新的核心。斯坦福孕育了许许多多的新公司、各行各业的教授、创新的软件和药品。这里的人们对未来充满渴望。可是与此同时，当你去问美国人是否觉得将来会比现在更好，很多人的回答都是否定的，他们觉得在未来，机会越来越少，不平等现象将越来越严重。"他也不得不承认："要体验人类社会中真正的问题，而不只是看到调研得到的'数据'。如果创新仅凭市场驱动，我们都不关注不公正现象，那么我们的重大发明将令世界的两极分化更加严重。无论我们掌握多少科学秘密，都解决不了世界上最棘手的问题，我们只是在玩智力游戏。"人类进步的每一个里程碑都是对自我认知水平的否定，也是在不同角度上以不同程度对祖先、权威、功利、已有"名""利"的否定或重新解释。人类的优点和缺点都是想改造周围的一切，塑造和正在塑造第二自然。随着时代发展频率的加快，越往前走，动量越大，可能遇到的"陷阱"就越多，习俗的惯性、眼前功利的诱惑也就越大。要避免受到"蛇和苹果"蛊惑，学会科学地思考，历史地、系统地、辩证地对自然、对自身进行认识，自觉地从正反双向反馈来审视已有的成果和观念。

有一次，英国设计委员会的主席来中国讲课。课后有人问，中国的工业设计怎么搞？对方说，那是你们的事，不是我的事。他之后又加了一句，中国现在遇到的问题和发展阶段与西方不同，你们的设计要是把中国的问题解决了，你们就是世界一流！在任何国家，市场经济都无法代替国家战略。每个国家政府都有相关的引导性和扶持性政策。很多发达国家通过设立"设计中心"代理和扶持参与政府战略的企业，企业则可以自由选择"市场机制"去生存和竞争。但是，并没有哪个国家的市场经济是完全与国家利益无关的。在市场经济环境下，政府一旦放权，职能就必须浓缩，方向也就必须更精准，才能引导、促进我国经济在国际竞争中建立独立自主的、中国的体系。中国的设计当然也是一样。书生意气不可取，中国设计只有靠中国设计师。走自己的路，解决自己的问题，我们就是一流的！

对于未来的中国什么最重要？人才培养。我们要培养什么样的人才？在学校里面教什么？是教知识还是教技巧？教能力还是模式？教"时尚"的东西还是最基础的科学的观念和思维方法？在这一系列争论当中，对"基础"的认识又会有争论。什么叫"基础"？过去的"基础"就是基本功，而实际上那是远远不够的，只是表达"基础"的形式而已。对"基础"的认识，是对"目标"而言的。盖一个土坯窝棚，要挖地20cm，素土夯实，砌3行砖，就可以盖土房了，这是一种基础；盖厂房要挖到冻土层以下，再做基础。那么，造大桥呢？做超高层建筑呢？做充气建筑呢？造飞机、宇航飞船呢？它们的基础是什么？"基础"的含义在衍变、在发展。这就必须在目标需求的比较中思考，然后我们就会发现：除了目标系统变化外，起决定作用的因素是目标所处的"外因"发生了变化，对"基础"认识的评价自然就不一样了。

知识经济时代对人才的需求，对"基础"的要求已不同于以往。我们必须清醒地认识到这一点，仅靠技巧、技术是不成的，需要有人文科学的基础和方法使技术人才去关心、研究人文相关的知识，这正是过去科技人才最欠缺的领域。会写一手好毛笔字，会操作计算机，会做计算，那不叫基础，那仅仅是技能基础的一小部分。更重要的是获得组织知识的能力，也就是要学会掌握科学的方法为明确的目标系统服务的基础能力。而这正是中国传统文化精神的再现——"事理学"的系统方法论。

设计是一门综合性、交叉性、集成性的学科。"理科"——发现并解释真理；"工科"——解构、建构的技术；"文科"——是非与道德的判断；"艺术"——品鉴自然、人生、社会的途径。这些知识都是人类认识的成果，而"设计"则是要做"事"，就好像上述四根支柱是为了支撑"平台"，设计就是为了搭建要做"事"的这个平台，以实现"设计"这个目的，它整合了上述所有因素，去"创造人类更健康、更合理的生存方式"，也是人类未来不被毁灭的智慧所在！

"事理学"是我通过挖掘中国的文化精髓衍生出来的，是典型的、富有中国特色的"设计方法论"。老子曰："人法地，地法天，天法道，道法自然。"《三字经》的头几句"人之初，性本善，性相近，习相远"，"孟母三迁"的故事和俗语"近朱者赤，近墨者黑"，意指时代、环境、语境等外部因素对造物、育人潜移默化的作用。

自然界或社会的变化是无穷尽的，任何物种或人造物若不能适应这"外因"的变化，就只能被淘汰。而为了顺应"外因"，"内因"的改变就成了唯一的选择。这就是所谓的"物竞天择"。物种在进化过程中不断思考如何以"进化"或"突变"来提升适应能力。适应能力弱的物种会被淘汰，适应能力强的物种才会存活下来。所谓"内因"，从来不是主要动力。不管身处哪个行业，颠覆不是从内部出现的，通常是外部推动所致。医药界的创新和发展，并不是医药界推动的；搜索引擎的创新，也不是从搜索开始的。一些一蹴而就的现象和技术，只是看上去很突然，但它其实已经默默存在，酝酿了很多年。

任何事物若不能适应"外因"的变化，就只能被淘汰。为了顺应"外因"，改变"内因"——"改良""迭代"或"颠覆性创新"就成了唯一的选择。遵循"物竞天择"，依靠"进化"或"突变"来提升适应能力。"衣食住行用"是人类生存离不开的几件事，但所谓"万变不离其宗，以不变应万变"，这几件事情进行的方式与载体却在不断发展变化。"传统"来自祖先的创造，研究、认识这个"实事"也就是研究认识外因（人、时间流、空间域、条件），再去组织内因（原理、结构、材料、工艺和形式），"求是"的思维过程就是在观察、分析、归纳、联想、创造、评价的基础上探索创新（再格式化），这就是设计的"思维逻辑"。

蔡元培先生早年创办"北京大学"时就提出"科学救国、美育救国"的概念，他希望那种沉淀下来的中华民族文化能够在"精神"上充实国民的心灵。很遗憾，随着物质生活的丰富，美的修养并没有随之积累下来。现代社会，人们在极力地追求物质，没有时间去感知周围事物的美好。"忙"这个汉字很有意思，在我看来其实拆开来看就是心灵的死亡，即使再有钱，物质再丰富，心灵的死亡只会带来更大的空虚。

在这样一个物欲横流的繁忙社会中，我们应当如何保持一种对美的敏感和追求？美是一种判断，一种选择。在人人都在强调调物质欲望的时刻，美反而变得更加重要和难得。美的教育并不一定来自美术馆或者音乐会。如果我们能将美落实到"衣食住行"日常生活中最常见的四件"俗事"上，反而最有意义，最能够帮助我们打开自己的心扉。

人类正面临着未来"生存方式"的转型，变革正在酝酿，经济、设计、文化、教育都将发生观念性的革命。显然，我们不能只是沉溺于对祖先生活方式的缅怀中，并美其名曰发扬"传统文化"。"文化"与"文明"的区别何在？"文化"是地域性、空间性的产物；而"文明"则是时间性、时代性、历史性的概念。跟不上文明进程的民族将被时代列车无情地抛弃。我们无意否定任何潮流，而也更应该关注和思考一下"潮流"的源头和流向。否则，"两岸猿声啼不住，轻舟已过万重山"！

每每关注世界的激烈竞争，就会感到芒刺在背，设计如何能够无动于衷？"研究性""协同性""生长性"的设计将是未来设计的立足之本，设计必须发展成除科学和艺术之外的良知、智慧和能力。否则，设计只会沦为金钱和权力的附庸。中国的设计界朋友们，让我们一起为之坚持不懈，创造出一套通往中国梦的"设计方案"！

未来的工业设计将溯源设计的初衷
——陈国强谈设计与科技

FUTURE INDUSTRIAL DESIGN WILL TRACE THE ORIGINAL INTENTION OF THE DESIGN
—— CHEN GUOQIANG ON DESIGN AND TECHNOLOGY

陈国强
燕山大学副校长、教授、博士生导师

陈国强，燕山大学副校长、教授、博士生导师、教学名师，主要从事高端装备创新设计理论及方法研究，兼任中国机械工程学会工业设计分会副理事长、河北省工业设计创新与发展研究中心主任、河北省设计创新及产业发展研究中心（新型智库）主任、河北省创新设计研究会会长、河北省机械工程学会副理事长兼工业设计专业委员会主任、河北省工业设计产业联盟理事长、京津冀经济区创新设计产业联盟副理事长、秦皇岛市工业设计协会会长。

陈国强认为，设计创新和科技创新都是实施创新驱动发展战略的重要组成部分，与人有关，设计就具有价值。无论社会如何发展变迁，设计的价值也永远不会被取代。在 5G 时代，设计延伸了人的感知系统，把人和物、物和物、人和人全部联系在一起，形成一个庞大且复杂的运作系统，工业设计的价值就是为了这套系统能够高效且准确地运转起来，工业设计要和技术深度结合，体验和感知并转化为用户接受的产品。设计是社会用来创造产品，让产品反映社会目的和价值的语言，它的价值是永恒的。

《设计》：您如何看待科技与设计之间的关系？如何才算完美结合？

陈国强：科技与设计之间的关系是设计领域的一个永恒议题。设计和科技一样，囊括了许多重要的想法和实践，一直以来，设计的本质被认为是解决问题的一种方式。但是设计又不仅仅用技术解决问题，它还是设计师用自己的设计思维来满足人们各方面的需求。从当代设计的产生、发展到今天，科技一直扮演着重要角色，推动着设计不断向前发展。同时，科学技术与设计二者之间也存在着相互影响、相互促进的关系，科学技术的先进与否影响着设计的发展，科学技术是设计的基础，先进的科学技术可以使设计如虎添翼，而设计又反过来促进科学技术的发展。

一件优秀的产品一定是科技和设计的完美结合，因为工程师注重的是技术，更多针对的是产品的功能以及产品本身作为对象研究，而设计师更多的是围绕用户需求和用户本身来展开设计，只有两者结合，才能使产品更加完善，成为一件优秀的产品。这就使得一方面对设计师的要求提高了，产品设计的理论和方法要有更多的创新；另一方面，设计的过程更加复杂、更加严谨，设计与科技的界限打通了。科技包括材料、结构、工艺等，与设计紧密相连；设计主要针对使用方式、安全性、人机性、美观、CMF 等。二者既有分工又有配合，对于不同的产品而言所占的比重不同。尤其在今天，科学技术飞速发展，正在改变人们的生活方式，设计要适应这种科学技术的发展，依靠科技所提供的力量，与科学技术相融合，才能创造属于新时代的产品。

《设计》：请介绍一下燕山大学工业设计专业课程设置的特色。它是否有跨学科的尝试？

陈国强：燕山大学工业设计专业起源于 1988 年的"工业造型设计"专业，燕山大学是我国较早开设工业设计专业的院校。设计学科发展到今天，可能最难的，也是我们天天在想的，就是如何结合地方和学校的特色，建立设计学科自身的、与其他学校不同的研究方向，以及形成稳定的研究团队，在这个基础上我们才能做大成果、做强成果，这是我们所有设计学科、所有学校面临的一个非常困惑的问题，如何突破单打独斗、形成合力，去创新、提高我们的学术质量和人才培养水平，这是我们一直探索的。我接下来分享一下燕山大学工业设计专业这几年在这方面的一些做法。

　　燕山大学是以工科为背景的学校，优势学科为机械、电子、信息和材料等工科学科，在 2016 年我们学校有 10 个工科专业，通过国际工程教育专业认证，进入全球工程教育的"第一方阵"。这是学校工程教育的背景，因此在新工科发展环境下，我们提出了独特的专业定位：依托学校优势学科，实现学科深度交叉融合，聚焦"新工科"、发展"新工设"，形成工业设计学科的专业特色。目前，我们确立了 3 个特色方向：高端装备设计方向、康养辅具设计方向、智能产品设计方向。高端装备设计方向是我校的优势，国家对高端装备非常重视，2019 年，工信部、发改委等十三部门印发了非常重要的文件《制造业设计能力提升专项行动计划（2019-2022 年）》。另外，我们是以工科为背景的学校，尤其机械学科在上一轮的学科评估中为 A 类学科，所以我们在高端装备设计方向有很好的平台与资源，因此工业设计专业既要支撑机械学科发展，也要借助于大优势、大平台更好地发展。康养辅具设计方向是我校与地方经济发展相结合确定的方向。一方面，秦皇岛市被认定为全国两个康养示范城市之一，目前秦皇岛市正在大力发展康养产业，此方向的设立会为地方产业做出巨大贡献。近年来，亚洲投资银行为我校投资 1.2 亿元，用于支持我校康养产业的研究和发展，其中健康养老器械研究是重要职能，目前孙利院长还兼任康养研究院院长。另一方面，我们国家处于老龄化社会，这方面的研究还很滞后，未来的发展方向康养辅具研究是非常大的领域，属于朝阳产业，也是我们下一步重点发展的专业特色之一。智能产品设计方向是结合当前社会大环境以及联合我校智能机器人研究院制定的重要方向之一。

在专业课程设置方面，面向新工科建设的工业设计专业进行了课程统整规划，重点包括工业设计＋机械工程学科、工业设计＋材料工程学科，工业设计＋信息工程学科及工业设计＋辅助工科培养计划与课程统整。我们跨学科尝试进行了好多年，我们的毕业设计、专题设计等课程都和其他学院联合，打通了学院间界限、专业间界限，学生的设计创意通过"学科交叉＋跨界融合＋联合培养"来实现。

《设计》：燕山大学学子作品多次获得国际设计奖项，校方在激励学生创新和"走出去"方面都有哪些举措？

陈国强：学院对此高度重视，确立了以比赛促就业、以比赛促实践，成立了艺术实践科，制定了完善的学生实践体系和规定，形成了集课堂、实验室、工作室、校外实践基地于一体的实践模式。经过多年的努力，燕山大学工业设计先后荣获德国红点至尊奖、德国红点概念奖、德国iF奖、美国IDEA奖、中国优秀工业设计奖等高水平奖项30余项，省市各类奖项1000多项，优秀指导教师奖60余次，优秀组织奖50余项，获奖金额达300余万元。

学校高度重视国际化办学，国际化办学已经成为高校的第五大职能，陆续出台了一系列政策鼓励学生对外访学，我们的目标是在读博士生出国比例达到50%、硕士生达到30%、本科生达到10%，因此我们密切联系英国皇家艺术学院和胡弗汉顿大学、美国北卡罗来纳大学、米兰理工大学、韩国庆北大学等25所国际知名设计院校进行交流合作。同时，我们以创新为驱动，增强学生实践能力；以导师工作室为培育基础，创新实践人才培养模式；以中瑞设计港和北戴河艺术院落为平台，支持地方文脉传承与文创产业孵化。例如，在北戴河艺术院落孵化了爱淘器、闲栖舍、朽木斋等 7 个创业品牌，建成了皮具、银器等 5 个特色实践中心，注册了爱淘器、北木等 5 个设计实体。此外，我们构建了独特的集教学科研、设计实践与成果转化于一体的"学－研－产－售"模式。以上举措对开创高校师生创新创业新模式起到了较好的引领示范作用。

《设计》：中国智造在 5G 时代要实现对国外的赶超，科技的发展占据了核心位置，那么设计的价值应如何体现？

陈国强：设计创新和科技创新都是实施创新驱动发展战略的重要组成部分，与人有关，设计就具有价值。无论社会如何发展变迁，设计的价值也永远不会被取代。就科技来说，其重要性是毋庸置疑的，但是在科技发展史的每一页上，我们都同样可以看到设计的身影。设计所表现出来的，就是工业社会的 DNA。在 5G 时代，它延伸了人的感知系统，把人和物、物和物、人和人全部联系在一起，形成一个庞大且复杂的运作系统，在产品外表体现为与人交互的触摸显示屏、各类摄像头、不同类型的数据采集传感器，在促使实体按键越来越少的过程中发挥着关键作用。在这个时代下，工业设计的价值就是使这套系统能够高效且准确地运转起来，工业设计要和技术深度结合，体验和感知并转化为用户接受的产品。设计是让产品反映社会目的和价值的语言，它的价值是永恒的。

《设计》：您如何看待现在人工智能的飞速发展给设计带来的影响？

陈国强：随着 Uber 的自动驾驶汽车、亚马逊的派送无人机、批量生产海报的阿里 AI 设计师鲁班等的出现，有人担忧人工智能会不会取代设计师？我认为不会，但人工智能的发展必将促使设计理念、思维、方法和工具发生革命性的变革。

人工智能使机器代替人类实现认知、识别、分析等功能，比如对物体大小及色彩进行调整和校正，识别设计草图并实时转化为代码，这些将大幅提高设计师的工作效率。设计师将有更多时间来思考更具战略性的产品决策。当机器能帮助人承担更多重复性的工作，那么人脑的创造力就会被无限激发，人类设计师需要聚焦于设计管理、创意创造、设计系统、设计沟通、个性化用户体验等工作。

人工智能飞速发展的时代，如何让人们更好地使用机器、更舒适地使用机器，设计还是要回归到人本身以及人和人的关系。未来不是需求的扩张，而是人与人关系如何处理的问题，是系统与程序的设计，传统的简单设计工作必将被替代。

《设计》：您认为设计师应当掌握什么样的知识和能力来应对时代的变迁？与此同时，设计教育应当如何适应时代？高校教师如何保持领域内领先的状态？

陈国强：新一轮技术变革和产业革命需要更高层次的复合型设计创新人才，设计教育应与时俱进，探索新时代背景下的设计创新人才培养的机制和方法。

随着全球设计理念、思维，设计制作、生产，设计流程管理，设计沟通推广等理念的不断深入，凸显我们在设计教育的积淀略显单薄。从 20 世纪 80 年代中后期到现在的 30 多年里，设计理论和设计环境都有待提升。在国际化交流融合、行业竞争加剧、信息资讯共享的大潮下，设计要尽快做出改变，不断完善设计教育理念，创新多元化的教育形式。

高校要重视理论研究和基础研究，我们在这方面还存在不足，而设计实践是提供研究的基础保障，因此要勇于实践。积极采用新的教学方法，培养学生创新能力的教案，CDIO-OBE 项目式教学等。高校教师应该勇于、乐于追随科技发展的步伐，在教育教学过程中不断开拓新的思路和视野；要不断学习、接纳掌握新的科学知识，并将科学知识与所从事的专业有机融合才可以保持领域内的领先地位。

《设计》：对于毕业生来说，如何才能将学业与工作无缝衔接？您又是如何看待设计专业的学生创业的？

陈国强：我们在设计教育中强调产学研合作的项目式教学方式，依托实践基地、创新中心和实习企业等对学生进行多途径培养和多通道输出，采取各种有效措施鼓励和支持学生创新创业。但不鼓励刚刚毕业的学生马上创业，因为现在产品设计的产业链条很长，每个环节关联度非常高，专业性又很强，学生在高校学习的过程中无法完成对全产业链条和知识的掌握。因此，应届毕业生应该拿出几年踏踏实实去企业学习，了解整个产业链，了解自身的优势，培养强大的系统构建能力后再去创业，成功率及抗风险能力会更大。

《设计》：您认为未来工业设计的发展趋势是怎样的？

陈国强：工业设计的未来势必与社会、技术、经济和文化的发展紧密相连，后工业社会、人工智能、知识经济和多元文化并存将重绘人类设计的蓝图。在工业设计行业中，产品的机械结构、材料与信息工程的开发将与造型、功能、界面、人机交互等方面的设计走向统一融合，设计师与工程师进行协同创新。随着用户需求的多样化及大规模设计定制服务的发展，自然、社会、人文等多学科、跨学科交叉融合的系统设计必然会形成工业设计发展的方向，未来的工业设计将朝着多元路径、互相渗透、新旧混搭、介入连接、服务转化的方向发展。

随着人类对社会、生态问题意识的逐步增强，生态设计或绿色设计仍然是工业设计发展的趋势。绿色设计包含面向再造的设计、面向模块的设计、面向生命周期的预估设计，以及基于传统技术的可持续设计等将得到迅速发展。

此外，智能化将是一大风向标。更智能的 CAID 技术、先进的 CAD/ CAE/ CAM 技术、人机交互及耦合技术、神经网络技术、虚拟仿真技术、感性意向设计技术等将变成工业设计的主要支撑技术，利用这些先进技术，工业设计的研究层次将大大提高。

最后，我认为未来的工业设计将更加体现人性情感、人文关怀、优化服务的思想，这将溯源设计的初衷。

"新苗"培养计划
因材施教［发现］
导师制教学
自主学习
一对一指导

"扦植"培养计划
学科融合［跨界］
讲座式授课
网络教学
联合导师制

"参天"培养计划
卓越设计［拔尖］
卓越设计师
以赛促学
工作坊教学

"入地"培养计划
产学共［"双创"］
创客空间
"双创"基地
教师工作室

"精焙"培养计划
对标国际［定制］
工作室教学
学术交流
师生互访

［定食＋套餐＋自助餐］式课程统整与设置

讨论式教学模式与条件建设
自学式教学模式与条件建设
实验室教学模式与条件建设
创客学院教学模式与建设
顶岗实习式教学模式与建设
远程教学模式与条件建设
多模式联合与动态调整机制

教学质量保障体系

教学质量监控与管理体系

多翼 T 型人才培养模式

设计与科技在融合再造中驱动教育新格局
——戴端谈设计与科技

DESIGN AND TECHNOLOGY DRIVE A NEW PATTERN OF EDUCATION IN
INTEGRATION AND RECONSTRUCTION
—— DAI DUAN ON DESIGN AND TECHNOLOGY

戴端

中南大学建筑与艺术学院原副院长、教授、博士生导师

　　戴端，中南大学教授、博士生导师，2002 年牵头筹建中南大学艺术学院，是中南大学艺术教育发展的推动者和亲历者，先后任中南大学艺术学院副院长（主持工作）、中南大学建筑与艺术学院副院长、中国工业设计协会常务理事、民盟中央艺术研究委员会委员、湖南省设计艺术家协会副主席、湖南省工业设计协会副会长、国家重大人才工程评审专家、中南大学学术委员会委员。

　　戴端多年从事设计教育及创新实践工作，致力于嵌入式协同创新与集成范式方法论研究。戴端带领团队在轨道交通装备和工程机械制造领域有效地体验了设计与科技结合的创新实践，涉及中国标准化动车组、重载货运列车、新一代地铁、新型磁悬浮列车、泵送吊车、起重机、搅拌站等高端装备产品工业设计研究。在科技驱动型的时代背景下，设计表现出对技术、经济、环境、社会及伦理等诸多问题的回应及互动关联势态，同样，设计教育面临新的挑战和价值认同，并参与到具有全产业链效应的战略协同与范式变革中。

戴端：中南大学工业设计专业始于 1993 年，初建时隶属机械工程学院。2001 年挂靠机械工程学科招收了本专业第一批硕士研究生。2002 年专业合并，组建成立中南大学艺术学院。工业设计专业在艺术学科凸显出鲜明的跨学科特色，课程设置及培养环节秉承设计与技术融合的宗旨，除了强调设计艺术学科内的交叉融合，还加设了先进制造技术、机械设计原理、高等数学、设计物理等跨学科内容，并在学院率先开启了工作室模式，涉及工程机械、交通装备、家居家电、智能交互、人机工程、文创服务等多个领域的合作。将课堂教学、创新实践等内容有机结合，引导学生更加开放地了解和应用科技手段解决实际问题，在教学过程、设计实践中有效地尝试了设计与科技融合的创新探索。

科技创新驱动战略背景下，设计走向了一个更加开放、系统、智能的文化环境中，设计教育尤其强调其跨学科、跨领域、跨文化的课程管理特色，并在整体运作的链式驱动中进行设计与科技的深度融合与再造。我校工业设计专业正是在这样的驱动模式下，不断更新整合专业资源，设置了装备产品设计、交通工具设计、家居产品设计、交互设计等课程模块，并增设了工业设计工程基础、制造工程训练、设计管理、服务设计等跨学科课程。教学内容从概念创新到实题运作，课程形式由课堂走向企业，在知识结构上强调多学科融合，利用学校文、理、工等多学科优势，并集合校外多元创新资源，注重学生探索性研究能力的培养，构建了产、学、研一体化的集成式教学体系。通过嵌入式"1+4"集成模式的实施，赢得了长效驱动效应：①嵌入多元文化。实施跨国界、跨学科、跨行业的教育合作，在融合与超越的关系中，获取了新生态教育环境下的创新发展契机。②嵌入科学技术。更新教师育人观念和教学技能，变革传统教学局限，智能科技手段的介入激活了设计教育的内动力。③嵌入企业资源。设立多种形式的实践基地和协同创新平台，实现设计人才培养与创新研发无缝衔接，构建了创新设计人才的协同孵化机制。④嵌入价值评估。融进企业考核及社会性全链条效应评估，检验教育质量和设计人才的创造性作用，获得人才培养的循环价值拓展。嵌入集成范式有效地作用于新时期设计教育在知识型、能力型、创造型人才培养体系的构建。其多途径"嵌入式"跨界融合所形成的产、学、研集成效应也将在设计教育及产业创新全链条中发挥积极的作用。

设计人才培养是很务实的工作，在嵌入多效资源的同时，依然要根据设计教学自身特点和逻辑性，对接市场实际需求，建立完善既有时代特色又符合学科内在特征的培养体系。在嵌入集成实践中，首先应对自身的办学资源进行整合和细分，从学生面对的就业市场入手，课程设置要紧随市场、产业的变化而变化，还需对现有的教学资源进行深层次开发，并进一步强化本专业特点。同时，组织学生举办多种与市场、社会密切联系的社会实践与创新竞赛活动也是集成发展的重要途径。在新型教育生态环境下，我校设计教育实施嵌入式集成教育模式，在课堂教学、实践应用、设计研究等方面取得了可喜的成绩。

设计的特征是集成创新，设计的目标是以需求为导向的转化应用。设计教育只有实施多向度的跨界、知识的交融、资源的整合、创新的集成、科学的评价，才能培养出能统筹多元知识，满足社会需求的合格的创新设计人才。近年来，我校工业设计专业多件作品在国内外行业领域的设计大赛中获得佳绩，毕业生就业情况可喜，多在互联网行业、轨道交通装备、家居家电、文创服务等领域发挥着重要的作用。如何有效地加强设计与科技的融合，为国家培育出具有创新意识、创造能力的设计精英型人才，我们一直在融合与再造的创新探索中实现价值。

《设计》：您认为设计艺术与现代科技之间存在着怎样的关联？如何才算完美结合？

戴端：设计艺术与现代科技是一种驱动关系，如同齿轮的扣合联动，在"嵌入式"驱动状态下使设计与技术的关联融合达到高度契合的"链"式动能效应。科技不断创造新能源、新技术、新途径，给设计艺术的创新带来了更多的可能，现代科技也避不开设计艺术的在场与传播，两者既互动又相互依存，并在互相促进中得以丰富、创新和发展。设计艺术与科技的结合也是创新人才培养的重要手段，只有将两者如同扣环式地有机关联，在相互作用下形成新的知识共同体，并促成教育结构与功能达到新的改革共识，在高度"融合与再造"的"链"式驱动中实现其价值的突破与提升，从而体现出设计艺术与科技结合的效果。

设计是现代大工业条件下技术与艺术形式的高度结合，并按照美的规律及目的性理念进行的一种社会实践活动，必须借助于技术的介入及对企业文化的解读等一系列活动尚能付诸实施。我曾在 2015 年参与了中车株洲机车厂"工业设计美学方法研究"的前期工作，由多学科组成的设计师团队与企业展开了全方位互动，通过大量的调查研究，基于产业生态学原理，以技术驱动型设计研究为路径，提取了企业品牌进化的生态基因，总结了技术驱动设计变异的生成要素，并集合产业品牌有效资源及统筹评估管理，设定了以技术美、功效美、设计美、体验美为主线的生态基因美学路径，构建了产品迭代发展的 DNA 美学生态链方法论模型，为企业在工业设计美学评价方法的建构上提供了参考。这也是一次嵌入企业文化、技术、产业推动的极佳创新体验。

设计艺术需要多途径的跨界融合，多方协同将科研实题及相应的技术应用于实践中。可以说，科技驱动型创新引导设计很大程度上突破了传统局限，使我们有效地尝试了行业领域的"协调性"对接、专业学科的"跨界性"包容、知识技能的"模块化"集合、创新能力的"绩效性"统筹、科技手段的"嵌入式"驱动、科研资源的"开放式"协同等多途径探索路径与方法。这一模式既独立又相互关联，在理论层面，具有知识性、科学性、探索性、认知性等方法论范畴的学理范式效应，由此产生系统的多元知识结构直接影响设计人才培养质量；在实践层面，具有集成性、协同性、拉动性、拓展性等应用体验式创新驱动效应。只有将设计与现代科技结合，通过行业的嵌入、知识的嵌入、技术的嵌入、形式与方法的嵌入等，必能在融合再造的驱动关联中实现两者的完美结合。

《设计》：您认为未来工业设计的发展趋势是怎样的？

戴端：未来工业设计的发展取决于科技的进步和人类文明的攀升。现代科技不断影响和驱动着社会的变革，助推着设计向更加协同、多元、综合、智能化发展，并自觉地对接于科技、文化、经济、社会等全链条价值系统中。全球公共卫生事件频繁发生，这极大地冲击和影响了制造业的发展。据研究，全球产业链将发生逆转和重构，并走向以利益和安全为导向的价值认同势态。未来工业设计将延伸至更加关注社会性公共安全、健康和高科技产业的服务创新，如生物制药产业、人工智能及以视频为牵引的线上产业等将获得新的崛起；产品创新也将重点涉及医疗、生物、军事、航空、通信、精密制造、"5G+人工智能"等多个领域。同时，创新模式更加趋于跨界协同，并将在科技驱动型融合再造中呈现出新的工业生态格局。由此可见，设计必须加强与科技的深度融合，用新的理念创设未来，以"智创型"思维建构新生态环境下的创新知识共同体。总之，未来工业设计将走向前所未有的范式变革与新的价值认同，并朝着更环保、更怡人、更智能、更优化的方向发展。

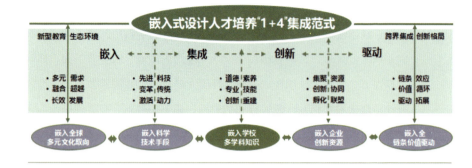

上／嵌入式设计人才培养"1+4"集成范式
下／车辆产品 DNA 美学生态链方法论模型——戴端工作室

《设计》：设计教育应当如何与时俱进以适应快速发展的时代?

戴端：设计教育要适应快速发展的时代必须转变观念，主动适应新形势的变化。21世纪科技创新驱动及人才强国战略为设计教育的重振与建设开辟了新的发展路径，也决定了中国设计教育在全球知识革命中的重新定位和选择。高起点、前瞻性、全方位、多层次的构建新型教育生态体系，探索符合时代要求的设计人才培养模式，增强人才培养质量的最优化管理机制亟待健全。企业创新管理的集成范式，其综合、交融、沟通等集群效应及多元结构模式，对设计教育如何嵌入当下科技驱动性创新，并建立人才质量的多效评价机制有很好的借鉴意义。设计在与科技的融合再造中，也将为设计教育创新范式的构建提供资源支持，包含教育团队、技术条件、方法规范、专业结构、知识体系、研发项目、评价标准等，并促成设计教育在多元协同的集成创新中获得与时俱进的价值效应。

在实际工作中如何做？我有几点心得供大家讨论：①从新的视角构建教育目标。面对日趋严峻的人才需求市场，应站在时代发展的前沿审视其价值取向，注重教育在创造性、劳动力培养及专业人才培育过程中的角色使命，以建造学生的创新精神和创造能力为根本任务，使设计教育有效地接纳并融进科技创新驱动的价值链中，用发展的眼光和超前的智慧去思考并建构具有新时代特征的人才培养模式。②以新的姿态投入科技兴教。面临全球产业链的重组与新的价值驱动，人工智能技术、互联网、5G时代的到来打破了空间壁垒，使知识共享更加便捷化。毫无疑问，设计教育走向了范式变革的必然，科技驱动型智创环境将为教学模式和教学体系的重构提供智慧和技术支撑。传统的育人观和教学体系难以适应新时期设计教学需要。因此，教育角色的转换、教学手段的变革、教学内容的更新、教学资源的扩展、评价标准的优化、新型人才培养机制的完善是科技兴教的必需措施。③持新的理念引导设计创新。全球公共卫生事件对设计人才在道德、伦理、自律价值观的培养及如何应对突发事件的创新研发能力等方面提出了新的要求，灾难是暂时的，但人类的发展是持久的，我们必须更新育人理念，在科技带来的利与弊中更加重视如何引导设计创新。使学生在共享、开放的新型教育生态环境下获得更精准化、个性化和适应性的创新实践服务，促成教育在先进理论和科技条件的支持下，用全新的理念建构未来若干年设计教育与时代发展相适应的创新人才培养范式。④筑新的阵容助推教育发展。在构建新型教育生态体系的过程中，"教"与"学"面临着技术创新与应用带来的全新考验。如何实现技术与教育的无缝衔接，除了学校、师生之间的共同努力，还要拓宽教学阵容。以新的面貌参与到国家科技创新驱动战略中，将各方资源向人才培养目标系统上做嵌入式的对接，并将专业知识有机融入价值链各环节的互动循环中，形成战略性协同的有机关联驱动阵容，在扣环式机制的集群拉动中，使设计教育与科技创新及经济文化发展有机结合，并走向社会性全产业链价值驱动的自觉循环中，助推设计教育在与时俱进的融合再造中实现其战略协同及"链"式驱动集成发展新格局，以适应快速发展的时代需求。

《设计》：面对科学技术的迅速发展，高校教师如何保持领域内领先的状态？

戴端：科学技术的高速发展对人类社会带来了深远的影响，也极大地助推了高等教育的发展。这不仅为设计教育模式的变革、智慧性教育技能的提高、学科知识重构等方面提供了重要的机遇和保障，同时也给学校、教师、学生带来了很大的挑战。特别是大数据、云计算、虚拟现实、影像和语音辨识等人工智能技术，将颠覆传统的时空结构，使教育者与受教育者的关系发生了根本变化，并在知识结构、育人方法、教学形式、人才能力等方面，势必全方位打破较为封闭的教育生态。高校教师建立与之相适应甚至超前的学识素养和应对能力是必做的功课。如何做？我们要在立德树人的总体目标导向下，做到以下几点：①改变教学观念，提升自身能力。设计与技术的融合促使设计教育介入了对社会伦理、经济建设、文化环境等诸多问题的关联互动中。作为教师，要充分认清所面临的教育新局势，形成新的人才培育观、方法观以及质量和价值观，利用新的思维方式、新的教育理念、新的教学内容、新的课程形式与手段去实施新时期人才培养目标。在自身能力的提高方面，除了国家和学校提供的培训，教师还应自发地进行软硬技能的学习和训练，学会将现代科技手段应用于教学环节，在知识、能力、智创等方面装备好自己，更好地为学生提供个性化和引领性教学服务。②转换教师角色，更新教学内容。教师不能再停留在课程学者的研究中，应从封闭保守的传授者转变为开放领先的新知识建构者，成为教学活动的协助者和组织者。在如何激发学生自主钻研、调动学生积极性等方面多出新招。设计教育必须是以需求为导向的，注重学生在伦理道德、社会责任感方面的引导，并关注学生职业生涯的发展，引入先进的学理方法和科技手段，加强对学生的创新体验和知识认知及研究能力的培育和建造。将创意与视觉表现力、实践与创新能力、策划与组织能力、沟通和创业能力等贯穿于人才培养的全过程，使人才培养质量在有效的知识统筹中得到最大化的彰显。③活性规划格局，拓展教学效果。教学方案不仅要整体构思、用心策划、系统设计，还要善于打破原有狭隘封闭式教学格局，有效利用各类资源，激活设计教育的内动力。采取开放式、探究式、参与式、互动式、体验式等途径，活性布局教学环节，组织各类竞赛及科研实践活动，并实时进行教学评估，及时总结经验，提炼课堂教学成果，使课堂教学派生出新的价值增长点，成为优秀设计人才的孵化基地、培育教学经验和科研能力的实训场所、教学研究成果的前期积累及信息储备库、"教"与"学"及企业供需对接的交流与输出渠道。由此，课堂教学效果得到全方位的价值拓展。在科学技术迅速发展的今天，我们只有与时俱进地应对和担当，才能更加自信地保持领域内率先的状态。

设计教育如何通过实施突破性教育来实现从原有价值链跨越到更高层次的价值链，实现与科技的深度融合及社会性全产业链的对接和教育驱动是我们值得探讨的话题。多年来，我尝试"链"式方法论在设计教育中的应用研究，先后发表了"融合与再造——对当今设计艺术语言创新的思考""多元文化差异背景下的整合式设计教育实践""新时期设计人才培养与嵌入式集成创新范式探析""创新战略背景下设计教育的链式驱动效应""基于价值链的设计教育创新驱动研究"等课题研究及学术论文和演讲，通过一系列"链"式方法论的思考和研究，从"嵌入式价值链"的视角，探索设计教育与科技互为助力的创新驱动模式，并在"融合与再造"的"链"式效应中实现设计教育的价值提升。如何"嵌入"并"融合再造"？这个问题不仅反映了当代设计人才培养的一种回应和自觉，也是业界共同关注的话题并期待要解决的问题。

在设计教育创新模式的构建中，基于价值链方法论的研究与实践，确立了以循环方法观、链式价值观、跨界认知观、多元评价观、集成创新观为主线的嵌入式教学改革思路。课程体系反映了设计教育本身的跨界与循环驱动特征；教学手段和形式体现在开放多元的思维过程中，在系统的协调和评价机制下，其人才特征必然表现出跨界认知的多样统一与复合型价值取向；而多元教育主体也将促使设计教育不断地进行融合再造式的创新突破。正是这种具有产业拉动集群效应的科学共同体的在场性，一方面通过教育内部创新要素集合，汇集外部实践平台的资源，使知识结构产生了一定的规模和群聚效应；另一方面展开嵌入式集成创新实践，强化学习积累和知识的扩展，提高了教学实效并为企业需求输入了核心能力。过程重于结果，通过实施"嵌入式"创新实践，从原有单一知识性价值跨越到社会性人才效应的全链条对接与价值拓展，具有"链"式驱动效应的教育增值在一个不断关联循环的过程中得以实现。

新时期设计教育得益于开放的视角与大量的实践探索，并在不断的价值实现和推广中使人才质量得以提升。基于"价值链"的"嵌入式"集成创新人才培养模式，体现了多样性、多层次、智创型、协同化的育人特色，其活性多元的嵌入式集成教学实践，使人才培养在新型教育生态环境下获得了在专业格局、知识格局、教学格局、质量格局、人才格局等方面的新跨越和范式重建。具有价值驱动效应的嵌入式设计创新，在与科技的融合再造中将有效地助推设计教育的可持续发展。

《设计》：请您分享一次您记忆深刻的设计与科技完美结合的实践。

戴端：每一次设计实践都是一次难忘的经历。中南大学工业设计研究中心在设计与科技结合的实践活动中，始终坚持以创新研究为主导，基于专业学科基础教育平台，以培养学生的创造性能力和社会责任感为目标，在强化设计与科学结合及跨学科共创的同时，多途径展开校企共建产、学、研协同合作，并集结学校文、理、工、管等多学科资源，形成了多元知识结构的设计研究团队，通过富有成效的设计实践活动，在创新研发与学理构建等方面取得了可喜的成绩。先后与三一重工、福田汽车、山河智能、中车株机、中车长江车辆、中车青岛四方、中车长春、海尔等企业合作研发了多项产品设计。特别是近年来集合中南大学高速列车研究中心及相关企业的科技研发资源，为我国轨道交通产品的创新研发做了大量的工作，先后完成了武汉中车株机轨道交通装备有限公司多款重载货运列车设计，其中重载 80t 通用敞车方案投入使用并获得专利。自 2012 年以来，研究中心针对中车 350km/h、400km/h、500km/h 标准化动车组工业设计，新型 600km/h 磁悬浮列车内室设计，新一代地铁外形、内饰设计，神华号电力机车造型设计，冬奥会主题动车车型及涂装设计，京张智能高铁外形设计，路面工程机械产品设计，智能家电产品等展开了一系列的创新探索，多套方案被企业采用并投入使用。在设计实现的过程中，除了前期调研分析、概念设定，整个项目的完成近80%的工作都体现在设计与科技的融合上，可以说，设计若没有科技的参与，再好的概念和表达都无法实现其创新应用及社会价值。

高速列车是集机械制造、自动控制、电气技术和工业设计等多学科知识于一体的高端装备制造产品，其设计创新需要从技术、工程、美学、人文等多方面进行综合考量，既要考虑相关技术限定，又要满足特定功能性要求，还需有怡人性的用户体验和车体外观、舒适的驾乘环境和契合的文化特征。其中，新材料、新工艺、车体结构优化和气动性能分析是概念设定的主要技术指标。我们在350km/h标准化动车组"祝融"车型概念挖掘及外观视觉设计中，除了充分体现其概念内涵的表达，更加强调车体造型的空气动力学性能。整体设计依据其功能性要素，进行极富形面语义表征的边界凹凸线型塑造，借助于计算机技术表达其在骨架蒙皮后的预想光影及材质效果，其飘逸灵动的结构线性、层次分明的曲面边界、稳健立体的空间动势、简洁明快的形面分色，创设出功能与审美、科技与人文完美融合的新一代高速列车形态语义特征和高科技智创产品的视觉风貌。然而，要进入企业后期验收和生产，必须进行大量的可行性测算和评估，在深入细致的概念优化过程中，除了三维建模的技术处理、人机关系及操作视野模拟分析，中南大学高速列车研究中心还需进行大量的数据测算和可行性评估，如列车的阻力、升力特性、交会压力波幅值、头车车尾的侧向力系数、过隧道时产生的空气动力效应等，为实现设计和制造提供科学依据。继而，工业设计研究团队依据气动性能、机械结构、人机工程等方面的技术参数，从设计学的视角综合考量其可实现性及工业美学等因素，在形态特征、文化寓意上进行语义推演与表达，同时对

冬奥会主题动车概念设计方案——戴端工作室

车体造型、线型结构、外部涂装展开细化设计与效果输出，并保持与企业在后期研发中的服务对接。在项目全过程中，设计与技术跨领域团队紧密配合，深入探讨，参与企业多方评估，努力寻求最佳合作途径与功效。经过一系列的测试评估与优化完善，我校设计的 350km/h 标准化动车组"祝融"方案在项目竞标中被中车四方车辆有限公司采纳并将投入使用。设计与科技融合的科研实践使我们受益匪浅，并为能参与到国家高端装备制造业的建设与创新发展中发挥作用感到自豪。

我们在创新实践中本着"做项目即做学问"的宗旨，除了高度重视专业知识与科技的学习和应用，更强调用科学的态度贯穿设计实践的全过程。研究中得益于柳冠中先生"设计事理学方法论"的指导，在综合观察、问题分析、系统归纳、联想创造、多元评价、完善优化的全过程中，采取"嵌入式"集成创新实践模式展开一系列研究。针对项目要求，在设计表达上严格遵循工业产品本身的实用性和审美性原则，抛弃一切附加的装饰，追求其简洁、秩序及物态本身所体现的工业理性和审美逻辑，充分演绎装备产品设计在技术规范作用下呈现出的标准化与纯而又纯的工业美视觉功效。作为高端装备制造业的产品创新设计，其人机环境系统、技术与文化、美学与宜人性系统是设计与技术完美结合的落脚点。伴随着信息科技的到来，互联网与制造业的深度融合，人们对高速列车的安全快捷及怡人性体验需求提出了更高的要求，智创制造将为我国高速列车开启新篇章。实践证明，设计与科技的融合为产品设计和制造提供了重要的科学依据和条件保障，也助推了设计教育与科技的进一步融合。时代的发展促使设计与科技更加有机的关联，并在创新驱动战略中发挥重要的作用，也为未来设计教育的发展和人才产业链的价值驱动带来了深远的影响。中南大学工业设计专业通过大量设计与技术结合的创新实践，有效地培育了学生的社会责任感，使设计人才在专业素养、创新技能及审美情商等方面得到了全方位的"链"式塑造与知识重建，其成效验证了基于价值链的设计教育嵌入式创新驱动方法论的有效性和可行性。我们期待在科技驱动型教育创新、服务产业研发及新时期高水平设计人才培养的战略中再创佳绩。

人工智能驱动的创新设计是未来的趋势
——胡洁谈设计与科技

ARTIFICIAL INTELLIGENCE–DRIVEN INNOVATIVE DESIGN IS THE FUTURE TREND
——HU JIE ON DESIGN AND TECHNOLOGY

胡洁
上海交通大学设计学院执行院长、教授、博士生导师

　　胡洁，教授，博士生导师，上海交通大学设计学院执行院长，创新设计研究院院长，教育部"长江学者奖励计划"青年学者，国家社科基金重大招标项目"设计形态学研究"首席专家，上海交通大学"创新设计"双一流学科群负责人、"设计学"博士点负责人，兰州理工大学副校长（挂职），中国工业设计协会副会长，上海市现代设计法研究会副理事长，中国数字艺术设计专家委员会副主任，中国电子视像行业协会数字影像创意委员会副会长，中国数字艺术设计专家委员会上海专委会主任，全国高校人工智能艺术专家委员会副主任，中国工业设计十佳教育工作者，上海交通大学本科教学指导委员会委员。

　　在胡洁看来，人工智能经历了60多年的发展，可谓"人工智能六十年，老夫聊发少年狂"，如今焕发出勃勃生机，成为引领科技进步的弄潮儿，也带动了很多行业的发展与进步。不同于计算机时代和互联网时代，人工智能时代的最大特点是创新，因此，人工智能驱动的创新设计是未来的趋势。

《设计》：请您介绍下上海交通大学设计学院的办学特色。

胡洁：上海交通大学设计学科具有悠久的历史，特别是在上海交通大学知名校友钱学森的建议与推动下，设计学科得到了很大的发展，艺术与设计（Art & Design）学科的 QS 国际排名在 2015 年和 2016 年连续两年进入了全球 50 强。2017 年 12 月，我受学校领导委托，负责整合上海交通大学设计学科资源，筹建设计学院，整个学院包括三个学科：设计学、建筑学和风景园林。作为上海交通大学"设计学"学科带头人，我负责了上海交通大学"创新设计"双一流学科群的建设工作。该学科群是上海交通大学 17 个"双一流"学科群之一，旨在着力建设四个"一流"：汇聚一流设计类人才，构建一流设计学科交叉平台，形成若干一流研究方向，打造一流国际设计学科交流平台。设计学院抓住了这次"双一流"学科建设的历史机遇，在以下三方面建设具有交大特色的设计学科。

特色 1：面向未来，注重交叉。

强调科学与艺术的融合，培养面向未来的创新型人才。面向国家的创新驱动发展战略和《"十三五"国家战略性新兴产业发展规划》中提及的 10 万亿元级战略性新兴产业——高端制造、数字创意、绿色低碳、新一代信息技术、生物，通过交叉融合，实现"设计 + 高端制造"（即高端装备的智能与创新设计）、"设计 + 数字创意"（即数字创意设计）、"设计 + 绿色低碳"（即可持续性生态设计）。

特色 2：面向行业，强化实践。

强调设计与产业的结合，打造面向行业的独创性成果。面向国家重大战略需求，对接战略性新兴产业，重点围绕高端装备、汽车、航空航天产品、舰船的发展需要，建立创新设计学理论体系，力争取得重大标志性成果，最终形成重点行业影响力。我在设计学院建立初期，创建了上海交通大学创新设计研究院并担任院长，依托国家级创新创业基地，构建服务于设计科学研究的公共平台。

特色3：面向国际，设计创新。

强调教育与学术的国际化，建设面向国际的设计学院。依托上海交通大学在国际化方面的优势，以及上海交通大学一流的生源、一流的研究成果，设计学院将在与国外知名设计院校已有的合作基础上，进一步拓展合作空间，打造国际化教育高地，汇聚全球顶级学者与设计大师，创建有鲜明交大特色、国际一流的设计学院。

《设计》：2017年您作为首席专家获批国家社科基金重大项目"设计形态学研究"，研究目标是在已有成果的基础上，通过设计形态学与哲学、仿生学、心理学、美学、信息学、工学的融合，建立系统完善的设计形态学理论体系与应用示范。请您从跨学科的角度谈谈科技与艺术如何能够达到完美融合。

胡洁：设计实质上是多学科融合创新的过程，也就是说，科技与艺术的完美融合，促进了设计过程的不断创新。以我主持的国家社科基金重大项目"设计形态学研究"为例，实质上是信息科学、心理学、仿生学等与艺术的交叉融合。从历史的维度看，设计形态学的演进过程，从最早的艺术形态学，到从生物学、艺术学、心理学、工学等角度研究设计形态学，进而到我的项目所提出的多学科融合的广义设计形态学，这是一个科学与艺术交叉融合的过程。传统设计形态学研究，重点关注产品、建筑、平面、艺术品等造型设计与美学关系，强调"形"与"态"在哲学上的统一，突出设计美学思想。其实，产品形态设计过程是艺术、造型、功能、结构、装饰、色彩等相互交融的过程，必然与其他基础学科如仿生学、心理学、信息学、工学等有紧密关系。但目前相关研究尚未涉及设计形态学与其他基础学科之间相互作用的关系，尚未形成涵盖多科学范畴的设计形态学理论体系，故无法有效地指导设计师进行创新性工业产品形态设计。因此，我主持的国家社科基金重大项目将依托多个基础学科，建立融合其他基础学科知识、完整的设计形态学理论体系，构建设计形态学设计方法论和评价方法论，有效地指导设计者进行创新设计。具体的融合包括融合仿生学方法提出生物激励模式下的设计形态创新、融合心理学方法提出需求驱动模式下的设计形态创新、融合信息学方法提出客观量化的设计形态评价、融合工学思想提出设计形态学在工业产品设计中的应用等。

《设计》：2019 年 10 月，国际智能创新设计研究中心在上海交通大学成立。您认为人工智能将为创新设计带来怎样的发展前景？

胡洁：2019 年 10 月 17 日上午，国际智能创新设计研究中心在上海交通大学正式成立，我担任该中心的首席科学家。国际智能创新设计研究中心由上海交通大学设计学院、上海交通大学电子信息与电气工程学院联合发起，借助了上海交通大学人工智能技术与设计学科的优势，实质上是"人工智能＋设计"。该中心将积极推进上海交通大学"创新设计""智慧工厂与工业互联网"世界一流学科群建设，加强创新设计研究院、系统控制与信息处理教育部重点实验室的合作，集聚交叉学科、科研、人才力量，提升上海交通大学智慧工厂创新设计的国际影响力。

《设计》：请您介绍下国际上人工智能与创新设计深度融合的典型案例与发展趋势。

胡洁：人工智能与创新设计的融合经历了两个境界。第一个境界是"学习"，人工智能通过学习来解构这个世界和认知事物，实现从浅层到深层不断提炼语义的目标；第二个境界是"创新"，人工智能通过无监督学习实现了创新设计。

目前，国际上人工智能与创新设计的深度融合表现在产品设计的不同阶段。早期的创意激励过程中，人工智能可以起到辅助设计者快速定位需求，以文字、图片、文档等形式提供需求相关的设计信息；在中期的设计生成过程中，人工智能可以通过多种无监督学习的方式，通过计算生成特定形式的设计产品，包括设计草图以及设计模型；在后期的设计评价过程中，人工智能可以通过神经网络等方式进行自动评价，从而帮助设计者在大量自动生成的设计中找出有价值的设计。近年来，在这些融合方式中，设计生成的研究与应用尤其引人注目。

麻省理工学院 Joshua B. Tenenbaum 教授团队于 2016 年提出利用三维的生成对抗网络学习三维模型的概率空间表示。该网络通过无监督的方式学习从低维的概率空间到三维对象空间的映射，从而使我们可以在没有参考图像或 CAD 模型的情况下生成新的模型。由于网络能够在低维的概率空间中对语义知识进行编码，因此，通过低维空间向量的运算操作即可以实现对应三维对象空间中模型的变化。

另一项人工智能与创新设计的深度融合应用是跨模态的设计生成。密西根大学 Honglak Lee 教授团队于 2016 年开发了一种新颖的 GAN（生成对抗网络）架构，有效地桥接了文本和图像建模，将视觉概念从字符转换为像素。利用该架构可以从详细的文字描述中产生鸟和花的图像。斯坦福大学 Silvio Savarese 教授团队于 2018 年进一步开发了利用文字描述生成设计模型的 GAN 架构，这些生成的设计模型包含了不同的图像、纹理以及形状。

人机交互的创新设计也是发展趋势之一，其目的是让人与人工智能协同合作，共同参与到设计中去，从而得到更好的设计作品。例如，普林斯顿大学 Thomas Funkhouser 教授团队于 2017 年提出了一种基于 3D-GAN 的人机交互的产品建模设计方法，通过人为编辑与模型自动生成的多轮迭代，产生更接近真实世界的创新设计。

《设计》：人工智能在诸多方面能够取代人力，这在带来便利的同时也给一些行业带来了危机，这其中甚至包括了艺术和设计，您如何看待这个趋势？设计师应当掌握什么样的知识和能力来应对时代的变迁？

胡洁：人工智能经历了 60 多年的发展，可谓"人工智能六十年，老夫聊发少年狂"，如今焕发出勃勃生机，成为引领科技进步的弄潮儿，也带动了很多行业的发展与进步。科学和艺术可以相互融合，人工智能和创新设计，一个属于科学，一个属于艺术，它们之间也可以做到完美融合，目前的技术水平已经可以做到人工智能驱动的艺术设计。从字面上看，人工智能（Artificial Intelligence）的前三个字母就是艺术这个单词"Art"，而人工智能也是首先在艺术设计领域开花结果，引起世界瞩目的，可见人工智能的发展一直和艺术有着紧密的联系。

不同于计算机时代和互联网时代，人工智能时代的最大特点是创新，因此，人工智能驱动的创新设计是未来的趋势。人类创新的源泉是无监督学习，而人工智能已经初步突破了人类所特有的无监督学习，例如，伊恩·古德费罗（Ian Goodfellow）于 2014 年提出的 GAN 实现了无监督学习，使人工智能驱动创新设计成为可能。GAN 的出现为人工智能提供了艺术创作的源泉和途径，而具有强大运算能力的计算机则为人工智能高效、稳定、持续的艺术创作提供了源源不断的驱动力。2018 年 10 月，佳士得在纽约拍卖会上，由人工智能创作出的画作《埃德蒙·贝拉米画像》拍出了 43.25 万美元（约合人民币 300.98 万元）的惊人价格，而其右下角的一串神秘公式正是其作者的签名——生成这幅画作的 GAN 所使用的损失函数。目前，人工智能的艺术创作早已突破绘画领域，它惊人的创造力已经被应用在人脸生成、漫画设计、室内设计、海报设计、雕塑创意、服装设计、产品设计等众多领域当中。

2017 年 7 月 8 日，为了抢抓人工智能发展的重大战略机遇，构筑我国人工智能发展的先发优势，加快建设创新型国家和世界科技强国，国务院印发并实施了《新一代人工智能发展规划》。人工智能从此得到国家的大力推广，我国从此进入了"人工智能元年"。因此，设计师在掌握设计知识和能力的基础上，有必要了解和熟悉人工智能这一有效的工具，通过科学与艺术的融合、人工智能与设计师的融合，驱动艺术设计的不断创新。

《设计》：您认为我们的设计教育应当如何迭代以跟上时代发展的步伐？

胡洁：从历史发展的维度来看，工业界经历了四次工业革命，分别是蒸汽技术革命、电力技术革命、信息技术革命和智能技术革命。教育界也经历了四次范式革命：第一次革命是技术范式，重视工程实践，强调技术应用和实践操作，以培养现场工程师为目标；第二次革命是科学范式，高度重视数学和科学，强调科学和理论分析，工程师的培养模式与科学家的培养模式趋于雷同；第三次革命是工程范式，强调教育的系统性和整体性，努力平衡理论和实践，实现知识、素质、能力的均衡发展，追求教育利益相关者的最佳满意度；目前，教育面临第四次范式革命，以应对社会与经济的高速发展，培养面向未来的创新型人才。

设计教育的创新理念正好迎合了第四次范式革命，我认为以下几点值得注意：①在建设愿景方面，设计教育应该兼顾面向新经济、新行业与未来创新能力培养，加强科学与艺术交叉，鼓励课程创新，加强校企合作培养，并努力布局新方向，最终形成以学生为中心，通过价值引领、知识探究、能力建设、人格养成"四位一体"的人才培养模式，培养面向未来的创新型人才；②在课程改革方面，应该"夯实基础、注重交叉"，构建创新人才培养平台，既要加强设计专业基础课程的学习，又要注重交叉融合，包括专业融合、课程融合、教师融合、学生融合；③在实践改革方面，应该不断加强与工业界的紧密联系，在学生的课程设计和毕业设计中引入企业实际项目，积极引导和鼓励优秀学生参加企业竞赛和国际大赛，并加强与国外高校及企业的紧密联系，组建国际化产学研教学平台。

《设计》：面对科学技术的迅速发展，高校教师如何保持领域内领先的状态？

胡洁：当前，我国正加快建设创新型国家，以科技强国支撑现代化强国。创新的源头在设计，我国政府高度重视设计产业的发展，在《中国制造2025》中明确提出要大力发展产品设计行业，并出台了《关于促进工业设计发展的若干指导意见》等一系列政策措施文件，将产品设计提升到国家战略层面，大力促进国内设计相关产业发展。因此，高校教师责无旁贷，要肩负起提升创新设计能力的重任，落实创新驱动发展战略，提升中国制造的竞争力，实现从"制造大国"向"创造强国"转变。

科学技术的不断发展推动了设计的进化，同时，设计的进化也牵引着科学技术的不断进步，两者是相辅相成的关系。对于从事设计教育的高校教师，首先要坚持设计的本源，从设计的角度去架构设计的理论体系；然后要善于吸纳新的科学技术，兼容并蓄，做到多学科交叉融合的创新设计。高校教师如果能很好地做到多学科的融合，就能很好地做到设计引领时代发展。例如，设计学与仿生学融合，可以实现生物激励的创新设计；设计学与心理学融合，可以实现需求驱动的创新设计；设计学与信息学融合，可以实现定量化的设计界综合评价。

《设计》：中国智造在 5G 时代要实现对国外的赶超，科技的发展占据了核心位置，那么设计的价值如何体现？

胡洁：无论 5G 时代还是人工智能时代，设计都有其独有的价值。设计不是科技的附属，而是引领科技进步的动力。设计实质上是需求驱动的创造未来的过程，是系统工程，也是顶层设计。以面向未来的无人驾驶车的设计为例，设计完全驱动整个创新过程，不仅遵循了用户的需求，更引领需求，从而为人工智能技术、5G 技术、物联网技术等高科技铺设了广阔的平台。试想一下，如果没有以设计为核心的创新驱动，这些技术如何集成与融合，进而实现需求驱动的创新设计？因此，从广义上讲，设计从顶层整合了技术，设计未来；从狭义上讲，设计与科技融合，相辅相成，实现产品创新。

《设计》：对于毕业生来说，如何才能将学业与工作岗位无缝衔接？您是如何看待设计专业的学生创业的？

胡洁：社会上希望毕业生不仅能够适应新经济、新技术的飞速发展，而且能够引领未来、创造未来。因此，广大学生在学校学习期间不仅要重视基础理论与专业的学习，更要重视开拓精神、创新能力、终身学习能力的培养，这样才能将学业与工作岗位无缝衔接，适应不断发展的新经济和引领未来的需要。随着社会的不断进步，设计领域面临的问题的复杂度也在提高，需要大量的复合型的设计类人才，以应对日益复杂的创新设计。

为了实现学业与工作岗位的无缝衔接，有必要在学校期间培养学生的创新思维与创新能力。我在上海交通大学的创新思维培养的教学改革就是一个尝试：我从 2008 年开始在全校范围内开设本科课程"创新思维与现代设计"，十多年来，积极推动该课程的教学改革：首先，培养学生的科学与艺术的交叉融合意识，问题驱动的创新思维意识，实现创新思维育人；然后，培养学生掌握现代产品与系统的创新设计理论与方法，提高学生的创新设计能力，通过引导、实践与讨论相结合，辅导学生分组完成一个从需求分析到创意，再到概念设计的实践，实现创新实践育人；最终达到培养面向未来的创新型人才的教育目标。十年磨一剑，2018 年，该课程成功入选上海交通大学致远荣誉核心课程。通过这门功课的学习与实践，培养了学生创新思维的意识，提升了创新设计的能力，有助于他们更好地融入今后的工作岗位。一位学生在课程评价中写出了以下感想："出于对创新的热情，我选择了这门课。这门课也的确没让我失望，老师向我们介绍了创新的许多要素，从需求的发现到设计的方法，再到创新实例的分析，每一课都让我收获颇深。需求就在我们身边，只有主动发现需求，才有创新创业的机会。"

设计专业的学生创业更具有优势，也有诸多的挑战，机遇与挑战并存。一方面，从宽度上，需要设计专业的学生拓宽自己的知识领域，从"大设计"的视角考虑问题，跳出狭义的设计领域的创业，通过设计引领未来，融合多学科知识，去创造更多面向未来的新的领域；另一方面，从深度上，需要设计专业的学生不断挑战自我，持续改进，将创新作为创业的原动力。为了提升设计专业的学生创业，上海交通大学设计学院在 2018 年做了一个新的尝试，依托国家级的创新创业基地，成立了创新设计研究院，旨在打通创意、创新和创业，打造一流设计创新人才孵化、学科融合以及创新创业培育平台。通过创新设计研究院，加强了设计学院学生的创新创业实践教育，以就业引导为导向，注重把实践育人和就业引导相结合，完善就业引领工程，鼓励学生到关键领域和行业就业。

《设计》：您有挂职兰州理工大学副校长，请谈谈您对于振兴西部设计的设想与实践。

胡洁：2019 年 5 月，我受教育部委派，到兰州理工大学挂职副校长，旨在推进东部的高校人才培养优势对西部高校的辐射作用，实现东西部高校的融合与交流，优势互补，为甘肃的经济发展培养优秀人才。挂职期间，我联系的学院是兰州理工大学设计艺术学院，对于引进东部的设计资源，结合西部的特色，振兴西部设计充满信心。兰州理工大学成功组织了 2019 年教育部高等学校工业设计专业教学指导委员会年会暨全国工业设计教育研讨会，会议主题是"丝路文化与当代设计"，这是国内工业设计领域的盛会，在西部召开，能有效推进西部大设计振兴。同时，依托我的国家社科基金重大项目"设计形态学研究"，结合甘肃省的特点，提出敦煌设计形态学的研究思路，并于 2019 年 12 月在兰州理工大学主办了"全国工业设计一流专业建设暨'敦煌设计形态学'学术研讨会"，来自全国各地的专家学者及师生代表共计 250 余人参加了此次会议。会议深入探讨了甘肃的历史文化资源转化为公共文化建设、特色文化产业发展和地域振兴的内生动力，并聚焦工业设计一流专业建设，提出了新时代背景下工业设计专业的调整优化模式，对弘扬敦煌文化和推进工业设计专业特色发展有重要意义。在此次研讨会的基础上，积极联合上海交通大学共建敦煌设计形态学研究院，让敦煌这颗璀璨的明珠焕发出新的活力，有力推动着以甘肃省为代表的西部设计的振兴。同时，我也积极推动西部文化在东部的传播，精心打造和主讲上海交通大学本科课程"敦煌文化"，推动西部文化在东部的传播，提升上海交通大学的美育教育。

异军突围 高铁设计的"中国方案"
——黄俊辉谈设计与科技

"CHINA PLAN" FOR THE DESIGN OF HIGH SPEED RAIL BREAKTHROUGH
—— HUANG JUNHUI ON DESIGN AND TECHNOLOGY

黄俊辉
中国中车股份有限公司副总工程师

黄俊辉，中国中车股份有限公司副总工程师，2007 年提出并主持 CRH3 型高寒动车组的研制；2009 年—2020 年提出自主搭建工业模块化通用高速动车组平台实现时速 160~500 公里和 2 辆至 20 辆编组及单层双层动车组同平台生产的方案，提出依中国国情创新设计 9 项旅客界面的方案并任总设计师，主持设计和研制出 CRH3A 型、3X 样车、纵向卧铺动车组等，纵向卧铺动车组已在京沪线、京广－沪昆线上运行，旅客评价极高；2018 年获光华龙腾奖 · 中国设计贡献奖金质奖章，所主导设计的工业化平台动车组获中国优秀工业设计大奖金奖；2019 年获 TIA 十佳杰出设计师奖，所设计的纵向卧铺车获中国设计红星奖金奖；多次获中国铁道学会科学技术奖特等奖。

黄俊辉表示，在相当长的一段时间内，轨道交通依然是绝对主力。中国高铁运输的趋势，越往后越要强调它的可靠性、安全性、经济性。没有可靠性、安全性，就没有生命力；没有经济性就无法实现可持续发展。经济性的前提是安全性和可靠性，缺一不可。而解决目前高铁问题的关键是观念的更新，以及体制和机制的改革。体制机制的改革能够产生真正的市场机制，在市场机制下能不断提高高铁效益。"我们作为设计人员，从设计的角度，有机会也有责任去推动产业的发展。国铁改革已经提出很多年，但机制和体制的创新与改革涉及太多层次和复杂的问题，困难大，需要循序渐进地深入探索。"

《设计》: 中国铁路面临着怎样的转型升级压力?

黄俊辉: 在全球范围内,高铁是一个非常小众的行业,是轨道交通行业的一个分支。全世界有 21 个国家有高铁,按一列车 8 辆编组折算的话,全球共 5000 多列。哪怕是我们邻国日本,从 1964 年开行高铁至 2020 年已有 56 年,现有动车组数量也仅有 700 余列,规模无法与航空相比。由于中国幅员辽阔、人口众多,高铁引入中国以后就发展成为一个大的行业。

高铁的快速发展给国家经济注入了活力,也极大地方便了人们的出行。目前,中国高铁线路的建设及发展存在巨大的地区差异,例如京广线作为一条南北的大贯通干线,以它为界,京广线以东地区是天津、山东、浙江、江苏、福建等经济发达地区,以西地区面积广大,但是经济相对落后;线路建设里程方面,东部地区大概占 35%,西部地区占 65%;线路使用率方面,东部地区使用率非常高,达到 90%~95%,接近 100%,有的地区都已经超过了原来设计的能力;反观西部地区,最初设计的时候预计 3 年之后达到 50 对,但如今 5 年过去了,才运行 30 多对。所以,西部地区线路长,利用率低。此外,由于建设高铁连续多年的巨额投入,使铁路负债较高并且不断攀升,每年还本付息负担很重,依靠铁路客票收入的利润偿还非常困难。高铁的可持续发展面临着大幅提高效率和效益、降低成本、合理开行车次、提高西部路网利用率、满足东部运能需求等诸多要求。

应对这些要求的关键在于体制和机制的改革、动车组技术创新和运营管理的改革、设计理念的融入、人们观念的更新。所以,我们脚踏实地,从供给侧改革出发,提出并实践验证了高铁设计的“中国方案”。

《设计》: 您曾提到,“中国高铁是通过引进实现了自主和创新,目前运行的 3000 多列动车组是在引进动车组原型基础上做了适应性改进,而不是创新性改进"。何为"适应性改进"？

黄俊辉：中国在最初引进高铁的时候，采取的是原型引进策略，这样做的好处是可以减少很多验证环节。因为高铁载客量庞大，一款新型号高铁问世，验证时间非常长，如果没有绝对把握的话，很难在短期之内转化为运输能力。在这样的背景下，基本保持原有的技术和车型不变就是一个最好的选择。但是高铁不同于客车和家用轿车，引入到中国以后，也需要在很多方面做适应性改进。由于标准不同、信号系统不同、应用环境差异大，我们无法把德国、日本等他国产品直接拿过来用，都需要做适应性改进。在最初引进的时候，由于我方并不掌握核心技术，主要设计都由外国专家执行。经过几年运营之后，暴露出了旅客界面、牵引控制系统等多方面的问题。

一是中外高铁运行频次不同导致背后支持系统需求存在巨大差异。德国和日本的高铁列车，平均每列动车组每年运行里程为 30 万公里左右，而中国的动车组每年运行里程高达 80 万公里，引进的动车组原有的牵引控制、信息存储、信息处理系统等无法适应我国状况，出现了很多问题，例如，动车组运营初期车辆频繁出现制动故障，中外双方针对这个新问题开展了一系列摸索和研究，最终找到故障原因，原来是车辆运行超过 30 万公里之后，制动系统的存储器会出现命令溢出。

二是中国面临着特殊气候条件的问题。中国不同于欧洲和日本，有高寒地区、大风沙尘地区、高潮湿地区、南北温差大等特殊气象下所形成的特殊地理环境，针对这些特殊的气候条件也做了一些改进。例如，日本的高铁空调新风口在车底，如果设计不做改进，在我国的路上跑起来，新风口处就容易沾满灰尘，影响车内空气质量，日本因其是海洋性气候，空气湿润，高铁轨道非常干净，运行多年也不会出现中国面临的问题。为了实现高铁的适应性引进，我们针对每一个批次展开了研究。

三是在旅客界面方面需要考虑中国国情。中国人口众多，人口密度大。与我们人口特征相仿的日本的高铁旅客界面，二等座车是"2+3"的设计，即一排座坐 5 个人，过道两侧分别是 2 个人和 3 个人坐在一起。而德国不同，它的二等座车旅客界面为"2+2"的设计，即一排座坐 4 个人，过道两侧分别设置 2 个座椅。如果我们的车厢也是"2+2"设计，定员就会减少很多，必然导致运营成本居高不下，所以我们采用了和日本相同的"2+3"的设计。也就是说，从德国引进的高铁需要在旅客界面方面进行较大程度的适应性改进。

《设计》：在 2019 年的一次论坛上，您曾这样描述中车的设计："我们的设计不仅是创新，更是为了保障安全、可靠、实用、经济的运行；不仅是创造，更是为了追求先进的、人性化的、合情合理的设计；不仅是发明，更是为了人们充分享受有风景、有尊严、舒适的旅行；不仅是发现，更是为了探索美好的技术境界、自主自强，为更好而努力！"足见高铁与通常的工业设计产品的不同，在如此高的科学技术含量面前，设计是如何与之相结合并体现其价值的？

黄俊辉：由于客流、运行里程以及自然环境等方面的差异，既有动车组采用的是适应性改进策略。但是，我们通过多年的运用经验总结，所考虑的还有更深层的东西。

一是高铁运行成本高。从动车保有量上来看，现在全世界动车组共计 5000 多列，其中中国保有 3000 多列，占全世界动车组总数的 60% 以上；从运营里程来看，全世界高铁的运营里程大概 4 万多公里，而中国为 3 万多公里。从这两个因素来看，中国绝对是高铁大国。在这样的背景下，我们需要充分考虑高铁运行成本等经济性问题。

二是高铁票价较低，短期内难以提升，难以覆盖运营成本。目前没有人会说中国的高铁票价便宜，与国民收入相比，甚至可以说贵。如果我们的票价继续提升到德国和日本的水平，就会丧失高铁的经济性。例如，目前北京到上海的高铁二等座票价是 553 元，一等座票价 933 元，如果按照里程提升到德国和日本的票价水平，大概需要 2000 元，而这个价位经常可以买到北京到上海的飞机头等舱，高铁和动车就无法体现出其经济性。中国高铁必须是大众化的，如果不能实现大众化，就没有存在的价值。从这个角度来说，现在票价应该说还算合理。但在目前这个票价的基础上想持续运营、摊薄成本是有困难的。

三是财政面临较大压力。中国国家铁路集团有限公司目前的负债超 5.4 万亿元，剔除其他影响因素的前提下，每年需要偿还 4000 亿 ~6000 亿元的本息。例如，2018 年我国高铁的客票收入是 2200 亿元，利润更是微乎其微，所以未来中国高铁的持续改进和增长，是无法完全通过客票收入维持的，这意味着我们的国家财政和地方财政会面临较大的负担。反观国外，日本高铁最初也是国家运营，从 1964 年一直运营到 1987 年，但是由于债务负担过大，一度达到 GDP 的 10%，运营非常困难，日本最终通过国铁民营的改革路径来缓解问题。目前，日本铁路的主要收入来源是房地产以及第三产业，仅靠高铁客票收入是支撑不了日本高铁的运营成本的。所以，我们可以通过工业设计，增加高铁的运营收入，帮助国家财政和地方财政减轻一部分负担和压力，这是我国高铁长期发展的一个原动力。那么，如何通过设计的改进确保高铁的持续向好运营呢？

目前我国引进的高铁车有两种配置方式，分别是 8 辆编组和 16 辆编组。在动车组运行时，每一节车厢都承担着整体中的一部分功能，仿佛人的五脏六腑一样被分配到各节车厢中，哪部分坏掉都会造成很大的困扰。哪怕是一块玻璃裂了，列车都无法运营：一个侧窗玻璃的维修需要 2 天，一个风挡玻璃维修需要 15 天。但是如果动力、制动或者信息控制等高技术性的系统出现问题，维修时间往往需要几个月甚至半年时间。设想一下，如果是 16 辆编组的高铁出现这样的技术性问题怎么办？所以，为了维持列车的持续高效运营，在非节假日期间，动车组检修维护的工作量非常大：我国动车组的保有量在 3000 多列，在线路上运营的仅有 2000 多列，剩余接近 30% 的动车组是作为维修中转备用的，占比非常大。因此，我们的列车存在前期投入高、利用率低、运营成本大等问题。那么，为什么国外要如此设计高铁和动车呢？因为国外的保有量小，设计一种模式就可以保持不变。但我们的列车保有规模大，并形成了一个产业。按照规划，未来我国动车组会增加至 5000 列。5000 列动车组的维护、维修和零部件更新等将塑造一个上千亿规模的产业市场。为确保这个大产业的发展，需要尽早、尽快实现标准化、集成化、规模化、工业平台化，才能够产生最大的效益。如果采用工业平台的概念，就不需要保留 30% 的运力做中转备用了；过去需要买 3000 列动车组，现在买 2400 列就可以了，可以节省很多的固定资产投入。固定资产投入减少了，动车组的检修费用率可大幅下降 40% 左右，经济效益非常可观。

从设计的角度来讲，我们提出的可变编组的概念，第一是通过搭建动车组工业化平台实现更多的标准化，即实现接口的标准化，以及主要系统和主要零部件的单元化、集成化。通过标准化、模块化、单元化，可以实现列车的自由组合、生产和制造，也可以实现维修过程的快捷化。坏掉的零部件可以马上换掉，比如头车坏了，或者是牵引、信号系统坏了，可以通过更换实现快速维修。此外，由于列车的速度等级不同、编组数量不同，通过工业平台也可以实现可变编组。比如，8 辆编组的既有动车是由 4 个动力车和 4 个无动力拖车组成的，拖车要替动力车背设备，所以编组的数量和动力配置是相对较固定的。但是在工业平台上，可以让动力车自身具备牵引和驱动功能，速度需求高的可以多配动力车：要跑 350 公里／小时可以 4 动 4 拖，要跑 250 公里／小时可以 2 动 6 拖，要跑 160 公里／小时，可以 1 动 5 拖。在可变编组的概念下，可以确保工厂的车辆定制化组合和高效生产，只要更新修正软件就可以了。由于动车零部件是集成化设计，未来有新技术诞生和应用就可以更换和升级集成部分。举个例子，为什么计算机行业发展这么快？因为计算机行业从一开始就实现了标准化。每个人都可以根据自身需求去攒机，要内存大一点或者速度快一点等都可以实现。如果没有标准化，大家五花八门，计算机行业发展就非常困难。现在它实现了标准化和高度集成之后，就可以确保实现市场最大化。这个概念就是动车组工业化平台的概念。

第一，这样的设计解决方法非常适用于中国。东部地区客流大，需要把 16 编组的车加一辆变成 17 辆车，其实这样做是需要牺牲很多技术指标的。如果是可变编组，那么加到 20 辆都可以，只需要更新修正软件。动车组可变编组有巨大的市场需求，在经济发达、人口密度大的地区需要大编组的，尤其是长大干线，受制于列车时间间隔，同样是运行 3 趟车，大编组的动车组将降低线路使用费用，减少线路占用等问题，最终极大地降低运营成本，增加利润，减轻国家和地方的财政负担。

第二，这也是一个创新的概念。高铁每一个批次研究的周期都非常长，一般来讲，在国外更新要 10 年的时间。我国从 2006 年开始引进动车组，到复兴号也花费了将近 10 年的时间进行实践，尤其是中间验证的时间非常长。如果用可变编组和工业平台的办法，很多已经验证过并且得到成熟应用的技术和模块无须验证，只需要去验证新的东西，升级潜力更大，应用范围更广，减少每一次升级的阻碍。批量生产之后很容易实现规模化、稳定性、可靠性、经济性。这就是创新，而非优化。也就是说，我们不仅仅是为了创新，实际是要解决问题，也是为了更好而努力。

第三，可变编组的设计是提升中国高铁盈利能力的一条具有重大经济价值的路径。在可变编组的概念下实现动车的高度集成之后，就可以解放拖车，拖车可以用来安置大量旅客，就可以考虑把拖车改成双层的以提高运能。现在的 16 辆编组，定员 1100 人，在可变编组概念下设计成双层车模式，定员最低可以提升至 1500~1600 人，最大可以提高至 2100 人。同样的 16 辆编组，因为解放了拖车并设计成双层，动车组运能可以提升 50%。这 50% 的运能并没有线路使用费、能耗，以及额外的服务投入，纯粹就是利润。这样的设计使运能提升了 40%~50%，也就是说，运行 2 列车可以实现运行 3 列车的载客量。在运行繁忙的线路上，与原先运行 3 列车相比，运行 2 列车获得的利润是原来 3 列车的几倍：我们假定客票收入的 90% 是成本支出，利润是 10%；在原有利润基础上多了 50%，相当于利润增加 400%~500%。因此可以说，工业平台的设计对解决中国高铁持续的亏损，促进行业进步，有着巨大的价值。

《设计》：中国高铁车厢的设计有怎样的国情特色？

黄俊辉：我们根据中国的国情和民情，设想了很多种方案来满足人们出行的需求。

一是要解决客流量大的干线的运力问题。中国单层列车旅客界面是"2+3"的模式，全世界基本上都是这样。而双层车在国外尤其在德国、法国城际间很常见，法国 TGV 系列的时速高达 360 公里，运行效率极高。这么高的速度，这么大的牵引力，如果每次乘客太少就会造成浪费，如果能多拉一些乘客，效益就会好很多。在线路繁忙地区面临运行能力不够、线路饱和的问题，无法加车，即使依然有旅客；如果再修一条轨道，将面临巨大的成本维护费用。所以，挖掘、提高高铁效率最好的办法就是改变设计，设计本身对高铁将产生直接价值。在一些车辆载客饱和、运营能力提升有限的干线和一些城际客流大、旅客通行量大的地方，应该采用双层车，既可以解决旅客运载能力不足的问题，又可以提升收入。

二是可以通过高铁旅游车的设计，深度助力西部经济开发。西部地区有 400 多个国家级景点，拥有壮丽的山川河流，但是由于交通不便，飞机、高铁和汽车较少，如果能够开通高铁旅游车连接这些国家级景点，将对西部地区经济发展产生带动作用。这样的高铁旅游车在设计的时候，不应该是高档的，而应该是通用型、大众化的，一个车定员 500 人左右。

根据住建部的数据，截至 2016 年年底，我国城区人口 100 多万以上的城市共有 88 个，超过几百万、上千万的城市也有很多，这些城市加起来不少于 100 个。我们假设这 100 多个城市一天发出去一列车，就有 100 多列。环游一圈，8 个景点，共计 1 万公里，需要一个星期。价格亲民的情况下，自然可以吸引很多人，更何况全世界人民都希望能乘着高铁欣赏中国的壮丽河山。为此我们开发了坐卧转换车，上铺下坐，能住能游，白天是座，晚上是铺，主要就是用来开发西部的旅游资源，我们设想称它为"中国万公里高铁游"。当它用于卧铺或者是旅游车时，是 40 个定员；如果把它变成座位，就变成 80 个定员，已经非常接近标准二等座。但是这车比二等座要舒服，因为是卡座，空间很宽敞，定员还是 80。这车可以晚上卧铺去，白天坐着回来，车的利用率翻了一倍。过去是晚上卧铺去，停一天，第二天晚上回；现在是晚上卧铺去，白天坐回来，或者白天在当地几百公里范围坐短途运输，可以很大程度上提高运营效率。

中国有接近 3 亿的退休职工，他们有着强烈的旅游需求，新马泰等是他们的热门旅游目的地。如果我们开通这样的高铁旅游线路，能够吸引 2 亿 ~3 亿的退休人员及外国游客到中国乘坐高铁旅游。如果一年能够有几千万人前去旅游，就是对西部经济发展最大的支持。我们知道西部地区生态脆弱，对西部最大的支持就是利用地缘资源，也就是山川大河等国家级景点，这是全球绝无仅有的自然资源。"中国万公里高铁游"是对西部长远发展的深远支持，设想一个 100 万人口的城市加上所辐射的县乡村，会达到几百万人口。我们按 300 万人口来算，一天有几百人出去旅游，万分之一的可能性，是完全有可能的。而且我们计划走一圈转8个景点，西部地区可能有几百个景点，一次是看不完的。所以我觉得这个设计是有潜力的。

上次我们把这个想法分享给几个有名的经济学家，他们非常认可，认为非常有价值，而且我们已经把这款车设计出来了。我们设计一节车厢40个定员，在车上大家可躺、可坐、可观风景，每一个空间都是独立的，价格亲民，可家庭出行。

三是可以通过高铁运能资源的设计和开发，加速快递、集装箱管理等第三产业发展。2018年，中国的快递业收入达到7000亿元规模，通过铁路实现的仅有3亿元左右，占比不到万分之五。如果开发高铁快递运输形式，将会对整个国家社会形态的改变产生巨大作用，提高中国经济社会的效率。就像刚才所说的，通过动车组工业化平台的设计可以把拖车解放出来，拖车也可以设计成双层，既可以拉客，也可以拉货。我们可以把某一列车上的某一节、某两节的下层设计成快递货仓，不占用任何资源，没有能耗。我们可以改良餐车设计，餐车的上层，所有功能都保留，而且比原来更强，适合长途运输，可以炒菜，可以给旅客提供更多的服务。底仓60m³可以存放8t货。如果能够有相配套的集装箱，并对所有的集装箱进行监控，能够实现各种冷热链的功能，哪怕是集装箱本身都可以成为一个产业。试想，我们3000列动车组，一列车设计一节带货运底仓的车厢，就有3000节，一节车厢同时运送10个集装箱，那么我们总共需要3万个集装箱。我们至少需要20倍的周转量，也就是要有60万个小集装箱在中国大地上智能地周转着。我们将采用5G技术，随时获取运输货品的信息：什么物品、温度是多少、实时位置等，我们可以运输医疗的、科研的、工业的东西，热的、冷的都可以运输。如果我们发车间隔是5min一趟，那么从上海订了货以后4h就可以到北京。

上 / 定员 133 人的双层二等座车
下 / 可用于高铁环游万公里的坐卧转换车厢

这一块没有能耗，没有占用任何铁路资源，没有线路使用费。我们的效率、速度甚至比航空要高很多，按航空的价格测算，一年收入可以达到 2000 亿元。现在 3000 多列动车，每年客票收入也就 2000 多亿元。我们只增加一个设计，就可以额外增加 2000 亿元收入。如果再增加一部分短途运输，可能又增加不止 2000 亿元，这就是第三产业。这 60 万个集装箱的管理和运输，马上就盘活了至少 3000 亿 ~4000 亿元的第三产业市场。

《设计》：在保障运力和效益的前提下，如何提高乘坐的舒适度？

黄俊辉：卧铺车和 VIP 座的设计也可以让老百姓舒服，让国家有收入，服务于中国的经济社会发展。

一是中国的幅员辽阔造就了中国人的铁路卧铺情结。过去一提到要出差，就会问是否是卧铺。因为过去火车慢，一走就需要 20 多小时。今天高铁速度快，不需要这么长时间。但是中国高铁八纵八横，依然有很多地区之间的行程要超过 5 个小时。而且因为东部比较发达，西部、北部地区的人都希望往东部走，但是从很多西部、北部的地级市到东边的航班非常少，有些人能不去就会选择不去。但是火车的开通，将对飞机航运产生支撑作用，两者之间并非竞争关系。例如，从西部的某一个地级市到东部沿海，两天或者一天一架航班，大家能不去就不去了，因为不一定能买到回来的票，但是如果每天再有两趟火车，人们出行的概率就会增加。可以说，高铁的开行可以极大地促进东西部的交流。

比如，北京到上海。2006 年，北京到上海的航班一天有 31 班，因为属于国内的短途，基本上都是波音 737 或者空客 320 级别的，只有 100 多个座位。高铁开通之后的第 1 年，民航系统非常紧张，怕客流流失，因为高铁票便宜且往返车次非常多。而实际上，从 2011 年开通高铁到 2020 年已经 9 年时间，北京和上海之间直达的高铁从过去一天不到 10 对车次到现在的 50 对车次，飞机航班则从 31 个增加到 67 个，而且基本上都是波音 787 以及空客 A330 系列的飞机。究其原因，主要是高铁的开通促进了北京和上海之间交流的紧密度，也促进了两地之间的通勤状态。所以我认为，高铁和飞机之间是相互支撑的关系，而且北京和上海之间的航线也是黄金线，高铁的黄金线也是京沪铁路，虽然只有 1000 多公里，但 2019 年收入达到 260 亿元，也就是说，京沪铁路里程占全国高铁线路总里程的 1/25，但收入却占高铁总收入的 1/8。

社会在进步，人们对卧铺的需求不同于以前。再比如，北京到广州距离 2300 公里，高铁直达要 9~11 个小时，一直坐着会让人非常疲劳，所以白天购买从北京到广州直达客票的旅客不到 5%，基本上都是中途上下，但是北京到广州每天晚上有 5 趟卧铺，基本上会满员。西部地区有上百个城市，大家都希望到北京、上海，如果一个百万人口的城市每天晚上能开通一个卧铺车，就会更加方便。因为北京到广州坐飞机前后大概需要 6 个小时，坐高铁 9 个小时。但是高铁如果是晚上运行，旅客白天办完事，晚上就可以坐高铁卧铺返回，但是坐飞机无论如何都要在广州休息一晚，成本会提高，交流效率会降低。如果高铁卧铺可以确保每个人都有独立空间，而不是说这 4 个人一个包房，将会非常有意义。我们现在已经有 3 辆具有独立空间的高铁卧铺车在线路上运营，它是有发展前景的，而且我们做了很多调研，大家的认可度都非常高。

从经济效益来看，原来卧铺车是 40 个定员，现在 60 个定员，定员总列数增加了 53%。这一辆车在 42 天的时间里比别的列车多增加收入 850 万元。所以，设计可以提升人们的生活品质、旅游品质。过去三层铺 40 个定员，现在两层铺 60 个定员，每个人都是独立的，一方面让每一个人可以有一个自主的空间，另一方面定员增加 50%，这意味着票价可以降低 30%，从而增加了高铁在长大线路上运行的可能。

二是可以通过优化 VIP 座和头车商务区的设计，提升运力、经济收入和旅客舒适度。我们在考虑提升旅客舒适度的同时，也一定要考虑票价是否在老百姓可承受的区间内。现在的 VIP 座定员是 24 人，一等座是 50 个定员，二等座是 80 个定员，VIP 座的价格几乎接近二等座的 3~4 倍，而且资源占用非常大。我们要尊重市场需求，也要考虑人们的需要，所以我们新设计的 VIP 座的座椅可以确保两人间距达到 460 毫米，达到公共场所两个人的社交距离要求的同时，定员增加到 45 人，接近一等座，但可以保持横躺的空间设计。这个设计的好处有：①可以降低票价，在淡季降价 50%，吸引更多老百姓；②定员增加 87%，可以充分挖掘运能；③旅客体验较原来舒服很多；④可以确保在旺季票价恢复之后增加 87% 的收入，这个收入 100% 是利润。如果全国 3000 列动车组，每一列动车组都能挖掘出头等舱来，将会增加几百亿元的收入，这几百亿元也是纯利润。就这一项，比现在高铁 2200 亿元收入的利润还要高。这个完全是可以做到的。

我们也在京沪线进行过调研，75% 的乘客是商务目的，现在招标项目多，投资项目也多，如果有 4~8 个人同行，有商务空间的话，路程上的 5 个小时就可以讨论问题、研究问题。现在高铁车上头等舱观光区有 5 个座，大家分着坐，也没有什么功能性，如果改成有 VIP 性质的商务空间，就会有人把它们包下来进行商务会谈。我们通过工业设计，将商务区的座椅进行多功能化，如果当 VIP 座，就可以是 4 个定员，每个人两把椅子，可正坐、可反坐、可躺着。运力紧张情况下可以作为一等座用，就是 8 个定员。如果把椅子都连上，就是 12 个人的会议室。

三是对于乘客来说，方便比快更重要。在我国边远地区或者经济落后地区，高铁动车的客流量较小。例如兰新铁路，运行的是 8 辆编组的车，是高铁的最小编组。目前每天兰州到乌鲁木齐有 4 趟车，上午 2 趟，下午 2 趟，乘客会感觉不方便，在需要等待三小时才能坐上高铁的情况

上 / 每人都拥有独立空间的纵向卧铺车，定员 60 人，定员增加 50%

下 / 定员 45 人的 VIP 座椅，定员提升 87%

下，自然更愿意选择乘坐飞机。但如果按短编组运行，采用4辆编组的列车，上午4趟，下午4趟，确保白天一小时一趟车，乘客觉得方便就会选择火车。为什么北京到上海的线路那么繁忙？因为十几分钟一趟车，带给乘客非常方便的体验，大家随时都可以走；反之，如果采用大编组的，一次能够拉2万人，一等等半天时间，没有乘客会愿意去坐。其实，两地之间车次越少，乘客越少，在线路设计上增加运行次数、缩短运行间隔，也会吸引很多乘客。

而且，对于乘客来说，客车线路的认知培养需要很长时间，铁路市场客流的培养也需要很多年，甚至几十年。你会发现，常坐的火车车次几十年都没改过，而且运行时间点都差不多，因为旅客习惯了这个车次，突然改了以后，人们就找不着它了，找不着就不坐了，不坐了下次就换其他交通方式了，慢慢地这趟列车就没有乘客了。所以，培养一个客流需要好多年。这一点国内外是一致的，某一个时间点的某一个车次的列车运营是不改的，连车次号都不改。

《设计》：在参与高铁设计的过程中，您遇到过最大的挑战是什么？最终的解决方案是怎样的？

黄俊辉：解决目前高铁问题的关键是观念的更新，是体制和机制的改革。体制机制的改革能够产生真正的市场机制，在市场机制下能不断提高高铁效益。我们作为设计人员，从设计的角度，有机会也有责任去推动产业的发展。国铁改革已经提出很多年，但机制和体制的创新与改革涉及太多层次和复杂的问题，困难大，需要循序渐进地深入探索。

其实，我们的设计既可以提高铁路利润，减少固定资产投入，又能提升老百姓的乘坐体验，是好东西。这里边最需要什么呢？最需要观念的改变、思维的改变。现在有很多公认的好设计想推广也很难，因为一来不是主流设计，二来很多人的观念很难改变。大部分人很喜欢这个车的设计，我自己坐了 12 次，觉得是质的变化。整个旅途中，自己一个独立的窗户，把铺帘一拉，6 面都是封闭的，自己可以看电视、听音乐、看风景，还可以睡觉、吹空调，非常舒服。

《设计》：中国高铁设计的技术和设计在国际上处于怎样的水平？这张对外经济技术合作的"金名片"中，设计的含金量有几成？

黄俊辉：我们把上述几种设想中的每一个设想都造了一节，攒成一列，由中车唐山公司制造，定名叫 3X。X 既意味着神秘和高端，又意味着不确定。这里面拥有太多的创新技术，获得的专利有 80 项，发明类的专利有二三十个。这些设计和技术在国际上都是顶级的。

举一个例子。我们知道这个设计不是技术性设计，但这个设计的改变会对中国高铁产生深远影响，一是可以增强对高铁动车组产业的支撑作用；二是可以增加收入，减轻国家财政和地方财政的负担；三是可以提升边远地区到东部的运输能力，促进西部地区经济发展。旅游车是适合中国国情的一种设计；卧铺是改变思维的一种设计；双层车也是全新设计，就是要开动脑筋探寻更合理的空间利用。双层车造完以后，2017年左右，美国宾夕法尼亚东南部交通局过来看了之后第一时间和我们签订了采购意向，后来在招标中以技术优势胜出，这是中国高铁第一次出口北美。要知道，实际上双层车不是我们的强项，欧美才更擅长设计双层车，在这种情况下，费城和我们签订的双层车基础订单达到 45 列，1.4亿美元。

另外就是可变编组的动车组工业化平台的概念。西门子和德铁看过之后，认为工业平台的概念是可行的，于是德铁向西门子订购 300 列，要求按中国方案来。但是其实这个设计从整列固定编组到单元集成是有难度的，因为重量限制、长度限制实现起来困难重重。我国高铁线路，要求每节车厢每一个车轴静载荷不能超过 17 吨，也就是说，加上乘客和装备不能超过 68 吨，长度不能超过 26 米。我们经过反复测算，把列车的轴重降到了 17 吨，用同样的方法，把体积也降下来了。所以现在的车与复兴号具有同样的长度和宽度，重量也一样。而德国的车长度是 28 米，轴重是 18 吨，这在一定程度上讲是不允许的。德铁也面临经济性考虑，应用可变编组之后，长点、重点都可以，对他们来说经济性更重要。此外，德国也有一个基础编组，有些主要设备放在上面，但是它的基础编组始于 5 辆车，只能在 5 辆车的基础上加，从 5 辆一直可以加到 14 辆，而我们的设计可以从 1 辆加到 20 辆。

2017 年 11 月，德铁派了他们的运营总裁、技术总裁和采购总裁，带了 6 个部长到中车唐山公司来参观，看完之后运营总裁说了一句话，"我们过去只知道中国制造，现在才知道什么叫中国创造"。所以德铁要求一定使用这种车。其实他是可以用的，因为我们没有申请国际专利。美国、德国使用这个设计，也反向证明我们是对的。我们通过这种方法间接证明这个设计的先进性，证明我们在国际上是领先的。

《设计》：中国智造在 5G 时代要实现对国外的赶超，科技的发展占据了核心位置，那么设计的价值应如何体现？

黄俊辉：我觉得 5G 可能会和今后高铁的控制系统、牵引控制、自我诊断系统、自我监测系统、数据传送系统有关。5G 设备是一种通道和手段，未来可以通过 5G 的高效高速来实现动车组运行安全和监控的智能化，提升效率。现在我们车上网络控制冗余量一直不够，所以好多网络都是独立的。比如工业平台的车过去是连在一起的，现在受制于控制网络的影响，我们把它独立出来，牵引是一个独立的网络，列控也是一个独立的网络，就是因为原来通信的容量不够。通过 5G 技术可以使动车组的控制更快、更准，尤其是可以给监控系统增加控制通道。比如过去 4G 可能一根线收到 1000 个信号，5G 可能达到 1 万个。高铁本身的自我检测、自我监控、自我诊断和自我安保，将是今后 5G 在动车组上的最大应用。

　　5G 也可以协助我们增加很多对旅客的服务。尤其是快递运输方面，车上的小型集装箱在使用过程中可以通过 5G 定位和监控，用户就可以知道车到哪里了，可以控制集装箱的状态等。5G 还可以根据客户的需求定制化一些服务，比如有些工业产品一定要在 −18℃ 的情况下才能运输，运输不了就生产不了。

　　通过 5G 技术对整个列车的状态进行监控、实现自我智能监控将有着巨大的空间。但是现在很难大规模使用 5G，高铁不敢用太先进的技术，而要用最可靠的技术。需要等到 5G 技术非常可靠的时候才能在高铁上大规模应用。

《设计》：在您看来，未来中国列车 / 轨道交通设计的趋势是怎样的?

黄俊辉：我认为在我们能看到的未来二三十年中，轨道、轮轨关系还是主流。管道运输只能作为科学实验，从科学原理上都能讲得通，但是真正达到能够运载人的阶段，还需要很长时间。从科学实验的角度来讲，管道运输跑 3000 公里、3 万公里没问题，但是真要作为一个常规交通工具载人时，还面临诸多困难，需要做好多设备的验证，也有好多应用层面上的技术性问题，比如除了载人，还需要考虑救援等一系列问题。我还是很期待能早日看到这种创新性产品的应用的。

　　在相当长的一段时间内，轨道交通还是绝对主力。中国高铁运输的趋势，越往后越要强调它的可靠性、安全性、经济性。没有可靠性、安全性，就没有生命力；没有经济性就无法实现可持续发展。经济性的前提是安全性和可靠性，缺一不可。

设计的作用是让技术被更好地应用
——苏峻谈设计与科技

THE FUNCTION OF DESIGN IS TO MAKE TECHNOLOGY BETTER APPLIED
—— SU JUN ON DESIGN AND TECHNOLOGY

苏峻

美学家电品牌 Jya 创始人、CEO

苏峻，美学家电品牌 Jya 创始人、CEO，清华大学设计艺术学博士，美国华盛顿大学访问学者，北京原创设计推广协会（BODA）理事，曾任教于北方工业大学工业设计系，任系主任、副教授、硕士生导师。2019 年 11 月，创立了美学家电品牌——Jya。

在苏峻看来，设计与科技结合是当代做产品的基本素质，因为现在的产品几乎很少有和技术完全割裂的情况，大部分产品和技术的结合都非常紧密。技术是整个社会推进的核心要素，技术往往是设计的起点。设计的过程是完全离不开技术的，技术本身就融入设计里面。设计学科是交叉性的学科，是科学与人文的交叉点，在设计的定义里面，科技就是基本要素。

《设计》：您认为这个时代科技的价值是什么？设计的价值又是什么？

苏峻：我认为不仅在这个时代。即使从整个近代来看，科技都是推动社会经济进步的一个根本要素，整体上说，近代的这种高速发展，科技的推动是最核心的要素之一。

科技本身是一个相对比较复杂多样的东西，人的信息处理能力是有限的，科技需要通过一种更符合人的行为的方式为人所用。因此，在这个时代，设计的作用凸现了，而科技的高速发展正是催生它的原因。"设计"实际上起到的是连接器的作用，把社会和人联结在一起。

我们过去把设计的定义高度泛化，认为社会结构，甚至制度结构的设计也是设计，这属于过度泛化。当然过去还有一种思维是过度窄化，认为设计就是做造型、做 ID。但是在今天这个科技时代，特别是像苹果这样的企业的崛起，让大家更清晰地看到了设计的作用，既不能泛化也不能窄化。我们看到设计要涉及产品定义、产品规划，要把解决方案完整地呈现给使用者，让使用者非常容易使用。"设计"是重要的连接器，作用还是非常关键的。

《设计》：中国制造在 5G 时代要实现对国外的赶超，科技的发展占据了核心位置，那么设计的价值应如何体现？

苏峻：我们现在 5G 技术上获得了时间段上的领先，但如果你不把科技很好地应用在产品上服务于人，你就很难形成正向的循环反馈。我们知道好的技术应用于生活，推动经济发展，进而获得效益，反过来再对技术进行投入，这是一个循环。如果你只有高的技术，但没有把技术转换成好用的产品，这时候整个循环反馈就进行不下去了。所以，设计在这里面起到的作用是要让技术被更好地应用，进而建立从技术到产品，再到推动社会发展的正向循环，形成正向的经济和社会反馈，所以，设计在这里面的作用是非常大的。

《设计》：作为 Jya 的创始人，您在研发产品的时候是如何将设计与科技进行结合的？

苏峻：设计与科技结合是当代做产品的基本素质，因为现在的产品几乎很少有和技术完全割裂的情况，除非是非常传统的工艺美术可能有这种现象，现在大部分产品，哪怕是服装、食品类的产品，与技术的结合都非常紧密。

技术是整个社会推进的核心要素，技术往往是设计的起点。举个例子，手机产品从产生、发展到今天，实际上就是被技术在底层驱动的，无论高度集成化、小型化、智能化，还是材料上从塑胶到金属，再到玻璃，甚至纳米材料的使用，技术在这里面都是核心要素。设计的过程是完全离不开技术的，技术本身就融入设计里面。设计学科是交叉性的学科，是科学与人文的交叉点，在设计的定义里面，科技就是基本要素。

《设计》：您曾经有过 14 年的教学生涯，面对技术变革，我们的设计教育应该做出哪些改变？

苏峻：因为我当了 14 年的老师，我在大学里面确实有这种感受。其实大学在观念上是领先于社会的，在早期设计还没有被社会所认知和理解的时候，消费品领域，包括整个经济环境还不够繁荣的时候，大学最早认识到工业设计的重要性，变成一个传播机，大学师生起到向社会普及设计价值的作用。当时外界很多人不理解，因为大家连饭都吃不饱，还在求生存的状态，无法理解设计有多大的作用。但是今天大学和社会的情况反转了，社会反而变得更领先。大家知道设计是实践性学科，在社会经济高速发展的过程中，经济企业在高速反馈、循环中建立起来，设计能力和设计认知快速成长起来。

总体来说，我们在大学中可能还是过多地强调素质教育，弱化专业技能教育，这种情况下培养出来的学生对于设计的理解，与社会对于设计的需求产生断裂。只有理论，实践不强的时候，设计就没有发展的根基。大学在这段是短板，现在大量的设计教育有点空中楼阁的味道，反而是社会和经济体在这种快速发展中，对设计的理解在不断加深，对设计应用在高速提升。这种应用能力是当下的现实。

我觉得在这个阶段，设计教育应该更强调实践性，强调职业化。全世界较好的设计学院，比如艺术中心设计学院、英国皇家艺术学院，在这种学科领域里面不光是素质教育，还要有非常强的职业教育属性，它们的学生在专业技能上要经历高强度的专业化训练，最终在应用性上变得特别强，与整个社会和设计发展就能连接在一起。否则，很多大学生进入社会以后，发现在学校学的东西不能为社会所用，就会感到迷茫、沮丧，最后改行。我调查过中国的工业设计专业的毕业生职业现状，他们的转行率非常高，这肯定不是正常现象。

《设计》：如何让学生毕业后更快适应企业环境，尽快上手项目？

苏峻：职业化的方式最好。职业化的核心道理很简单，就是让人有一技之长。你在学校学习的时候，不仅要学基础的专业理论，还要提升整体素质。如果你有一技之长，这个一技之长的核心概念就是你喜欢、你做得非常好，或者比别人都要好，或者非常好也行，你到社会上就更容易找到整个设计产业链条的接口，一旦融入之后，就会持续形成正向反馈，有空间去不断提升自己，有更好的发展。

《设计》：Jya 的产品获得了很多国际大奖，这是否能够说明我国设计实力的提升？

苏峻：我觉得毫无疑问。我们从不知道什么叫设计，到设立第一个公立设计学科，到（建立起强大的）出口导向型（产业），大家对于设计从通过国外信息输入的学习，到今天产生一些中国自有的品牌，逐渐建立国际影响力，这就是设计能力提升。在这几十年的发展过程中，这个趋势是非常明显的。我觉得后面提升会加速，因为中国人学习能力很强，我们制造产业的高速发展就是设计能力快速成长的土壤，这个非常重要。

当然还有一点，我们设计能力到底怎么样？我认为其实和西方在设计上还有一定差距，比如在技术应用层面，我们可以把一个产品逐渐做得被消费者接受，相对来说能够产品化，但是你会发现我们有两点是非常有问题的：一是创新力。比如在手机行业，大部分创新的点是从像苹果这类的西方公司起步的。当然我们可以快速跟进和进一步成熟化，但在原点那一头，从新品类到新应用，我们的原始创新力还是相对薄弱的。二是我们的文化建构力比较弱，做低端或者性价比消费品的能力很强，但是高端消费品里面一直没有我们的影子。因为竞争到了新的层面时，某种程度上不单纯是技术、产品品质的竞争，而是文化建构力的竞争。国人在这端上差距比较大，更需要耐心和时间。比如，中国可能不单需要有苹果、特斯拉，还需要有迪士尼、可口可乐和耐克，你会发现，那些消费品更强调文化建构，有很多值得我们学习的地方。

《设计》：物联网产品会给未来生活带来哪些改变？

苏峻：物联网给生活带来的改变已经在相当大的程度上被印证。在移动互联网的时候，很多人就在提物联网，但是一直没有基础。走到今天我们发现，物联网技术已经积累到了一定程度，比如连接越来越便利、传感器的小型化、各种元器件低能耗等，这时候已经让物联网技术可实现性变得更强。

我们都看得到，移动互联是 10 亿级的规模，在中国这样的市场，可能有 10 亿部手机连接在移动互联网上，但是放在物联网上将会是一百倍、甚至上千倍的概念，因为物联网强调的是万物互联，我们会建立一个比移动互联更大规模的智能网络，这时候产生的主要是数据，对于人生活的影响，产生的智能商业的迭代效应，最终形成比移动互联更强的网络协同效应，我觉得对人的改变是更深层次、更根本性的。只是说，现在还处在非常早的阶段，因为我们现在看到的，从数量上远远没有达到物联网协同效应真正能达到的地步，还要有一个比较长的过程，但是趋势大家已经看到了。

《设计》：用户在面对大量科技产品的时候，他们的态度是怎样的？

苏峻：我觉得要分阶段来谈。在改革开放刚刚开始的时候，我们看到技术产品的感觉是兴奋。从家电到音响，那么多好东西都冲进来之后，我们会觉得生活更便利了，对技术产品是拥抱的、特别兴奋的。

但是走着走着，大家开始觉得技术让生活变得特别复杂。我们在使用计算机的时候遇到各种各样的问题，操作复杂产品的时候遇到各种各样的挫折，特别是年纪大的人，对于科技产品的学习成本非常高，产品做得复杂，对他来说就是噩梦，大家开始对技术产生某种负面心理。但是我觉得这个核心不是技术问题，是技术如何服务于人的问题。

按道理来讲，我们已经看到一个趋势，技术越复杂，人的生活应该越简单，这个原则应该要建构起来。因为技术越复杂、越先进，你就越能把人的生活营造得更简单、更舒适，而不是像过去一样，故意炫耀科技的复杂性和先进性，那个时代已经过去了。

所以人对于技术的认知，就是面对技术产品的时候，可能一开始是兴奋，进而产生厌烦甚至恐惧，但是我觉得通过技术和设计的结合，可以有效地解决这个问题，让人的生活更愉悦、更快乐、更简单。

《设计》：我们如何迎接科技发展给生活带来的变化？

苏峻：从人类发展角度来说肯定是拥抱。你想，科技是在做一件什么事？科技是在加速人的进化。道理很简单，当你有一部智能手机的时候，或者我们把智能手机从你身边拿走的时候，你的能力会衰减 70% 甚至更多，这时候你发现技术让你变得更强大了。过去我们讲什么千里眼、顺风耳，坐在家中知天下，这些东西技术都帮你实现了。但是你的生理结构并没有改变，耳朵没有变长，眼睛也没有变得更明亮，这些都是技术赋能给你的。所以，面对技术发展，从人本身的角度，从根源角度，或者从进化论角度来说，人应该拥抱技术，因为技术让人进化得更快，这肯定是积极的。

《设计》：您如何看待设计师创业的优势和劣势，进入 2020 年，设计师创业的好时机是否已经过去了？

苏峻：设计师创业肯定是有优势的，因为这个时代，中国发展已经过了靠资源、靠政策创富的阶段，都是靠产品在创富。设计师就是以产品为专业的，所以在对产品的理解上应该是超过寻常人的，这就是特别好的起点。产品本身又是综合性的东西，其中有科学、技术，要定义产品，构思产品，创新产品，协调资源规划产品并做出产品。你会发现，设计师天然是一个多元思维和综合思维相对比较强的群体，这两个起点就非常好。另外，设计师会很自然地接触到与艺术、人文相关的东西，而人文和艺术就是未来年轻人新的核心竞争力，因为技术普及之后，艺术性对生活的感知力就变成了你的核心竞争。

劣势也有。我认为很多设计师在成长过程中受到专业的局限，会过多地关注细节，或者过多关注自己专业本身的事情，而忽视了其他。企业和产品成功是系统性的成功，是这个产品在社会系统、经济系统的成功，或者企业系统的成功，而非单独一些细节和一个产品的成功，这就是全局思维。我发现很多设计师在创业的时候本能地落入细节里，忘记了很多要素，比如社会环境要素、时间要素、资源整合要素等，所以就会面临巨大的风险。

我觉得创业的机会不存在过去没过去的问题，任何时候都有创业机会，因为人的需求一直在，社会发展的空间一直在。创业是个永恒的话题，不存在"这波人创业了，下波人还有没有机会"这个问题，创业者已经对此印证过了。

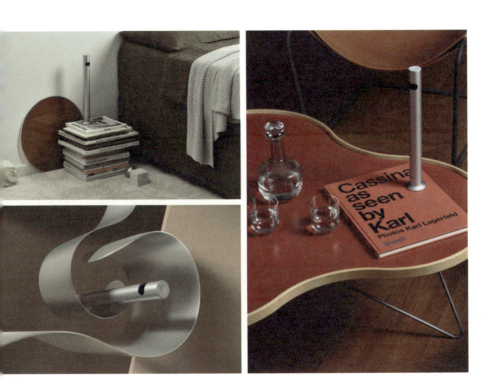

美学家电部分产品（一）

美学家电部分产品（二）

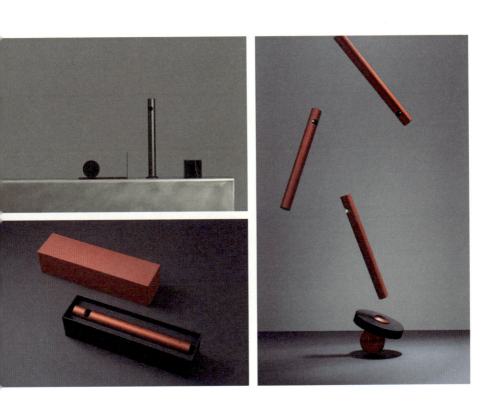

美学家电部分产品（三）

引领性的因素是"造物者"对科技应用的想象力
——王昱东谈设计与科技

THE LEADING FACTOR IS "THE CREATOR'S "IMAGINATION OF TECHNOLOGY APPLICATIONS
——WANG YUDONG ON DESIGN AND TECHNOLOGY

王昱东

北京国际设计周组委会办公室副主任、北京歌华文化发展集团有限公司副总经理

王昱东，北京国际设计周有限公司总经理、北京国际设计周组委会办公室副主任、北京歌华文化发展集团有限公司副总经理，曾任中华世纪坛艺术馆执行馆长，领导该馆成为国内最早关注世界艺术、当代艺术和新媒体艺术的大型艺术馆。王昱东多年从事艺术史、艺术管理及文化创意产业管理研究，负责和参与多项重大文化活动的策划、操作，是"北京国际文化创意产业联盟""北京国际电影节""北京国际设计周""中美青年创客大赛"的发起人，曾主持北京首个文化创意产业园区"中关村科技园雍和园"，最早提出文化自贸的"国家对外文化贸易基地（北京）"的规划建设和运营。

北京国际设计周自 2009 年举办首届起，在每年的活动主题与板块设置方面，都有设计与科技、文化融合的体现，将设计与科技、文化融入主题展览、主宾城市、设计论坛、北京设计奖、设计之旅等主体板块内容，融入每年的上千项活动中，推动科技成果与设计深入融合，也搭建起设计与其他产业融合发展的综合性国际平台。可以说，"北京国际设计周的十年是中国设计专业与科技产业化价值导向形成的十年"。未来十年，北京国际设计周的发展愿景是"思考"，与大家一起思考，在文化设计、科技设计、城市设计、生活设计四个方面发现和引导最有启发性的案例和经验，并促进其落地转化。

《设计》：请您介绍下北京国际设计周中设置的与科技相关的板块。

王昱东：作为全国文化中心、科技创新中心，也是联合国教科文组织授予的"设计之都"，北京一直以来设计与科技和文化的结合都是最为密切的。设计产业与科技、文化产业不断深入融合，北京也逐渐形成了"设计＋科技＋文化"的发展格局。

北京国际设计周自 2009 年举办首届起，在每年的活动主题与板块设置方面，都有设计与科技、文化融合的体现，将设计与科技、文化融入主题展览、主宾城市、设计论坛、北京设计奖、设计之旅等主体板块内容，融入每年的上千项活动中，推动科技成果与设计深入融合，也搭建起设计与其他产业融合发展的综合性国际平台。

设计周主题展览，2009 年首届设计周，就以"人文、科技、绿色"为主线，策划了"设计·创造·力——国际工业设计精品展""'绿色行'新能源汽车设计展""十二间·中国生活设计概念展"，反映设计在创新和科技的应用、绿色能源的开发、改善精神与物质生活条件等，对日后的民生、经济、社会、城市发展所起的积极、正面的作用和影响。

设计论坛板块，作为设计周的学术专业论坛，围绕设计周的理念和主题，通过邀请国内外设计创意、科技创新、产业创造、人工智能领域的专家、学者、企业界精英等，聚焦全球普遍关注的设计创新与城市活力再造，文化创意与科技创新相结合等话题，共同探讨国际设计发展趋势，阐释设计与相关产业融合发展的理论和实践，旨在打造全球视野与本土实践对话交流的平台。

例如，2016 年的"北京 2022 设计论坛"，由冬奥设计高峰论坛、冬奥设计专业论坛和冬奥设计产业论坛组成。结合 2022 年北京冬奥会契机，冬奥设计高峰论坛将紧紧围绕冬奥会形象景观设计、中国美学精神的视觉表达、冬奥场馆的可持续设计等议题，为冬奥会的筹备建言献策；

冬奥设计专业论坛将总结历届冬奥会的设计成果和经验，探讨 2022 冬奥会的视觉设计理念与方向以及技术与艺术在冬奥会视觉设计中的碰撞与融合；冬奥设计产业论坛将探讨新媒体技术在冰雪运动中的应用前景、冰雪运动装备的设计研发、冰雪旅游产业的开发等议题，为投资机构展示冰雪运动产业的商业契机。

2019 年的主题为"设计引领产业转型升级"，重点关注"城市创新－老城保护、街区更新、工业遗址再造；产业创新－设计赋能数字经济与实体经济融合发展；智慧设计，AI 赋能；设计促生创新活力"等相关问题。都是与科技相关、与其他产业融合的话题内容。

设计周 2012 年开始做的智慧城市的部分内容，也是通过展览、论坛等主题活动，首次提出了"大设计带动大数据服务大城市"的"智慧城市"新理念，通过大数据驱动信息设计，为现代化大城市建设带来"大智慧"。2014 北京国际设计周将连续两届的智慧城市主题展全面升级，智慧城市板块首次作为设计周主体活动板块之一亮相。这是设计融合了大数据、信息安全、智慧城市产业技术的体现。希望以城市规划设计的视角作为切入点，有效串联政府、企业、研究机构及公众，邀请大家一起回望历史，感知现在，畅想未来发展，为北京未来智慧城市建设提供发展建议，助力北京打造"宜居与创新之都"。

近几年，秉持"设计之都 · 智慧城市"，北京设计周，包括设计之旅板块的大栅栏、751、白塔寺、法源寺等多个分会场在内，开始关注城市更新领域，通过设计与新材料、新技术、新工艺等科技方面的结合，在用设计参与城市建设发展中做了很多的尝试。从城市肌理复原、建筑修补、水电气体系重建到公共空间打造、交通系统梳理、服务系统和产业植入，垃圾回收、厕所革命，乃至邻里关系重建、历史文化信息重新发现，都在其中。而这种复杂问题的处理恰恰显示出设计的重要性，因为设计就是提供解决问题方法的一种实用技术，从建筑系统到智慧城市的信息系统，乃至社会服务系统，都可以用设计的方法来使其条理化并可执行。

北京国际设计周"走出去"。为了更好地发挥北京作为文化中心、科技创新中心对全国的辐射带动作用，北京国际设计周"走出去"，将设计周的优质资源和成果与其他地方产业发展特色相结合，推进创意设计与其他地方相关产业的融合发展。作为"走出去"的重要合作项目，2018 年，结合珠海及大湾区当地产业特色，以"设计 + 科技"的主题，举办了首届珠海国际设计周暨北京国际设计周珠海站活动。促进实体产业发展是珠海国际设计周诞生最初的愿景，以"设计创新驱动产业升级"为重要使命，以推介和扶植原创设计为己任，吸引高端制造设计要素和创新资源在珠海集聚。发挥北京国际设计周的资源优势，联手香港、澳门等地，吸引全球优质创新设计资源到珠海，满足粤港澳传统制造业在向高端制造升级转型过程中对设计的巨大需求，实现"珠海制造"向"珠海创造"的跨越，促进珠海区域实体经济能级提升。

《设计》：请谈谈在北京国际设计周发展的十年历程中，您所感受到的科技带给设计的变化

王昱东：这一点，从北京国际设计周经典设计奖的评选来看：2011 年的获奖作品——天安门观礼台，通过极简主义的设计方式解决了观礼台功能与天安门城楼的和谐关系。2012 年的青藏铁路充分体现了工程建设要符合生态系统的大设计观。2013 年的红旗渠展现了传统水利营造智慧的现代创造与应用实践。2014 年的中国大运河保护性修复项目诠释了文化遗产保护与再设计利用的思考。这些彪炳史册的设计，提升了中国设计的国际话语权，同时也树立了中国设计的风向标。2015 年的经典设计奖授予了中国高铁，2016 年授予了蛟龙号，2017 年授予了华为手机，

上左 / 2011 北京国际设计周"设计北京"大奖经典设计奖颁给天安门观礼台
上右 / 2012 北京国际设计周"智慧城市"主题活动
下左 / 2015 北京国际设计周白塔寺再生计划
下右 / 2015 北京国际设计周大栅栏更新计划回顾展

2018 年授予了方正激光照排系统，2019 年授予了"神舟五号"飞船。

随着科技的发展，近几年来，代表科技与设计系统集成的中国高铁、代表中国制造与智造的华为手机、代表中国自主集成创新的"蛟龙号"载人潜水器，代表科技引发传统行业技术革命的"汉字信息处理与激光照排系统"接连获奖，在一定程度上也体现出一种变化的趋势，树立起"科技与文化融合得好"设计标杆，也改变着公众对设计的认知。

可以说，"北京国际设计周的十年是中国设计专业与科技产业化价值导向形成的十年"。

《设计》：北京国际设计周举办以来，国外设计师带来过怎样的设计与科技完美结合的案例？

王昱东：主宾城市作为设计周的另一个重要板块，每年都会邀请世界设计产业发达的城市来京交流，开展务实合作，并有众多的国际设计机构与设计师，将先进的设计理念和成果带到北京来。

例如，2016 年主宾城市首尔举办了以"首尔·智慧城市、智慧设计、智慧生活"为主题的设计专题展及相关活动，展现了韩国首尔在智慧城市建设方面的特色风貌与先进的设计理念。

2018 年主宾城市丹麦哥本哈根，与设计周深度合作青龙胡同改造的项目。以丹麦宜居城市理念和绿色环保技术为核心，在保持独具一格的胡同肌理和原有居住功能属性不变的情况下，植入艺术、设计、文创和展览展示等新的元素，全面营造传统、创意、时尚相融合的创新文化街区，展示了其在可持续发展和提升宜居生活方面的特色产品与解决方案，为北京街区再造新型文化空间提供设计助力。我们通过设计服务实现了城市街区的有机更新。项目也成为北京与哥本哈根在可持续性城市规划和建设工作推进的合作成果，并以此为契机，合作共建"中丹设计中心"。

《设计》：在下一个十年，北京国际设计周将如何推动设计与科技的融合？

王昱东：前面十年，北京国际设计周做的工作是"扩容"。未来十年，北京国际设计周的发展愿景是"思考"。在新的时代，设计的作用和设计师的使命会发生巨大的变化，设计会从服务属性转化为生产属性，我们的设计师需要与科学家、工程师和所有潜在用户一起去创造，北京国际设计周会与大家一起思考，在文化设计、科技设计、城市设计、生活设计四个方面发现和引导最有启发性的案例和经验，并促进其落地转化。

下一个十年，也包括在设计与其他产业深度融合方面的"思考"和探索。例如，在城市建设方面，北京国际设计周一方面将大面积推广十年城市更新经验；另一方面，将更加关注宜居环保科技在城市更新中的应用，从看得见的设计转向看不见的设计；同时，将发展重点放在小规模文化产业和文化科技融合类产业在城市更新过程中的有序植入，使我们城市的生活功能和生产功能相协调，再造老城活力。

再如，2020年冬奥会年临近，以冬奥的科技服务为契机，将设计与5G、智慧城市、AI、大数据与云计算、智能显示、机器翻译等前沿科技应用相结合，围绕冬奥的一些科技应用场景开展设计周的相关工作。

此外，关注北京设计资源与其他城市的特色产业深度融合，例如"走出去"的项目与珠海的合作，也将会更多地关注科技话题，与先进制造业、大健康、智慧城市等领域紧密结合，并尝试探索未来人居环境领域的课题，联合粤、港、澳等地核心设计力量，共同建设珠海设计中心，将优秀成果在珠海落地，打造全域中小企业设计赋能公共服务平台，从而提升先进制造业的产业能级。

当然，设计与科技的融合更多取决于核心科技的应用场景多元化开发，在设计主动拥抱科技的过程中，我们也特别呼吁高科技可以主动走出实验室，走出惯常的语境，通过与设计的结合走进公众的日常生活。

我们所追求的美好生活，不仅仅是好看，更要健康和可持续，这都需要科技的加持。

《设计》：人工智能在诸多方面能够取代人力，这在带来便利的同时也给一些行业带来了危机，这其中甚至包括艺术和设计，您如何看待这个趋势？设计师应当掌握什么样的知识和能力来应对时代的变迁？

王昱东：早在 2016 年北京国际设计周，我们就对未来先进技术的发展以及人与社会的关系和影响做过一定的探讨。当时举办了以"技术伦理"为主题内容的展览活动，集中展现艺术家、设计师、科学家、工程师以及产业实践者对这个话题的回应，从伦理的角度来审视和思考技术，尤其是媒体技术对人类和环境的影响。

那么未来，随着人工智能等技术手段在很多方面的应用，生产效率大幅提高，在某些方面确实能够代替人力，而人工智能技术在设计领域的介入也使设计的成果看起来出色、高效。

但是像艺术和设计这些领域，都是充满创造力的领域，而创造力的源头、设计的决策、最终的用户体验，都在于人，并且人更富有责任感，这可能是人工智能所不能取代的最有价值的地方。

因此，未来一定是那些极具创造力、有责任感，并会被 AI 赋能的设计师的。

《设计》：中国智造在 5G 时代要实现对国外的赶超，科技的发展占据了核心位置，那么设计的价值如何体现？

王昱东：设计与科技是相互依存、相辅相成的。从某种意义上讲，无论人工智能还是 5G，都是一些技术手段，如何实现这些高新技术成果在各产业领域的转化应用，其实也是设计的任务和思考。

设计产业与科技、文化产业不断深入融合，特别是对工业尖端环节的渗透，已经逐渐成为设计创新经济发展方式、促进区域经济发展的重要推动力，也是推动"中国制造"转型为"中国创造""中国智造"的重要引擎。这也正是设计的意义和价值。

作为一种新的通信手段，5G的主要能力是即时无延迟的影像通信，通过高清晰的终端设备（如8K），加上VR技术，真实世界和虚拟世界的界限将会打破。如果机器人技术和增材制造技术跟得上《阿凡达》里的场景将可以实现：我坐在北京东城区的办公室里，另一个力大无穷、不需要氧气、不怕宇宙射线、只需要太阳能的我，在火星上为人类建设灾备中心。运筹帷幄之中，决胜千里之外，将是真实的人类活动。在这个过程中，支撑性的因素是硬科技，但硬科技的发展速度不会太快，而且一旦到了瓶颈期，突破极为艰难。引领性的因素是对科技应用的想象力，想象力来自艺术家、设计师、工程师的合体，我更愿意称他们为"造物者"。很快我们就会意识到"好莱坞"（不专指加利福尼亚州那个）是最重要的生产力，这也是近几年北京国际设计周快速加强与影视设计尤其是CG动画设计领域合作的原因。

时代的发展，会比6G替代5G还要快，最不应该缺位的是设计师。

人机融合、智能人机交互、自然人机交互 未来人机交互技术的三大发展方向
——薛澄岐谈设计与科技

HUMAN-MACHINE INTEGRATION， INTELLIGENT HUMAN-COMPUTER INTERACTION，
NATURAL HUMAN-COMPUTER INTERACTION THREE DEVELOPMENT DIRECTIONS
OF HUMAN-COMPUTER INTERACTION TECHNOLOGY IN THE FUTURE
——XUE CHENGQI ON DESIGN AND TECHNOLOGY

薛澄岐
东南大学产品设计与可靠性工程研究所所长、教授、博士生导师

薛澄岐，东南大学教授、博士生导师，东南大学产品设计与可靠性工程研究所所长，工业设计博士点、设计学硕士点负责人。研究方向包括神经设计学、复杂信息系统人机界面设计、大数据可视化设计、先进交互设计与技术、产品设计及可用性工程。

科技更加倾向于解决技术问题，是人类社会发展中物的要素，设计则更多关注人的问题，是人类社会发展中人的要素。薛澄岐认为，设计实际上是研究人的学科，研究人的生理、心理、审美、社会性、环境适应性、生活方式的学科。所以，从一定程度上看，科技和设计的关系在于：科技为设计研究的展开提供了手段、思路和实现的途径，设计则是将科技进步和成果转变为改变人类生活方式的创新性活动，科技和设计相结合，共同成为推动人类社会进步的重要力量。

薛澄岐：在设计学科蓬勃发展的大背景下，迫切需要思考如何打造具有自身特色的学科发展道路。东南大学工业设计专业的办学特色把人才培养和设计实践结合起来，和国家高科技、重大工程相结合，坚持工程、技术与艺术相结合的特点，围绕为国家尖端战略服务、拓展国际化视野、加强和国外一流大学交流和互动的思想，培养和国际接轨的具有科学思维和素养的设计研究型人才。具体的举措以创新人才培养和创新设计研究为目标，坚持"一流科学研究＋一流培养体系＝一流人才培养"的理念，践行"与世界一流大学为伍，培育国际化高端设计人才"，在国际化办学的平台上、在科学研究的氛围中培养具有科学素养的高层次国际化工业设计人才。这具体体现在三个方面：高起点的科研型学科定位、高水平的实践成果转化、高标准的国际合作交流。

1）高起点的科研型学科定位。百年前包豪斯提出了技术与艺术相结合的理念，较之国内繁多的设计教育分支，东南大学工业设计学科立足于超强的工科背景，再结合一流的艺术学积淀，立足工业设计二级学科博士点和艺术学理论一级学科博士点，以高标准的研究型教育为引领，将高端设计人才培养和科学研究交叉渗透。把设计建立在科学研究的基础上，使设计学科上升到科学的层面，促进设计学科往高端综合发展。通过承担国家级的基础研究、工程及产品设计项目，培养学生建立理性科学设计的研究能力。东南大学努力探索工业设计的科学研究方法，并使研究成果形成市场化的生产能力，进而提升工业设计的专业价值和经济价值。近年来，工业设计学科主持承担国家自然科学基金项目 7 项，航空科学基金项目 5 项。

2）高水平的实践成果转化。把设计实践与科学研究紧密结合，使东南大学工业设计围绕国家高科技和国家重大工程加强学科建设和人才培养。深度参与国家海、陆、空、天多项重大工程及企业合作项目，取得了巨大的经济效益。2016年10月，神舟十一号载人航天飞船成功在轨飞行30天，东南大学的设计获两位航天员好评。学生通过参与国家重点工程和国家各类基础研究项目，培养和强化了科学设计能力，毕业生受到高层次用人单位的欢迎。

3）高标准的国际合作交流。东南大学一直坚持培养与国际接轨的具有科学思维和素养的设计研究型人才。2012年，东南大学和澳大利亚蒙纳士大学联合培养双学位博士、硕士研究生。东南大学工业设计跨学科的设计研究成果，也引起世界一流大学的关注和兴趣。2013年-2019年，东南大学已和麻省理工学院、卡内基梅隆大学、普渡大学、多伦多大学、英属哥伦比亚大学等一批世界著名一流大学建立了联合培养博士研究生机制，开展大数据可视化设计、神经设计学、设计与认识决策等一系列前沿合作研究。

《设计》：您如何看待科技与设计之间的关系？如何才算完美结合？

薛澄岐：科学技术的不断发展，为人类社会的发展和生活改善提供了无限可能，科技进步的根本目的是探索未知，为人类寻求更好的生活质量、生存环境和空间、可持续发展的未来。按照2015年世界设计组织对设计的定义，"设计是通过其输出物对社会、经济、环境及伦理方面问题的回应，旨在创造一个更好的世界"。可见，科技和设计的目的是殊途同归的，都是为创造人类美好生活服务的。

科技更加倾向于解决技术问题，是人类社会发展中物的要素，设计则更多关注人的问题，是人类社会发展中人的要素。关于研究生论文选题，我经常说一句话："判断该选题是否符合工业设计学科，就看其研究是否和人有关。"设计实际上是研究人的学科，研究人的生理、心理、审美、社会性、环境适应性、生活方式的学科。所以，从一定程度上看，科技和设计的关系在于：科技为设计研究的展开提供了手段、思路和实现的途径，设计则是将科技进步和成果转变为改变人类生活方式的创新性活动，科技和设计相结合，共同成为推动人类社会进步的重要力量。所以，科技和设计的关系正如两者研究对象一样，人-机(物)-环境是相互依存、缺一不可的。

科技与设计的关系是如此紧密，要做到两者的完美结合，那就是你中有我、我中有你。科技不再是冷冰冰的技术，应该表现出对人的关怀；设计则应该融入科技思想，提倡设计的科学指导和科学方法。

《设计》：请介绍一下国际上人机交互设计的主流发展趋势。

薛澄岐：近年来，人机交互体系和用户界面范式一直在经历着快速的演变和创新，当今我们置身于数字化、智能化的信息时代，人机界面系统设计与其他学科的交叉融合变得越来越紧密。人机界面从传统的按键、控制开关等部件显示的人-机交互单一模式，逐渐融合媒体交互技术、动画、虚拟仿真等新兴学科知识，发展成为人与大数据系统相互交流和沟通、决策与执行的交互媒介。

Web易用性大师Jakob Nielsen曾对下一代人机交互发展做出预言，一方面，未来人机交互将有更多的媒体类型构成更高的信息维度；另一方面，交互也将高度便携和个性化。期望构建更加自然、高效并且支持协作的人机交互体系，对人机界面提出了更高层次的要求，是目前国际上人机交互设计的普遍共识。

人机交互设计需要融合的旁系学科知识很多，这是一个不断摒弃传统方式、不断更新科学技术、不断探索人类大脑认知的与时俱进的研究方向。从事人机界面系统设计，需要考虑认知科学、计算机科学、人因工程、生物医学、神经科学、信息工程、人工智能等多学科技术和知识的交叉融合，这是极具挑战性的知识嫁接，其发展不仅要从生理学、心理学、解剖学、管理学、系统学等多学科的交叉研究人与机的关系，更要从人的认知脑科学、大型动态画面、多重控制终端、数字化的仪表信息等多方面研究人机界面信息呈现形式、控件图标的布局原则以及告警信息的表现方式。新的挑战下，融合信息科学、设计科学、控制科学、神经设计等相关领域，多通道人机共融下的自然人机交互将成为国际上人机交互设计的主流发展趋势。迎接人机智能共融交互时代的到来，是一项极具诱惑、挑战和艰巨的任务。

《设计》：作为国内复杂信息系统数字界面人机交互设计领域的先行者，您如何评价目前国内人机交互设计的发展现状及水平？

薛澄岐：目前国内正处于人机交互体系由数字化控制向智能控制自然交互发展过渡的一个关键阶段。先进人机交互设计技术已经成为国家层面的重要技术攻关方向以及面向未来高端竞争的手段和措施，在智能制造、载人航天、载人登月、教育等领域发挥越来越重要的作用，并随着信息技术、新能源、新材料等重要领域和前沿方向的革命性突破和交叉融合，正在引发新一轮产业变革，人机界面已经成为智能工业不可缺少的部分。

正如美军宙斯盾系统，通过改进软件人机交互界面的设计，可以提升 10%~15% 的战斗力，可见人机界面交互设计对提升装备整体性能的重要性和突出贡献。中国是全球人机界面需求量最大的市场，但不是全球人机界面产品销售额最高的市场，低端人机界面用户在国内占有较大的份额。国内近年来也认识到人机交互设计是高科技系统的软实力，和硬件系统有着同等的重要性。国家在国防和关系国计民生的重大领域，非常重视人机交互技术和设计工作，人机界面交互设计的整体水平有很大提升，国家和企业也不断加大投入，但和世界先进水平相比，还是有一定差距。因此，国家也充分认识到这些差距，在各类科技项目中均设有围绕人机交互技术的研究专项，以加强该领域的研究设计水平和提升技术实力。

从人机界面系统设计的角度来看，信息显示、信息呈现方式、数据可视化正是人机交互设计的主要研究内容。语音、手势等交互技术已经逐步应用在实际产品中，人机交互设计将在形式、观念、应用场合等方面都有所变化，多通道融合交互即将成为主流的交互形式。同时，全球正处在人工智能时代，人工智能时代的人机协作是一个系统工程，人机界面交互设计成为该系统工程的凸显要素。

《设计》：面对科学技术的迅速发展，高校教师如何保持领先的状态？

薛澄岐：首先必须明确的是，高校教师要能够帮助学生树立正确的世界观、价值观、人生观，同时也要传授学生未来职场需具备的职业技能、职业素养和继续学习的能力，培养未来社会的栋梁之材。在科学技术飞速发展的今天，高校教师要保持领先状态并成为优秀教师，需要具备以下4项能力：一是具有深厚的专业基本理论、基本方法和基本技能的能力。二是具有不断学习、吸收和消化新技术、新知识的能力。三是不断提高学术水平、加强设计研究、走纵向研究和横向设计相结合的研究设计之路的能力。对于培养硕博研究生高层次人才的高校教师，还应该具有紧跟学术前沿，加强学科交叉，敏锐把握学科研究方向，提高自身设计研究的高度、广度、深度的能力。四是具有国际化的视野，加强和国际同行、组织之间的交流与互动，洞悉专业国际发展和学术走向的能力。

简而言之，高校教师应具有开阔的眼界和扎实的专业理论知识，对于知识，要同时兼具广度和深度，知识的广度能够帮助教师判断学科发展及研究的走向，而深度则是教师能够在学术之路走多远的保障。当然，这些都是建立在终身学习的基础之上的，持续的学习、思考和实践是高校教师的必备素质。对新的技术保持开放的态度，将可用的新技术及时纳入自身的教学和研究中来。

《设计》：**您认为未来工业设计的发展趋势是怎样的?**

薛澄岐：2007 年，时任总理温家宝在中国工业设计协会呈送的报告上批示"要高度重视工业设计"，到 2020 年已经过去了 13 年，在这十几年时间里，国家出台了很多支持工业设计发展的方针和政策，同时也成立了一大批国家级的工业设计中心，近期还在筹划成立国家工业设计研究院，工业设计在中国制造的转型过程中，已经上升到国家战略层面，其作用和影响力越来越大。

未来工业设计的发展趋势将体现在以下几个方面：

1）工业设计将会从传统轻工行业，进入到国家高科技和重点工程领域，服务国家战略，并扮演越来越重要的角色。

2）工业设计将成为很多新创企业和高技术企业市场竞争和价值体现的重要组成部分。

3）工业设计的科学设计体系和评价方法将得以逐步建立，对工程设计产生影响，学科地位得到提升。

4）工业设计的系统观将被普遍接受，并在设计过程中得以体现。

5）工业设计改变社会、改变人们的生活方式、改变人们的观念，将成为常态。

6）各类国家级科技成果大奖的舞台上，工业设计的身影将会出现。

7）技术突飞猛进的时代，工业设计对技术的推动作用和集成创新表现将超出想象。

8）与工科相结合的工业设计人才将受到社会的欢迎，就业前景看好。

《设计》：**您如何看待现在人工智能的飞速发展给设计带来的影响?**

薛澄岐：人工智能为设计提供了新的手段和机遇，可以进一步提高设计质量，为设计提供更多的可能性，让设计插上技术的"翅膀"。

首先，人工智能技术将带来创新思维的颠覆。一方面，以生成对抗网络为代表的生成模型，使设计人员能够通过调整输入和相关参数，从而生成各种类型、风格的设计结果。在这种数据驱动的设计探索中，其创意空间远远大于人脑创意的范畴。另一方面，数据挖掘相关技术可以帮助设计师探索数据的潜在价值，发现新的可行设计，从而激发设计人员的创意和想象力。

其次，人工智能技术还将带来用户体验的革新。智能时代，各类智能识别技术为交互设计提供了更多的可能。通过多通道信息的智能融合，不仅有利于组合多种交互方式，拓展交互操作的丰富性，还能有效提升单一通道的识别精度，从而降低交互的复杂度，提高交互的沉浸感、自然性、准确性。

最后，人工智能技术将对评价方法进行重塑。传统的设计评价方法往往存在时间人力成本较高、科学性不足等特点。通过以计算机视觉为代表识别技术，结合对现有调研数据、实验数据的训练学习，可以实现基于设计特征的评价预测，将会大大减少了设计评价的成本。让设计评价变得科学、可信和高效。

《设计》：您认为设计师应当掌握什么样的知识和能力来应对时代的发展？与此同时，我们的设计教育应当如何适应时代？

薛澄岐：我觉得首先还是需要对时代发展的深入思考与理解。比如，20世纪70年代，人们因为对机器高效能的崇拜而产生了机器美学，在设计时将产品内部零件和机构暴露出来，并用一些金属材料来凸显这种高科技风格。而到了21世纪初，面对信息激增和触屏等新的交互方式，去除多余装饰、简化图标的扁平化设计就应运而生了。随着数据时代下计算机可视化技术的发展，近年来无论产品还是平面作品中都开始流行参数化设计风格。如果设计师对于时代发展有着自身思考与理解，就能够坦

AI 与大数据信息可视化设计研究

然面对这些外显的变化。

　　作为优秀的设计师,应该具有设计学科的基础理论和专业知识,同时,设计师还应该具备丰富的其他多学科知识。优秀设计师的素养在于其设计产品需综合考虑人、社会、环境三者的关系,设计是一个容纳多学科知识的工作,要深入理解人、机、环系统,理解设计中艺术和技术的结合。设计师要去了解人的生理、心理特征,社会与文化属性,了解市场、技术与工艺、产品结构等方面的知识。此外,设计师还需具备创新设计能力、设计表达与沟通能力、团队合作能力、基于新技术的集成创新能力。既要有务实的设计思想,也要有超前的设计思维,还需要有对新技术和新知识敏锐的嗅觉。

　　设计教育要适应时代发展,就应该协调好教育中变与不变的关系。首先应该是以不变应万变,就是培养学生掌握设计的理论知识和专业知识、基本的设计技能、创新的设计思维,这是不以时代而改变的;然后是与时俱进,在新技术层出不穷的时代,培养学生吸收新技术的能力、运用新技术的能力、学科交叉的能力,以及探求科学设计的精神。设计教育应当在培养学生设计思维的同时,培养学生集成创新的想象力以及利用先进技术解决问题的务实精神,使之成为既能"顶天"也要"立地"的设计人才。

《设计》：计算机从最初的辅助设计发展到现在成为一种设计的范式,您如何看待未来人机交互设计的发展趋势?

薛澄岐：《中国制造 2025》《国家信息化发展战略纲要》《新一代人工智能发展规划》等战略规划中,人工智能、智能机器人、5G 通信、航空航天装备、先进轨道交通装备、节能与新能源汽车、电力装备等重点攻关领域的关键技术创新和落地应用,均需要用到高效、自然、智能、新型的人机交互技术,融入了脑控、眼控、手势、体感、语音、遥操作等新型交互方式，已成为智能制造、载人航天、载人登月工程、武器装备、单兵作战系统、现代教育、社会服务等领域的关注焦点。先进人机交互已经上升为国家战略需求的关键技术。

未来的人机交互体系有望构建完备的智能控制自然交互体系，构建沉浸的 3D 交互显示系统与多通道的人机交互方式，为用户提供身临其境般的沉浸式交互体验。未来的人机交互将更重视用户的直觉与感官，产品将允许用户利用自身固有的认知习惯及其所熟知的生活化行为方式进行交互动作，旨在提高交互的自然性和高效性。目前，东南大学工业设计专业承担了多项先进交互技术应用的项目，已在国防等相关领域展现其应用价值和重要作用。

运用多感官、多模态的界面方案来理解周围环境和相互交流，让用户获得自然、本真和沉浸式的互动体验是人机交互发展的最终目标。所以，未来的人机交互技术是向人机融合、智能人机交互、自然人机交互的方向发展。需要研究和解决的关键问题有人机交互机制与基础研究、先进人机交互技术研究、特因环境下人机交互技术与可用性研究、面向工程的人机交互应用研究等。聚焦点在于人机交互的神经－认知机制研究、人机交互工效学评价机制、人机交互群体智能研究、人机交互多通道信息融合、人与智能系统交互和融合等领域。

设计师应以生活方式引导想象力
——严扬谈设计与科技

DESIGNERS SHOULD INSPIRE IMAGINATION BASED ON LIFESYLE
—— YAN YANG ON DESIGN AND TECHNOLOGY

严扬

清华大学美术学院工业设计系原主任、教授、博士生导师

严扬，清华大学美术学院教授、博士生导师，2002 年—2006 年任清华大学美术学院工业设计系主任、设计学部副主任；2002 年以来，负责清华大学美术学院工业设计系交通工具造型设计专业的建设与教学工作；2006 年 8 月，"交通工具造型设计专业教学模式与课程体系"荣获清华大学教学成果奖一等奖；2011 年 9 月，被中国汽车工程学会授予"具有突出贡献的教育工作者"荣誉称号；2013 年，被中国汽车工程学会评为"中国汽车造型设计 60 周年 60 名创新人物"；目前担任中国美术家协会工业设计艺术委员会委员、中国工业设计协会常务理事、北京市政府专家库成员、红星奖评委会委员等。

"如果未来出行服务产业给人们提供的服务足够方便和可靠，一般的出行者没有理由再坚持买一辆自己的车。"严扬认为，未来交通工具的发展有两大趋势，一个是专注于通勤的交通工具，主要是小型的、个人的交通工具与交通法规、交通环境的协同发展的趋势；另一个是传统的汽车会根据汽车文化发展出各种注重体验的交通工具，变成移动的第三空间。

《设计》：您从 2002 年开始负责清华美院交通工具造型设计专业的建设与教学，谈一下这些年的发展情况？

严扬：2002 年我们开始有第一个交通工具专业本科班，实际上最早从 1999 年清华美院工业设计系就已经开始招收有关交通工具造型设计方面的研究生，张帆、李建叶、周立辉、陈雷等几位研究生都是在 2002 年以前招收的，其中有些毕业生已经在中国汽车界崭露头角了。这主要得益于我们赶上了一个好时机，那个时候正好是中国汽车行业得到飞速发展的十几年，中国汽车开始进入家庭，2003 年北京家用汽车销量超出预期 30 万辆，提前达到了 2010 年的计划指标。从那以后持续了十几年的高速增长时期。我们这个专业的开设满足了国内汽车行业开发的需要，所以可以说，我们的汽车造型设计专业是与中国的汽车工业一同成长起来的。在这个过程当中，我们基本上借鉴和延续了国外一些成功的教学经验和方法，因为交通工具造型设计专业非常具有实践性，需要很长时间的技能训练，尤其是在造型能力、设计技能、造型感觉方面的训练，同时，它又是资金和技术密集型的行业和专业，设计师在训练过程中所用的工具、材料、方法、软件都需要很多资金、技术来支持，所以国外凡是办得成功的此类专业基本上都要和业界密切合作。我们也是延续了这样的做法，最初我们花了大量的精力去走访企业，教师团队每隔一段时间带一个班的学生到上海、北京及其他城市到企业登门拜访，和企业负责开发、负责设计的领导进行交流，听取他们对于毕业生的意见。这样的方式使教学和企业的需求能够密切地结合在一起，也通过各种赞助课程的方式，积极地把企业资源引入课堂。我们最早从 2007 年就开始和国际企业合作，和我们合作的企业都很负责任，通常是设计总监或设计主管亲自带队，有的企业还是多次赞助。从 2007 年到 2019 年，每届毕业生至少有一次来自企业的赞助课程，这对学生的训练是很有好处的，能够提前了解未

上 /2014 奔驰赞助课程作业之一（作者：陈腾蛟）
下 /2018 长城华冠赞助课程作业（作者：王德森）

来岗位的需求，企业设计师也会带来一线的设计知识和技术以及资金。这种教学交流保持了我们教学的高质量。

最近几年随着市场的发展，设计教育的竞争也在加剧，从最开始只有少数几家院校在办这个专业，到现在有十几个学校都在开这个专业，企业的选择范围在扩大，我们和兄弟院校之间的竞争也越来越激烈。随着中国汽车行业在世纪之交的起飞到平缓增长，再到今后越过增长高峰期，市场达到饱和，企业对人才的需求也不如以往旺盛，这个时候我们专业的教师团队、学生都面临着更高的就业压力，我们一直在思考，如何在原有基础上进行调整和转变。

《设计》：面对技术的进步，专业教学应该做出哪些应对措施？

严扬：随着国内汽车市场逐渐饱和，企业对于汽车设计人才的需求也在转变，传统的汽车外饰、内饰的造型人才呈现出供大于求的趋势。过去的几年里我们也在思考，如何转变才能够满足汽车企业对于设计人才的新需求，使学生有更好的就业机会。

一个比较明显的趋势是信息技术对汽车行业的全面渗透，包括5G、自动驾驶、人工智能等，还包括商业模式方面转变的迹象，比如网约车等。大部分汽车行业的业内人士和普通公众都会有这样的看法：传统汽车工业的增长潜力已经到了极限，面对这些新技术的挑战，汽车行业正在酝酿甚至已经发生深刻的转变。比如，有的汽车厂家提出"汽车新四化"，我们觉得这种提法是相当准确的。一般认为，汽车行业将会面临商业模式的转变。汽车行业在过去一百多年的时间里基本上是B2C的模式，由汽车企业生产汽车，把成品汽车卖给最终消费者。在这种传统模式下，汽车造型对于促进汽车的销售和提升品牌的价值起到了至关重要的作用。汽车企业的设计团队是一个非常特殊的群体，他们本身可能是职位并不高的普通设计师，但是他们所从事的工作是企业的核心机密，甚至企业内负责其他领域业务的主管都没有权力进入设计开发的部门。比较之下，汽车设计师的待遇也相对较高。这说明汽车造型设计在过去百年间对汽车企业的销售业绩起了很大的作用。于是，在这种商业模式下，汽车设计行业在汽车企业中发展得很完善，企业也愿意投资去发展这个能带来巨大收益的部门，我们看到汽车的开发部门应用的技术、设备都是很昂贵的。但是商业模式的转变预示着汽车的外形变得没有那么重要了。如果未来人们买的不是一辆车，而是从 A 点到 B 点的出行服务，汽车成了整体服务系统的一部分，除了汽车以外，汽车上提供的早餐的品质，以及音响、游戏设施、网络会议设施的服务水平也会成为决定用户选择的重要因素，汽车外形在乘客心目中的地位会下降。这一变化对汽车造型设计教育是个挑战，以前的汽车造型设计教学非常注重学生造型能力的培养，从绘图技能到造型型面的处理，再到计算机建模与渲染、油泥模型等，基本上都是围绕着造型来进行的。新的商业模式出现以后，人们购买的是服务，造型变得不再那么重要。我们在想是不是未来内饰设计比外形设计更重要？具体到内饰来讲，是不是包括交互、服务在内的整体体验比材料、色彩更重要？从 2019 年开始，我们着手建设另外一个方向，暂时称为"HMI"，关注驾乘人员的车内的交互能力，探讨能够给他们提供什么附加服务。特别是在自动驾驶条件下，驾乘人员在车内还能做些什么，也就是通称的"第三空间"。要进行这方面教学需要一定的软硬件基础，我们和一些国内外专业公司进行合作，共同建设这个方向。我们可能更多地会转向生活方式的研究，对于未来出行过程中体验的研究，目前已经在着手准备，现在还停留在研究生研究课题的层面，接下来要转成本科生的教学，正在探索从中提取出具有普适性的专业知识和技能。

《设计》：和国外的汽车造型设计相比，国内存在哪些差距?

*严扬：*在过去二十年间，差距是由大到小的追赶的过程。2005 年以前，我们去企业交流，感觉企业的设计人员还比较稚嫩，多数合资企业的设计总监基本上是欧美人，也有少量的华人，他们的共同特点是拥有在国外一流企业工作的经验、良好的外语交流能力，还有相当一部分人是成长在国外，对于汽车发展的文化相对本土设计师了解得更多。本土设计师信息少，显得见识不广，外语沟通能力差。那时国内设计领域的技术、设备、环境和国外都是有差距的。这个差距在过去十几年内，几乎是不经意之间就逐渐缩小了，这和中国汽车市场、汽车工业的高速发展是相一致的。大约在 2010 年以后，中国的汽车市场成为世界第一大市场，对一些国外品牌来说，中国的汽车市场成了他们唯一能够旱涝保收、赚大钱的市场，在利益的驱使下，企业的资金和技术朝这边加速转移。中国汽车工业的合资政策也鼓励国外企业把开发能力和先进技术往中国转移。尽管国内还是有不少对这个政策的不同意见，但是我认为总体来讲这个作用是起到了。国内大部分合资企业已经做到了和国外的一体化。早期的本土汽车企业看起来比较"土"，生产的汽车主要面向三四线城市和农村市场，品质尚可，并不是很优秀。优点是价格便宜，靠薄利多销取胜。但是现在我们看到包括国企和一些知名的民企，其成长速度十分惊人，已经接近甚至达到了国外先进汽车行业的设计水平，拥有市场和资金实力的企业会聘请世界一流的设计师操盘，建设国际化的设计团队，很快地使自己的设计水平国际化是个自然而然的过程。

如果一定要找出一些差距，我觉得对于本土企业的自信心还需要提高。汽车品牌竞争的背后是文化的竞争。比如，我们经常提到的意大利汽车，名气很大，但是商业表现并不理想。例如，意大利的汽车品牌菲亚特在中国市场的商业表现并不尽如人意，但是我们提到意大利汽车首先想到的其实不是菲亚特，而是法拉利、兰博基尼等非常小众的品牌，它们的产量和销量都非常小，之所以世界闻名，是因为其浓厚的文化特征，通常人们认为这些车"很意大利"。其实，这个特点并不是它们特意打造的，而是基于其本土百年来形成的汽车文化。意大利人对本国汽车文化自信且热爱，按照自己的需求打造出这样的车，在国际上赢得了市场和声誉。现在国内的汽车设计在这方面还有较长的路要走。过去二十年，我们走的是从无到有的普及化之路，也许未来可以根据我们的需要去发展一些有特色的车型。所谓中国的汽车文化没有达到国外发达国家的水平，其实这和我们汽车时代发展的时间短有关系。中国国土辽阔，人们喜欢驾车出行，我坚信其中一定藏着大量的汽车创新设计机会。假以时日，我们一定会发展出具有中国特色的汽车文化，并催生出有特点的汽车设计。从基本的技术、资金、造型能力上来讲，中国的汽车设计和国外已无差距，真正的差距是我们的自信心。

《设计》：未来城市出行工具的发展趋势是怎样的？

严扬：预测趋势是未来学家的事。作为设计从业者，我们是根据社会发展的趋势和人们未来交通出行需求的可能性来想象未来城市交通发展的可能性。总的来说，现有形制的汽车在未来的发展不会很快，回顾百年来汽车在技术上不断进步，但是形制的变化并不大，其原因在于过去汽车在发展过程中也同时奠定了城市目前的交通面貌，包括道路规范、交通法规等都是为目前的汽车形制制定的，牵一发而动全身，汽车形制的创新被整个系统牵制住了。20 世纪 80 年代以后，人们意识到汽车作为城市通勤工具的局限性，尽管汽车可以提供冬暖夏凉的舒适出行环境，但是它的低效率导致的交通拥堵、停车难、停车费用高，使世界各大城市不得不采取限制汽车的政策。我们常戏称北京人是"开着起居室上下班"的，也就是一辆长 4.5m、宽 1.8m 的汽车占据的道路面积可达长 6.5m、宽 3.75m，大约 24m²（堵车时），按照北京私人汽车的平均载客率 1.09 人计算，平均每人占据道路面积 22m²，相当于一个起居室的面积，交通资源利用率低得不可想象。大约从 2005 年开始，中国大城市开始重新倡导公共交通出行，大力发展包括地铁、BRT(快速公交系统）和大运量公共汽车在内的公共交通，经过多年的建设，北京公交出行的分担率已经达到了 60%。但是公共交通出行依然有一些固有的缺陷，比如出行时间长、出行体验差，老人、患者、儿童出行不便以及"最后一公里"等问题。因此，个人自主交通工具仍然是不可或缺的。我们认为未来个人自主交通工具应该是专用于通勤、可以搭载 1~2 人的小型交通工具。我在一篇论文中分析过按照 2017 年以来更新的几种交通法规和标准，在汽车以下自行车以上，至少存在 3~4 个交通工具市场开发机会。这种车应该比汽车小很多，但是比自行车、摩托车更舒适，能给乘客提供全天候的保护，这对于恶劣天气下出行很有意义。理想的设计能替代很多汽车出行。我认为，作为未来城市交通工具，汽车仍然会存在，但是这类微型个人自主交通工具应该得到更快的发展。从近十来年国际国内的车展上可以看到丰田 iRoad、雷诺 Twizy 等两轮、三轮、四轮的微型个人交通工具越来越多。2019 年下半年，美国 CES 展会上，小牛推出了一款纯电动倒三轮摩托车 TQi，虽未上市，但已在国内网络上引起了广泛关注，可见许多用户很需要这种车。不过，交通工具创新从来不仅仅是车辆设计的问题，我在论文中提出中国需要创造全新的车辆级别，这涉及准驾条件，也就是驾照级别的调整与创新。交通工具的创新必须与交通法规和交通设施的创新协同，这才是最难的。

　　总的来说，我认为在大运量的公共交通车辆之外，未来城市私人交通工具将会分成两个相对更加专门的发展方向：一个是专注于城市个人通勤和常见出行功能的交通工具，主要是指微型个人交通工具的创新以及相应交通法规、交通环境的协同发展；另一个是传统的汽车依然会存在，发展出满足各种体验的交通工具，从而变成移动的"第三空间"，最终催生出多样化的"汽车文化"。

《设计》：汽车产业在时代的转折期要迎来哪些变化？

*严扬：*汽车行业是一个比较难掉头的行业。我们现在看起来很寻常的汽车内部其实挺复杂的，几万个零件上路行驶十几年甚至二十年不出大毛病，靠的是上百年积累的技术与工艺水平。家用收音机使用几年有可能坏掉了，而车载音响在零下几十摄氏度到零上几十摄氏度的工况条件下能可靠地工作很多年，说明了汽车行业的了不起。之所以能够在高品质的情况下还能做到便宜，依靠的是巨大的投资规模，也导致了转向很难。据说一个车型月销量不够三四千，这个车型就会亏本。但是现在汽车产业面临着被迫转型，因为市场和技术都在转变，如前所述，B2C 的模式正在慢慢被销蚀，随着共享经济的发展，人们会觉得，买一辆车大部分时间放在车位上还要给它花钱是很不划算的。如果未来出行服务产业给人们提供的服务足够方便和可靠，一般的出行者没有理由再坚持买一辆自己的车，就像我们从过去积攒光盘到今天基本接受为网上视频、音频资源付费一样。当然，这个转变过程可能需要更长的时间。这并不是说人们就不再愿意购买拥有家庭汽车了，而是指日常的通勤行为会更多地转向购买出行服务，而非仅仅购买汽车。

据了解，大部分车厂在做两手准备，有些厂家明确宣布自己已经由汽车生产企业转型为出行服务企业，比如丰田；另外一些企业虽未明确宣布，它在生产汽车的同时也在提供出行服务，比如和出行服务公司深度合作，或者自己创办出行服务公司，还有的企业在探讨除此之外在"第三空间"领域能做些什么。最终谁能押宝押中还未可知，但是必须开始做准备了。

《设计》：您如何看待城市化与汽车产业之间的关系？

严扬：20 世纪初，欧美引领了汽车化的浪潮，也使城市逐渐汽车化了。所以，我们说 20 世纪的城市是被汽车塑造的城市，其典型的形态是城市中有很多转为汽车使用的高速路和城市快速路，这些拥有对向车行道分界线和立体交叉的全封闭道路保证了汽车行驶的高效率，但是实际发现汽车化城市并未能带来城市运行的高效率，而是恰恰相反。从 20 世纪 90 年代开始，西方一些城市就采取了去汽车化的措施。而我国城市大约是从 2005 年转向去汽车化的。虽然没有人明确提这个词，但是你能看到被北京和上海引领的趋势是，城市交通采取的措施是倡导公共交通，限制私人汽车的购买与使用。过去一百年,汽车和城市的关系是爱恨交加的，汽车促进了城市的发展，同时也阻碍了城市的发展。城市是大家为了加大交流效率而居住在一起的聚落，人们在城市中密集地集聚在一起，人们交流便捷、购物方便、物流效率高，而过度汽车化反而降低了交流效率。

这时就会看到一个奇怪的现象：很多城市本身是靠汽车生存的，曾经拼命吸引汽车工业去那里扎根，比如上海，但是却也是全中国最早"去汽车化"的城市，北京和广州也类似于这种情况。所以，可以这么说，每个城市都希望生产汽车，但大部分城市都不愿意汽车在自己的城市里泛滥。

《设计》：学生在校期间应该如何提升自己的设计能力，同时关注更多的技术发展？

严扬：传统汽车设计师的设计技术能力 50 年来没有本质变化。以手绘技能为基础的造型能力至今仍是学习汽车造型设计的主要部分。在严格的技术条件限制下发挥想象力，表现出不一样的视觉品质是汽车设计师最重要的贡献。面对上面所谈到的产业变化趋势，这些能力显然不够，设计师的能力应该延展到出行体验和生活方式的设计。这不是一句空话，一个具体的要求是希望学生在本专业之外，要有一个特殊的爱好。未来的汽车设计是围绕着汽车文化展开的，汽车文化是什么？比如，有人喜欢钓鱼，他就会有很多关于汽车如何帮助他去钓鱼的想象力；有人喜欢摄影，他希望汽车能开到山顶夜宿，以便他能拍到凌晨的日出。如果学生对这样特殊的需求没有体会，就很难拿出具有感染力的设计方案。通信设备技术的进步是重要的，但技术是实现需求的工具，需求与文化才是产品进步的主导力量。2020 年的毕业设计中，针对这次新型冠状病毒肺炎疫情中人们无法集中到办公场所工作，必须远程工作，利用软件进行交流的情况，有的同学设计了移动工作车，车内办公设施完善，有工作台、计算机、通信设备等，能够移动的一个场地，在允许的情况下，大家可以面对面地交流。所以，设计师并不是更多地关注技术的发展，而是关注技术如何恰当地在生活中应用，以社会发展趋势和生活方式的变化作为激发设计想象力的来源。

《设计》：目前毕业生的就业情况如何？

严扬：汽车行业就业形势早几年就已经不太理想，预计 2020 年的问题会更加严重。好在我们一直把毕业生控制在较小的规模，本科生 2020 年一共有 12 名同学。大约有四分之一准备读研，另外四分之一准备出国，还有两三位毕业生已经和企业签署了三方协议，就本届毕业生来讲，压力不大。但是汽车行业就业形势的转变是一个大趋势，尤其表现在外形设计需求的下降方面十分明显。我们的做法是积极开辟新的就业领域，并尽快完成教学方向的转变。教育就是这样，既要具有前瞻性，又要考虑到现实性。在学生就业和前沿领域开拓这两者之间寻找平衡是我们永远的课题。

人工智能是中国引领新产业革命和文化复兴的机会
——赵超谈设计与科技

ARTIFICIAL INTELLIGENCE IS AN OPPORTUNITY FOR CHINA TO LEAD THE NEW
INDUSTRIAL REVOLUTION AND CULTURAL REVIVAL
—— ZHAO CHAO ON DESIGN AND TECHNOLOGY

赵超

清华大学美术学院副院长，教授，博士生导师

赵超，博士，教授，博士生导师，清华大学美术学院副院长，清华大学艺术与科学研究院副院长，清华大学健康医疗产业创新设计研究所所长，教育部设计学教学指导委员会秘书长，国际设计联合会（ico-D）副主席。赵超专注于跨学科和跨文化的设计研究与创新实践，主张通过设计创新整合文化、技术、美学、商业等要素，实现设计的社会属性、人性化体验，以及可持续发展。近年来，赵超主要从事用户体验研究、人本设计创新方法研究、健康医疗产品与服务设计创新、老龄化设计研究、社会创新理论研究等领域的设计研究与实践。

在人工智能技术的推动下，艺术与科学的学科界限将进一步被打破并不断交叉融合，越来越多的艺术设计语言通过科学的形式得到升华，科学的探索也更加依赖于艺术的表达与创新。科技与艺术的结合激荡出更加多元化的艺术表现形式与互动跨界的特质。赵超提出，新技术的光芒下，艺术与设计是面临消亡的挑战还是转变的机遇，是当下学术界和产业界思考的关键问题。

《设计》：您认为艺术设计与现代科技之间存在着何种关联？技术与文化的整合共生对现代设计的可持续发展至关重要，其重要性如何体现？

赵超：设计创新和技术创新是当下社会文明不断发展的两个重要驱动力。在现代设计发展演进的历史轨迹中，消费文化、技术进步和社会需求共同促进了艺术设计的不断发展。设计应该成为人类文化构建过程中的一个重要部分，而不仅仅是作为文化的表象反应。如果消费文化使设计成为必然，技术的演进使设计成为可能，社会包容和持续发展的需求则使设计明确了价值体系。英国设计史学家彭妮·斯帕克（Penny Sparke）曾经提到设计的两个方向：一方面，设计作为生产活动的隐形特质，在人类社会生活中起到不被认可却至关重要的作用；另一方面，设计作为大众媒介与消费文化的一个特有概念，受到明显关注和普遍承认。1945年之后，技术与设计之间呈现出多重关系，一方面，技术创新推动商业化的批量生产，并随着市场的开放，促进了不同地域、不同文化、不同市场之间的商品流通和全球消费文化的形成；另一方面，新材料的出现带来新的设计挑战，设计师不断利用新材料和新工艺创造崭新的产品和功能。例如，20世纪中叶，设计师们使用塑料设计了一系列色彩鲜明的椅子，成为当时物质文明的重要符号，构建了日常消费文化的现代主义乌托邦语境。进入21世纪，伴随着信息技术带来的产业变革，形式追随功能的现代主义信条随之崩塌，设计师可以借助于设计，在特定文化语境中为消费者提供象征新身份和具有新意义的产品、服务和系统。从上述历史发展轨迹可以看出，设计从消费主义的附庸转向构建新生活方式的手段，进而发展到通过管理技术的复杂系统，实现可持续包容发展的社会创新，设计、技术、文化诸要素之间始终相互作用，相互影响，协同发展。当我们从研究目标、方法论、价值体系等维度对三者进行比较时，可以认识到，科学技术相关学科研究自然世界规律，借助于实验和分析等方法，探寻"真理"的客观性和"世界"的逻辑性；社会文化相关领域关注于对人类认知经验和社会行为的研究，借助于类比和隐喻等方法，致力于构建主观性和想象性的现象公平；设计学则重在研究如何创造人为世界，借助于形态和原型等手段，探索基于移情和原创价值体系的适度的生活方式。由此可见，技术与文化重在通过分析、归纳、演绎等方式解决问题，而设计学则是通过整合与构建的方法，将技术创新与文化语境有机结合，为社会需求提供产品－服务－系统。这一点从索尼公司的随身听、苹果公司的 iPhone、戴森公司的吹风机、特斯拉的电动汽车等产品的成功可见一斑。从这个意义上说，设计是将硬核技术与文化内涵最终物化为用户体验和社会生活与生产方式的重要桥梁和手段。

《设计》：请与我们分享一些设计整合多学科多、领域的知识与资源，在医疗、社会保障、文化传承等方面所发挥出的创新驱动作用的案例。

赵超：设计是构建社会包容性发展和文化传承创新的重要手段之一。设计学科要发挥其整合作用，前提是能够借助于系统思维对创新过程中被整合的不同学科有认识和了解，并能促成不同资源的协调合作。设计必须在产业实践中，在与多学科团队的协同创新过程中，凸显其特有的价值，才能获得社会和产业的认同。这里我想结合自己在设计研究与产业实践中的体会，谈谈设计在健康医疗、社会保障、文化传承等领域发挥的多学科整合作用。

健康医疗行业是一个硬核医技驱动的社会复杂系统，涉及诊疗技术、医保体系、医患关系、药物研发、医疗器械、社区构架、医院服务等一系列纷杂的要素关系。设计学科要想介入这样一个行业，面临着巨大的认知壁垒、技术壁垒和挑战。早在 2000 年，我开始借助于清华大学综合学科优势，展开设计学与生物工程、医学、材料学等相关学科的协同创新研究和产业转化实践，探索设计学科与健康产业的深度跨学科融合。

可以说，在起初阶段，经历了艰难的过程。最初介入该领域时，我的合作方对设计缺乏认识，每次设计方案评审时，我都要面对技术、医学、市场等诸多专业人员的质询。作为设计师，必须做到有能力从企业自主创新的切实需求出发，系统考虑人机工程学、成本控制、材料工艺、美学、操作易用性、品牌形象、服务模式等诸多设计创新要素，提出既有产业转化可能，又有设计创新品质的落地解决方案。经过多年的磨合、学习、锻炼，随着我的大量设计成果被产业转化，帮助企业获得可观的社会效益与市场效益，设计学已经被他们认同并受到重视。

得益于医疗领域多年的项目研究实践，我结识了众多国内医学领域的顶尖专家学者，通过与这些业内专家进行跨学科合作，使我有机会向他们学习医疗体系内的技术、工程、诊疗等的专业知识和研究方法，这些设计学之外的知识经验积淀，使我作为一名设计师能够在深层次与团队中的医学和工程领域的专家对话，探讨跨学科解决方案，并通过设计成果的有效转化，帮助技术团队进一步了解设计对于健康产业创新的重要作用。我想，这是设计学与一些技术主导的学科展开协同创新，发挥设计学整合职能的重要基础和工作技巧，也是设计学具有的跨学科整合特点的天然属性。经过多年在健康医疗产业的设计研究与实践，结合国际设计学科前沿发展趋势，我创建了清华大学健康医疗产业创新设计研究所，在设计学科中率先探索将设计与健康产业深度融合，实现跨学科协同创新发展。研究所力邀国内医学领域的一批顶尖专家加盟：中国科学院院士、国家最高科学技术奖获得者吴孟超教授受邀担当荣誉所长，中国工程院院士程京教授任学术委员会主席，中国细胞治疗领域的领军人物钱其军教授任技术总监。作为研究所所长，我希望通过这样一个高水平的跨学科团队的引领，整合工业设计、生命科学、材料科学、环境设计、工程设计、信息科学等多学科资源，面向未来，进行基于人工智

上 / 设计作品：生化检测设备的设计研发
下 / 设计作品：生命科学检测设备研发

能和大数据技术的医疗产品、服务、系统的创新设计研究与实践，改善人们的就医体验，构建大众的健康生活质量。通过产学研结合的设计研究与实践，为健康产业创新应用和前沿设计学科专业建设构建新的知识体系，指导设计成果的产业转化，面向健康中国战略，打造"健康设计"新的专业方向和人才培养体系。

在构建文化自信上，设计同样发挥着重要的作用。国家正在大力推进非物质文化遗产的保护和传承，设计学科能够发挥特有的学科优势对文化遗产进行产业活化与创新。近年来，国家大力推进文化科技深度融合，进一步助推了设计学科的发展和对文化传承创新起到的作用。例如，由清华大学鲁晓波教授牵头，联合 10 家产业和大学进行协同攻关，我们首次成功申报立项科技部"现代服务业重点研发计划：中国风格文化创意及智能产品设计技术集成与应用示范的课题"，这是科技部首次将设计学科作为促进文化与科技融合发展的重要支撑，进行重点研发攻关。本项目旨在构建中国文化与美学的知识图谱、基于中国人因工程学的设计标准、中国设计风格要素数据库等理论、方法、工具，进而指导中国高铁、服装、手机、家具、陶瓷等众多产业的自主创新与文化振兴，因此该项目被誉为中国设计学科的"登月工程"。我有幸在这个重大科技攻关项目中主持"基于中国美学特征与人因工程学的设计标准与准则研究"的课题。研究团队希望通过几年的努力，在理论与实践层面，构建全球化语境中的中国风格设计范式，引领中国产业的自主创新，打造设计学科推动科技文化深度融合的驱动力。

《设计》：您认为我们应该如何看待当下人工智能的迅速发展？这种发展对于设计学科的建设有哪些影响？

赵超：近年来，随着互联网、大数据、云计算和物联网等技术的不断发展，人工智能正引发链式反应般的科学突破，引领新一轮科技革命和产业变革，也将加速培育经济发展新动能并塑造新型产业体系和文化形态，对人类生活方式甚至社会结构产生深远影响，进而引发艺术形态范式和设计创新方法随之变化。

如果说，工业革命发源于欧洲，信息革命由美国牵头，那么本次人工智能带来的变革则是一场全球范围内的协同探索。中国恰恰可以借助于此次机会在世界范围内引领新的产业革命和文化复兴。因此，清华大学于 2019 年在国家博物馆举办了"第五届艺术与科学国际作品展"，主题就是"人工智能时代的艺术与科学融合"。作为执行策展人，我有幸全方位、近距离地对本次国际性的学术活动进行了观察、学习和反思。本次活动遴选出来自全球 20 多个国家和地区的 200 余位艺术家、设计师、科学家、哲学家、工程师所创作的人工智能领域的作品 130 余件。展览通过"拓展人类认知的边界""探索技术创新的艺术范式""构建技术与艺术的协同创新"三大主题，探讨了人工智能技术背景下的艺术与科学融合所呈现出的新特点和新趋势。

当下，越来越多的学者从新的技术维度来解读人类社会的发展轨迹。他们指出，人类过去从碳基文明走向硅基文明，而今天正在迈向人工智能文明。在人工智能技术的推动下，艺术与科学的学科界限将进一步被打破并不断交叉融合，越来越多的艺术设计语言通过科学的形式得到升华，科学的探索也更加依赖于艺术的表达与创新。科技与艺术的结合激荡出更加多元化的艺术表现形式与互动跨界的特质。如今，神经网络、深度学习、3D 打印等新的技术革命带来人类社会全新的生产关系变革，并不断定义未来的社会文明和艺术设计方法、手段和形态。新技术的光芒下，艺术与设计是面临消亡的挑战还是转变的机遇，是当下学术界和产业界思考的关键问题。通过本届展览多元化的作品可以看到，艺术家、科学家、设计师们更多的是以积极乐观的态度，通过拥抱和利用人工智能技术，在诸多领域进行着设计创新探索和艺术生产实践。英国学者 Nigel Cross 将设计认知分为自然智能和人工智能两种类型，自然智能是指观察自然界中的各种形态，对物体进行辨识和分类，洞察自然和人造系统的能力；人工智能则是指由人工制造的系统所表现的智能，是对人类思维信息过程和认知行为的模拟。设计造物过程中人工智能应用的目的不是要替代人类设计行为中的自然智能，而是帮助我们更好地了解自然智能和认知能力，从而创造更富有想象力的人造世界。我想，这种影响将辐射新媒体艺术、工业设计、建筑与环境设计、视觉传达设计、纺织与时尚设计、陶瓷设计、生命科学、材料科学等诸多学科与领域，贯穿从设计教育到产业实践的各个环节。

《设计》：您认为设计师应当掌握什么样的知识和能力来应对时代的发展？与此同时，我们的设计教育应当如何适应时代？

赵超：回答这两个问题的前提，需要先明确两个前提，即当下社会，"设计"是一个怎样的学科？设计学院的课程是否能够满足培养新型设计创新人才的需要？

从设计认知角度来看，设计应该是连接各个分支学科，推动达成共识，创造新的知识并重新理解设计本身的创造性行为。设计认识论寻求研究设计师式的认知，设计行为学寻求研究设计实践和设计过程，设计现象学寻求研究人造物的形式和结构。因此，设计能力是针对使用情境、关键因素、引导质量、形态特征进行定位、强调、重温的行为，是针对不确定问题和挑战进行定位和重构的行为，是通过尝试新方案和不同可能性而进行问题解决的持续性行为。更重要的是，设计能够成为与时俱进的知识建构的手段，并不断为设计师提供创新的工具方法。它是一种根据设计情境而表现出的反映性实践行为过程。设计学院必须重新审视课程所基于的实践认识论和教育学假设，致力于把反映性实践课程作为专业教育的关键要素。如果当前我们设计学院的教育危机根植于基于技术理性的实践认识论，那么设计学院现行的理念能产生适合复杂性、不稳定性、不确定性、矛盾性特征的实践世界的课程吗？

针对上述关键问题，我觉得设计教育应该从知识传授、能力培养、价值塑造三个方面构建"三位一体"的知识体系：在知识层面，培养学生掌握设计的方法、原则和工具，能够从跨学科的角度整合设计、工程、技术、文化、环境、商业等要素，提出创新性的产品和服务解决方案；在能力层面，培养学生基于自身专业特长，构建设计创新思维、产品设计能力、造型艺术素养和设计管理意识，培养学生能够运用艺术设计技能输出创新概念和界定创新机会，为特定项目提出创造性的规划方案，并能对产品、服务和用户体验进行功能原型研究、生产工艺制作、产品原理测试等工作，以最终实现设计的预想；在价值层面，使学生能够制定和实施应对全球化挑战的高级别战略，从事复杂的设计创新项目管理工作，为学生在特定设计专业领域的发展提供更广阔的人文视野、综合性的创意能力、设计管理的领导力，借助于设计手段构建人类命运共同体。

为此，面向教育部"六卓越一拔尖"计划，我们在清华大学采取了一系列教学改革措施，探索创建了一批新型设计创新人才培养项目，推动面向未来社会需求的跨学科与跨文化的设计领军人才培养。一方面，我们创建了面向清华工程、人文等多学科的"工业设计本科二学位复合型人才培养项目"，构建了设计学与材料学合作的"材料与设计创新"本科辅修专业课程，这两项教学改革注重培养能够适应不同行业需求、从事产品设计的卓越设计师；另一方面，我们与医学院合作，整合艺术设计与生物工程，建设首批清华荣誉通识课，培养通晓工程、医学、人文、艺术的转化医学领军人才，我还主持创建了面向不同学科专业研究生的"设计思维证书项目"，这两项教学改革注重培养具有创意设计思维的跨学科卓越工程师。与此同时，我们与设计学世界排名前列的英国皇家艺术学院和帝国理工学院合作创建"全球创新设计研究生联合培养项目"，引领应对全球化挑战的跨学科和跨文化的高端设计人才培养。该项目借助三所合作学校的优势学科和东西方文化差异，培养应对全球化挑战的设计领导者，三年间已有 20 个国家的 120 名学生从该项目毕业。

我想，设计教育应该通过社会性学习将学生们在认知性学习中的知识片段进行有机整合，培养学生的批判性思维、反映性实践、关联性构建，以及对于语境认知的敏感性和团队合作精神。通过"做中学"的项目制教学，我们帮助学生在不同文化中构建文化传承与创新的设计能力，解决社会可持续发展的创新能力，面向智能制造和产业升级的设计能力，为构建人性化的产品－环境－系统培养领军人才。

《设计》：请您分享一次您记忆深刻的设计实践。

赵超：在设计教学、研究、实践中探索设计学科的内涵与外延，是设计学科建设的重要方法。我认为，作为学院背景的设计实践者，与企业里的设计师之间存在着诸多不同。我们每一次设计实践过程都会经历从研究到创意，再到工程转化，进而反思实践、构建知识、反哺教学的闭环过程。因此，对于设计学院的教授来说，设计实践不仅是一个解决特定问题的过程，更是构建新知识、新方法，探索设计学科未来发展方向，不断完善课程体系，培养新型设计创新人才的必要手段。我想，设计学院的教师必须有能力平衡设计实践、设计研究、设计教学三者之间的关系。当下国内外设计学院的师资面临很多挑战，有些青年教师博士毕业，只知做研究写论文，不懂如何实践，也有的只关注项目实践，无法将实践提升成理论方法，这些都可能会使未来设计学科建设和设计人才培养面临困境与挑战。我想，设计学作为一门应用性学科，需要学院的从业者有能力将论文写在祖国大地上，通过实践研究构建设计学科的知识体系。

作为设计实践者和研究者,面对这次突发性的全球公共卫生危机,我们自然责无旁贷,全力参与到疫情防控重要产品的技术转化攻关项目中。由我主持工业设计、生物芯片国家工程研究中心研制的"恒温扩增生物芯片检测系统:六项呼吸道病毒核酸检测芯片产品",在此次新冠肺炎疫情防控阻击战中发挥了重要作用,成为"健康医疗重器"。在疫情最为危急的阶段,该成果连续四次被《新闻联播》报道,习近平总书记和李克强总理专程视察和批示了该成果,鼓励产品创新服务国家需求,立足健康事业。该系统设计经国家卫健委高级别专家组组长钟南山院士、国家卫健委高级别专家李兰娟院士、清华大学医学院讲席教授程京院士指导,采用多指标联检的方式,一次性高效鉴别感染源,实现快速确诊感染病例,准确排除疑似病例的目标。作为工业设计研发的负责人,我与技术团队进行协同创新,为该系统构建了大批量、模块化、高通量的快速组装和检测模式,以及安全性、智能化、易用性的使用体验,为快速高效地应对此次疫情中的各种突发大规模诊断救治需求,提供了人性化的设计解决方案。该系统是全球首个能在 1.5h 内检测包括新型冠状病毒在内的六项呼吸道病毒的诊断系统。在疫情防控的紧要关头,清华大学第一时间向武汉捐赠 1.2 万人份该产品检测芯片试剂盒,为快速高效检测筛查新冠肺炎患者提供了有效医疗检测保障。

目前,为了响应习近平总书记在考察该成果时强调的"要加强战略谋划和前瞻布局,完善疫情防控预警预测机制,及时有效捕获信息,及时采取应对举措"指示,我们正在加紧工作,借助于工业设计优化完善系列化健康医疗检测设备,包括"恒温扩增生物芯片检测系统""全自动便携式微流控生化分析系统""个性化用药所需的全自动 DNA 分析仪""中医眼相诊断仪"等医疗检测设备,通过有效应用产品设计、交互设计、服务设计等相关学科专业知识,支撑了生物芯片国家工程研究

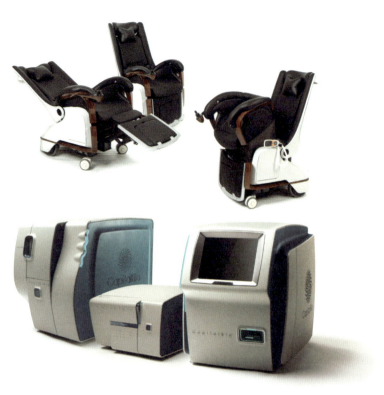

上 / 设计作品：老年智能助力健康椅设计

中 / 设计作品：生物芯片检测系统一体化设计与企业产品形象定义

下 / 设计作品：系列医学设备设计转化

中心"COVID-19 新型冠状病毒感染病患信息采集系统"的构建，这些人性化设计的产品，通过整合人工智能和中西医诊疗技术，致力于推进预防为主、中西医并重的国家重大疫情指挥监控网络的建设，构建基于 5G 网络传输的、从城市到基层全覆盖的疫情自动监控报告体系，通过大数据和新型传染源检测技术相结合，实现网络化、实时化、自动化、人性化的疫情监控预警救治和院后报告的创新产品服务系统。

目前，我正在参与攻关设计的一项面向家庭快速核酸检测的便携产品，将会对疫情常态化防控做出贡献。该产品通过便携、小巧、易用、高效的设计特点，让家家户户都能够进行自我快速核酸检测。通过手掌大小的一次性便携产品，用户在家中自我采集咽试纸检测，在 20min 内就能获得个体用户的核酸检测结果。如同家用验孕棒的使用，该产品使用快速便捷，能够实现对疫情早发现、早治疗、早防控，有可能改变目前全球核酸检测面临的困局。

通过这些设计工作，我对设计学科在当下技术时代发展进程中所负有的社会责任和使命，以及在应对社会危机中所特有的技术整合优势和创新方法，有了更为深刻的反思，希望这些认知能够对今后自己的教学和科研工作带来新的提升。应该说，在每一次国家和社会重大需求面前，设计作为整合技术、服务民生的重要学科和解决问题的有效手段，必须担当起应有的使命。

设计的价值就是"让快更快"
——周翔谈设计与科技

THE VALUE OF DESIGN IS "TO MAKE IT FASTER AND FASTER"
—— ZHOU XIANG ON DESIGN AND TECHNOLOGY

周翔

深圳迈瑞生物医疗电子股份有限公司工业设计中心总监，迈瑞集团首席设计师

周翔，深圳迈瑞生物医疗电子股份有限公司工业设计中心总监，迈瑞集团首席设计师，迈瑞集团二十周年"卓越贡献奖"获得者，深圳市高层次领军人才，中国首届高级工业设计师，中国工业设计专家库成员。

作为改革开放恢复高考后的第一代大学生，周翔怀揣设计兴国的理想参加工作，并两次赴日工作学习产品设计先进理念。1995 年，周翔加盟迈瑞，在医疗行业探索 20 余年，与迈瑞创始人团队一起摸索出一条成功的"设计强企，设计兴国"之路。从"单枪匹马"到组建集团工业设计团队，自主研发创造多项中国医疗器械第一，个人率领团队拿下数十项如 iF、红点、IDEA、中国外观专利等国内外知名设计大奖。推动迈瑞工业设计中心进入 2.0 时代，从优到精，建立了一整套成熟的用户研究、体验设计、可用性测试等全流程设计体系，专门服务于医疗设备创新设计，为医疗行业设计树立了新标杆。推动民族品牌，走向世界，真正实现了迈瑞品牌的全球竞争力，成为中国医疗行业设计兴国的推动者与践行者。

《设计》：迈瑞设有迈瑞医疗设计中心，您担任总监和首席设计师，这是否说明设计力量已经进入了企业的决策层？迈瑞是否可以称为创新设计驱动型企业？

周翔：大家知道，迈瑞是从本土诞生并逐步成长的民族企业。发展初期，迈瑞也是逐渐摸索前进的，后续进而加大创新引领市场，目前迈瑞医疗已经在多个领域世界领先。我们除了自主研发的高科技硬核外，世界一流的设计也起到了无可替代的作用。每一个产品上市决策，都要经过设计维度的深入考量。可以说，没有设计创新，就没有迈瑞今天的行业地位。

我可以自豪地说，迈瑞的工业设计已经成为其最核心的竞争力之一。就医疗器械专业技术上的创新而言，需要特别长时间的积累和研究，而且有些创新也受限于制造行业的发展水平。而通过工业设计的创新，我们能够快速收集客户的需求，设计出符合客户需求的产品。目前，我们以产品的商业成功作为工业设计的最高目标，所以，从某种程度上来说，迈瑞也可以称为创新设计驱动型企业。

《设计》：如您所说，不同于一般消费品的设计，医疗产品的工业设计更加特殊，往往面对的是一个系统，需要从完整的临床体系出发设计配套解决方案。请您描述一下医疗产品的设计流程。其中，最具挑战性的是哪个环节？

周翔：目前医疗产品的工业设计和其他设计一样，都已经升级为一个系统设计的概念。不仅需要从临床出发去设计产品，还需要从整个产品的宣传、销售、培训、售后等提出整体的解决方案。从理解用户开始，到洞察他们的需求，然后就是经典的定义问题，发散思维，解决问题，再到用户的工作中去验证。这个过程不断循环，直到把产品打磨得更加完美。

在这个过程中，迈瑞摸索出了中国医疗行业特色的设计流程机制，建立了一整套成熟的用户研究、体验设计、可用性测试等全流程设计体系。而整个过程中，最具挑战的就是理解用户。毕竟我们面对的是一个专业领域，而医学从某种意义上说也是一种经验科学，学习成长很慢，我们

MobiEye 700
高端放射诊断系统
Premium X-Ray Diagnostic System

中国外观专利优秀奖
China Excellent Design Patent Award 2017

iF
德国iF设计奖
iF Design Award 2017

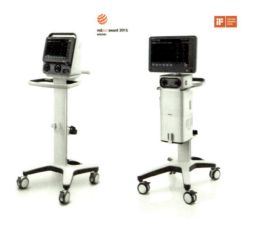

red dot award 2015
winner

iF
DESIGN
AWARD
2015

上 / 移动 DR
下 / 优秀作品 –SV 系列呼吸机

的每一个设计师都必须尽可能了解这些医护人员的处境和愿望，才能更好地理解他们。而医疗行业的壁垒是相对较高的，使用场景的复杂性、使用人群的多元性、使用流程的交错性，都是极其复杂多样的，因此对设计师的视野及要求就特别高，也需要比较深厚的积累，这也是极具挑战性的。

《设计》：医疗产品设计可能是对高新科技的发展、迭代最敏感的设计类别之一，在您看来，科技和设计在医疗产品的研发中各自扮演什么角色，二者之间又是怎样的关系？设计的作用如何体现？

周翔：科技与设计就是医疗产品的两个面孔。向里看，它充满了黑科技，稳定、快速、准确是医疗行业不断追求的终极目标；但向外看，又是那么温柔，在医生、护士看来，它是那么友好，不仅是助手，更是工作中的可靠伙伴。对医疗设计而言，它是将冰冷、甚至不太熟悉的科技，以一种更舒服惬意的状态展现在医疗产品上，更好地满足客户需求，更好地服务大众。科技和设计不是相对立的，相反，它们是相辅相成的，都是为了更好地满足客户的需求。

《设计》：您和您的团队以"守护人类健康、普及高端科技，让更多人享受优质生命关怀"为终极目的，既有高科技的硬核，又有人文关怀的温度，这两个要素如何在团队中融合？

周翔：我引导我的团队始终站在用户的立场去理解他们是怎样工作的，并用这种立场去看待高科技，理解它、包裹它、应用它，让科技以一种很舒服的姿势进入用户的工作中。在开发中，我们会遇到各种困难和来自各方的阻力，我和我的团队都会为达成这个目标努力争取尽可能多的支持。

《设计》：人工智能在诸多方面能够取代人力，这在带来便利的同时也给一些行业带来了危机，这其中甚至包括艺术和设计，您如何看待这个趋势？设计师应当掌握什么样的知识和能力来应对时代的变迁？

> 周翔：人工智能是近年来比较热门的话题，遥想当年的工业革命，机器生产代替了手工艺，后来随着自动化产业的迅速发展，以及大数据、云计算、机器深度学习等新兴技术的出现，确实极大地方便了人们的生活。预计未来，随着人工智能的发展，有一些低端的设计工作会被人工智能所取代。但是，什么是完全没办法取代的？是创新，是研究、分析、挖掘各种信息之后的灵光乍现，是观察、识别、感悟之后的醍醐灌顶，是跳脱于既定规则后的重新定义，这才是设计师最应该保有并升华的能力。发现问题、解决问题、再创造问题，这条路，人工智能做不到。

《设计》：针对医疗产品设计领域，您认为我们的设计教育应当如何迭代以跟上时代发展的步伐？

> 周翔：设计教育发展到当代，在知识体系和技能培养上已经相对完善了。从设计师如何更好地进入各行各业到更加长远的发展来说，我希望教育行业能在以下两个方面发力。
>
> 一是更多地培养学生的动手能力、实践能力。知识和技能如果不运用，就永远只会存在于纸上。对于设计师来说更是如此，我们不能总是着眼于计算机里那张好看的图片、那个美丽的 3D 模型，而是要切实培养学生的用户研究能力、设计转化能力、设计验证能力。二是帮助学生建立一个能够独立思考的辩证思维体系。这个思维能力会帮助大家从学生转变为一个能在各行各业创造价值的设计师，会使大家永远不停止学习和思考的脚步，会使大家一生都在进步。这也是设计师最需要的创新特质之一。

《设计》：中国智造在 5G 时代要实现对国外的赶超，科技的发展占据了核心位置，那么设计的价值如何体现？

周翔：5G 是通信领域质的飞跃。以往对于大数据量的处理是通过抽取核心信息作为互联方式，不可避免地导致信息的遗漏，而 5G 时代的来临，允许大数据量的实时同步，在医疗领域，对于信息多元、复杂、即时的情况尤为适用，比如依托于手术机器人的远程手术、高清影像的远程实时会诊等。5G 通信的核心在于一个字——"快"。如何能够让这个"快"更有价值，那就需要更用心地交互与体验设计。其实，5G 的发展对设计的要求更高了。设计的价值，用一句话来说就是"让快更快"。

《设计》：获得设计类奖项，对医疗产品设计师 / 企业来说，有怎样的意义？

周翔：一般情况下，每年我们都会有一些产品参加国际设计奖的评比。比如，2020 年我们送出去的四个产品都获得了红点产品设计奖。对于企业来说，这些奖项的获得能够向外界传递出我们对工业设计的重视，也能体现我们对满足客户需求的执着追求。医疗产品主要靠业内专业人士口碑的传播，所以大家可以看到大众媒体很少有医疗产品的广告。设计奖可以说是一种设计品质的认证，有能力拿奖，并且持续拿奖，是一种能力，更是一种态度。

《设计》：面对此次新型冠状病毒肺炎疫情，迈瑞做了哪些部署和应对措施？

周翔：迈瑞作为医疗器械龙头，在此次新型冠状病毒肺炎疫情防控中起到了非常大的作用。我们第一时间向武汉及全国疫区护送 5 万台医疗紧急救援设备。在整场国家战疫中，迈瑞大军整体联动、高效协同，供应链、生产、物流、交付、装机、培训，全链条火力开动，各环节无缝衔接。每个环节都针对新型冠状病毒肺炎疫情战况做了相应的部署。在这场新型冠状病毒肺炎疫情期间，迈瑞的很多产品被广泛地应用于各地区的定点救治机构，这些医疗器械反映出我们的设计优势。

目前，中国的新型冠状病毒肺炎疫情已经得到控制，而国际疫情相当严峻。疫情国家的医疗仪器需求成倍增长且迫在眉睫，迈瑞践行企业责任，体现国际担当，全线调动国内外力量，加班加点地生产疫区急救医疗设备，并快速发往疫情国家。

传达

视觉

第三章

设计的视觉与触感

VISION AND TOUCH OF DESIGN

《设计》杂志社主编　李杰

　　产品设计是工业产品技术功能设计与美学设计的结合与统一，集现代科学技术与社会文化、经济和艺术于一体。产品设计是综合运用科技成果和社会、经济、文化、美学等知识，对产品的功能、结构、形态及包装等进行整合优化的集成创新活动。它实现了将原料的形态改变为更有价值的形态。产品设计师通过对生理、心理、生活习惯等一切关于人的自然属性和社会属性的认知，进行产品的功能、性能、形式、价格、使用环境的定位，结合材料、技术、结构、工艺、形态、色彩、表面处理、装饰、成本等因素，从社会的、经济的、技术的角度进行创意设计，在企业生产管理中保证设计质量实现的前提下，使产品既是企业的产品、市场中的商品，又是老百姓的用品，达到顾客需求和企业效益的完美统一。从历年国际设计奖的获奖作品来看，设计活动与材料的发展是相互促进、相辅相成的。

　　数千年来，人们不断地发现新材料，利用新材料推动了器具的进化，带来了设计观念的更新。比如，现代家具生产中大量利用胶合板，形成了曲线形的家具造型，使居室设计出现了丰富的变化，进一步为环境设计提供了新的设计手法。由此可见，一种新的材料的改进，会像多米诺骨牌一样，带来一系列的变化。新材料的大胆利用是设计师的胆略和智慧的体现，也为设计师提供了积极参与文化发展的机会。

　　在新媒体时代的背景下，各领域蓬勃发展，视觉传达设计在新材料、新技术的应用下也得到了飞跃性的提升。新媒体时代对视觉传达设计发展产生的影响是深远的，视觉传达设计要能够从自身的优势出发，提高视觉传达设计的发展水平。新媒体时代的新材料应用改变了人们的审美观念，也提升了用户对质感的期待。在数字化视觉图像应用传播下，新材料、新技术扩宽了视觉传达设计应用的范畴。面对越来越复杂的发展环境，视觉传达设计的发展要顺应时代发展的潮流，向着多样化的方向迈进，从而为人们的生活和工作带来不一样的视觉影响。

改革开放至今，我国的工业化进程不断推进，这给中国经济发展提供了不可忽视的重要动力，但同时也对环境造成了不可逆转的负面影响，为了保证中国经济的可持续发展，我们必须要在各个方面采取相应的措施。而绿色材料的出现和应用，正是一种行之有效的环保手段。人类社会想要在未来长远可持续的发展，就离不开环境保护理念在各行各业的推广和落实。现代产品设计行业作为具有创新性、前沿性的行业，必须要尽快与环保理念结合，将绿色材料作为产品原材料，为现代社会的长效发展做出贡献。

曹雪：
设计师是连接不同门类设计师 / 团队的介质
CAO XUE：DESIGNERS ARE THE MEDIA
THAT CONNECT DIFFERENT CATEGORIES OF DESIGNERS / TEAMS

曹雪
广州美术学院视觉艺术设计学院院长、教授、硕士生导师

　　曹雪，教授，硕士生导师，广州美术学院视觉艺术设计学院院长，1985 年毕业于无锡轻工业学院（现江南大学）造型美术系，北京 2022 年冬奥会吉祥物设计团队负责人，北京冬奥会吉祥物总设计师，曾设计广州城市形象 Logo。

　　"视觉传达设计能做的事还有很多，视觉传达设计所能解决的也不仅仅是视觉层面的问题，更不是有所谓绘画基础的人就可以顺理成章地成为一名视觉传达设计师。"曹雪在此次访谈中谈到了目前视觉传达设计存在的局限，并强调眼界左右着一个人的格局及服务的品质，再高端的设计最终也是服务于人的，服务意识的高低会直接转化为服务质量的高低。

《设计》：2019 年是新中国成立 70 周年、改革开放的第 41 年，在这 70 年中，中国设计取得了长足的发展。请您从自己的专业角度出发，谈一谈给您留下深刻印象的几个时间节点和事件。

> 曹雪：新中国成立伊始，几项与视觉相关的设计，至今无人不知、无人不晓——国旗、国徽等——它们甚至从此奠定了作为国家层面的审美调性。我虽非共和国同龄人，但它们对于我辈乃至更晚辈设计人所产生的直接或间接影响是超乎想象的，尤其是当你笔下的点、线、面、色等关乎国家形象时。然而，真正让设计在中国大地上发生了无论量变还是质变的重要过程，无疑是改革开放这 40 余年，而当代设计教育也正是从这个历史时期才开始起步的。我本人有幸成为这个阶段的见证者与亲历者——北京亚运会，香港、澳门回归，北京奥运会，上海世博会，广州亚运会，乃至正在积极筹办中的北京冬奥会等，我和其他团队成员都或多或少地参与了其中的某些设计项目。此乃幸事也！

《设计》：在您看来，视觉传达设计在我国是一种怎样的状态？在国际上的影响力如何？局限来自哪里？

> 曹雪：奇怪的是，在很多人看来，视觉传达设计似乎只有审美性，没有功能性；只有形而上的诉求，没有形而下的诉求，尤其是当它被统称和简称为"平面设计"以后，设计出来的不少东西确实越来越平，计算机盛行之后更加明显。有趣的是，假以某某文化之名，巧立名目的各类海报设计活动或赛事总是层出不穷，一批酷爱自说自话、自娱自乐的人乐此不疲，是一种"去甲方（客户）"式的做法。设计和纯艺术不同，往往需要角色出演，而不是本色出演。当然，总在抱怨天天受气的设计人，为了找回自尊，偶尔结伴玩玩也无妨。但是，视觉传达设计能做的事还有很多，视觉传达设计所能解决的也不仅仅是视觉层面的问题，更不是有所谓绘画基础的人就可以顺理成章地成为一名视觉传达设计师。客观

插画设计

地讲，就视觉传达设计而言，中国目前没有大师，虽然满大街、满朋友圈都廉价地互称大师，我也不能幸免，但真正的大师是有着独立人格和独创思想，影响时代和影响世界的人。中国目前的设计暂时还谈不上国际影响力，但我相信，它不远了。谈到局限，我个人认为，太多视觉设计师的眼界与信息化时代不匹配，构建问题的广度、深度和角度远远不够。

《设计》：2017年至今，您带着《塔外》系列设计涉外展游历了伦敦、米兰、巴黎等国际大都市，您曾表示"对中国当代生活状态的自然流露，才是文化自信的体现"，请您谈谈，在中华民族伟大复兴的今天，什么才是中国传统文化与现代设计完美融合的正确方式。

曹雪：说实话，我每次带着国人设计师的作品出国去展览都充满了自信，而《塔外》展的三届观众用他们的留言乃至眼神与手势回馈验证了我的自信。我一直认为设计展最能直接体现当下中国人的生活及生活方式。我们本以为互联网时代，中国的设计早已为外国人所熟知。但通过这三次展览，我发现并非如此。我们必须承认，相对于"请进来"，我们"走出去"的机会还是少之又少。

"传统文化"与"现代设计"这两个词经常被人简单而又表面地捆绑在一起。对视觉传达设计而言，似乎只要以传统元素加上现代语言的做法，即可大功告成。我曾经说过，最高境界的中国设计，并非要出现中国元素（此话也常常被人误读）。中国人的审美方式、观看方式、表达方式乃至思维方式等一定会不自觉地体现在任何一类的设计作品当中。正如许多外国观众看完我们的《塔外》展后惊呼：原来中国设计不只是他们早已熟知的那些传统元素和有限的表达手法，而是时尚、灵性和智慧的！

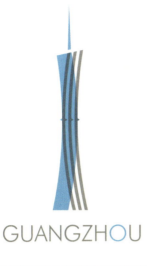

上左 / 广州城市形象 Logo
上右 / 亚洲美食节 Logo
下左 / 广州美术学院 2019 毕业季主视觉设计之一
下右 / 塔外设计展主视觉设计

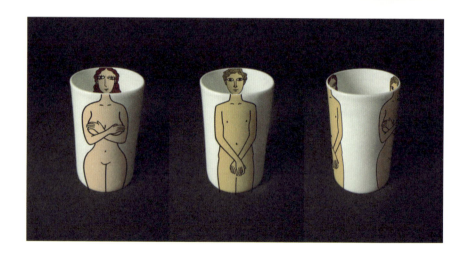

上 / 唱片设计
下 / 杯子设计

《设计》：您先后为广州设计了城市形象 Logo（标志）和广州亚洲美食节视觉 Logo，其中都应用了"小蛮腰"的形象线条，这是否体现出设计与城市相关 Logo 的规则？

曹雪：我不喜欢"规则"一词，如果说有规则，那么这两个 Logo 设计的所谓规则都是我自己定的。当然，在设计它们之前，都被甲方要求需有广州元素出现，而具体是什么元素，却无人明示。其实，在这两个 Logo 之间，我还设计了另外两个同样运用了"小蛮腰"元素的 Logo，只不过这两个活动的传播力不够，见到 Logo 的人也就较少。我想说的是，四个 Logo 设计选用同一个元素来演绎，似乎看上去既"变态"又黔驴技穷。但这正是我想努力去超越自己的一种方式。我做事，喜欢去挖掘可能性。客观地说，把这四个标志放在一起，它们完全不相似。再者，即使在我们动手之前真的存在种种规则，那也无妨，因为最终效果的呈现完全取决于各自的戏法是否巧妙和高超。另外，我想解释的是，不是我本人酷爱"小蛮腰"，而是我所选择的城市视觉元素必须与当下更为广泛的受众以及媒体的认知达成共识，视觉传达，因达而传。

《设计》：您曾说"设计师眼界一定要高，身段一定要低，不能养出艺术家的脾气"，那么在您看来，在视觉传达设计中，艺术与设计是怎样的关系？

曹雪：在我看来，无论做哪行，眼界都比知识重要得多，或者说眼界里就已包含了所有知识，这种知识是质变过的，而非量变。同时，眼界又左右着一个人的格局及服务的品质，而再高端的设计最终也是服务于人的，只要是服务，就务必降低身段，服务意识的高低会直接转化为服务质量的高低。设计作品本身就是一种沟通的介质，想要与不同层面的人沟通成功，就要调整不同的身段。视觉传达设计中的所有艺术成分，说到底就是一种沟通手段，它属于设计语言的范畴。诚然，它同样具有审美功能，此点与纯艺术作品无异，但它一定不以审美为最终目的或唯一目的，只是设计师的艺术修养会影响作品的品位与气质。

《设计》：随着科技和材料的迅速发展，视觉传达设计的方法及与受众的交互方式是否有所变化？

曹雪：变化是毫无疑问的，所以之前我反复强调视觉传达设计所能涉猎的领域还有很多。如今，无论设计还是设计教育，都充满了太多的新生事物和未知数，这对于靠创意和设计而活着的人来说，反而充满了刺激和欲望。其实我们不用过于杞人忧天，去担心设计及沟通方式的改变问题。就像电影里的一句台词，"生命会找到它自己生存的方式"，何况，设计只有未来时。

《设计》：您曾谈到"社会设计"的概念，认为"设计就是一种文明、一种人文关怀，中国的社会设计还没有真正起步"。那么，在用设计解决社会问题的问题上，您如何回答"一张海报能解决什么问题"这样的问题？

曹雪：从城市到乡村，我们究竟有多少可以以设计为媒去解决的问题，你我都难以估量。我所说的设计绝对不是美化工程和"面子工程"，而是跨越了所有设计门类边界的一种建构和体验方式。生活于社会之中，只有人与人之间多一分关怀之心，方能出现"关怀"之设计。遗憾的是，我们有太多公益主题的设计只是止步于标语口号和海报。仅以垃圾分类为例，我们不知喊了多少年，但却总是收效甚微，殊不知这是一个系统工程，不是一两个环节即可解决的事情。况且，我们习惯于过分关注人的态度，而忽略了人的行为，其实设计完全可以直接去规范和左右人的行为。为此，我早就撰写过《文明不是文艺》一文来阐述我的观点。我也不知道，一张即便是设计精美的海报，到底能够解决什么问题，或能解决多大的问题。我们总是自己把设计的门槛做低，把设计前进之路做窄。

《设计》：做一个好的视觉传达设计师，应该具备哪些技能？如何继续学习？

曹雪：设计师首先应该热爱生活，并应具备超凡的洞察力。于当下，于未来，他们不仅应具备发现问题的能力，更要善于构建问题、创造问题。设计师需先学会"共情"，之后方能知道如何去"煽情"。此外，我多次跟学生们说过，一个创意工作者要日积月累地在自己的大脑中尽量去储存更多的信息（A点），这样，当你看到目下的事物（B点）时，才有可能产生"化学反应"（兴趣点、灵感），否则通常都是视而不见、充耳不闻。即使是视觉设计师，平时所做的观察与记录，也不仅仅是对于图形或图像的记录，它可以是对一段情节、一种情绪或一种情感的记录——文字表达的止点正是视觉设计的起点。在当下，不仅视觉设计本身是一个介质，就连设计师本身也是一个介质，他们的作用往往是连接不同门类的设计师或设计团队。

《设计》：请提出一个您认为当下最值得业界讨论的话题并抛出您的观点。

曹雪：话题：人工智能来了。我的观点：设计师应潜心其中，该做什么就做什么。相信我，未来一定还有人活着！

《设计》：视觉传达设计发展的国际大趋势是怎样的？

曹雪：大趋势我也不知道，我只能说目前我能够感受到的小趋势是视觉传达设计变得越来越平面化、动态化和均质化。不过，请保持"趋势"变幻莫测、喜新厌旧之风格，否则，设计何来前景？

《设计》：请您和读者分享1~2个最近您正在关注或研究的理念／领域／问题。

曹雪：在大家热衷于国家形象、城市形象的设计时，我却在近几年一直关注着动态标志设计的发展进程，其中包含着太多颠覆传统认知的全新理念。不仅对于设计师，我希望我们的客户乃至整个社会，也能同步于这些理念的发展，从而以小见大，共同输出新时代之气象。

韩绪：
去学那些不可学的东西
HAN XU： TO LEARN WHAT NOT TO BE LEARNED

韩绪
中国美术学院副院长、教授、博士生导师

　　韩绪，艺术学博士，中国美术学院副院长、教授、博士生导师，中国美术学院学术委员会委员，中国文字字体设计与研究中心专家委员，浙江省中青年学科带头人，《中国大百科全书》视觉传达设计分支副主编。

　　在韩绪看来，视觉传达设计过早进入表面繁荣的成熟期，确实是喜忧参半的事，也根本无法谈国际影响力。韩绪希望国内院校之间的差异能够更明显，打造出自身的特色。审美判断能力、社会感知能力、技术学习能力、跨界创新能力是中国美术学院为创新设计学院的本科培养设定的 4 种能力，学院并不称之为技能，因为"技"不是重点。而已经走上社会的个体还需要继续学习，最要紧的是弄清学什么。韩绪建议，"去学那些不可学的东西"。

《设计》：2019年是新中国成立70周年、改革开放的第41年，在这70年中，中国设计取得了长足的发展。请您从自己的专业角度出发，谈一谈给您留下深刻印象的几个时间节点和事件。

韩绪：新中国成立之初，新的国家形象工程启动，视觉传达设计领域如国徽、人民币、团旗、队旗等的设计，建筑领域的首都十大建筑设计，产品设计中第一批民族工业的新设计等，整体形成了新中国的第一次设计新风貌。

第二个重要阶段是在视觉设计领域中对新中国人民形象的新展示和新推广。这个阶段从时间跨度上讲也比较长，从新中国成立之初一直延伸到当下，描绘的对象涵盖较广，从初期的工农兵形象到中期的英雄样板，再到中后期的工农兵学商群体形象以及现今的筑梦者、践行者形象。这种以局部见整体的设计手法和叙事方式，成为伴随新中国成长的某种范式。

《设计》：在您看来，视觉传达设计在我国是一种怎样的状态？在国际上的影响力如何？局限来自哪里？

韩绪：视觉传达设计过早进入表面繁荣的成熟期，确实是喜忧参半的事，但我们必须清醒地认识到，自认为的成熟恰恰证明还远未成熟，也根本无法谈国际影响力。对比欧美以及日本的设计发展历程，我们的设计小圈子还没有真正学会"一起游戏"。比如，早在20世纪初，德意志制造联盟将设计与产业融合，产出的社会提升观念远远超过其产出的设计作品，在后来的100多年持续帮助和推动社会的提升；再如，20世纪60年代，日本的视觉传达设计已经与产品设计、环境设计、建筑设计、时尚设计等一道深度融合于商业，并适时地影响整个社会文化及意识形态，这是我国设计界和设计学科都尚未做到的。

上 / 中国美术学院建院 70 周年——新星辈出 1998
下 / 靳埭强设计展 1998

《设计》：随着科技和材料的迅速发展，视觉传达设计的方法是否有所变化？

韩绪：传达，是一个不随媒介变化而变化的人类恒定需求。我个人对技术更新以及材料的迭代并不会感到焦虑。

《设计》：您曾在 2018 年做过题为《时代背景下的设计思考》的演讲，强调今天的这个时代是互联网、大数据、量子力学等共存的时代，人们浸泡在科学中，今天的我们需要充分认识这个时代，重新思考艺术和设计，在关键的时间做关键的感悟。同时，您还表明了自己对于当下设计改变人们行为方式所产生的不利因素的担忧。请您谈谈您对艺术与设计的重新思考，以及担忧来自哪里。

韩绪：感谢您提到我的那次演讲，最主要的担忧来自人的思考落后于所处时代。我心目中优秀的设计师、艺术家、文学家、哲学家等，应该同时是预言者，像 19 世纪 40 年代的约翰·拉斯金、20 世纪 20 年代的柯布西耶、20 世纪 70 年代的维克多·帕帕奈克和理查德·道金斯、20 世纪 90 年代的凯文·凯利和尼古拉斯·尼葛洛庞帝，而今天由于互联网造就的扁平世界以及碎片知识，多多少少有些干扰，甚至阻碍我们预见未来以及重新发现日常。

《设计》：在《时代背景下的设计思考》演讲中，您提到大量建筑学科的名家名作，您是否做了很多跨学科的研究？其他学科的内容对您的设计思维以及设计教学产生了怎样的影响？

韩绪：建筑类，可能是设计圈（如果它愿意屈尊为设计）中理论建构最完备的学科类别了，至少我是这么认为的。

我读博期间，课题涉及城市以及社会，故建筑、规划、社会学等都必须是文献研读的对象，当然还因为我有 2 年的规划局副局长的挂职经历，这些都促成我"半主动"地去接触其他学科，今天回想无疑是有益的，但跨出第一步却是非常痛苦的，如同离开旧壳的寄居蟹，盔甲全无的羸弱感，恐怕只有经历过才知道。

就像那个故事说的，村里只有一只时钟，大家都完全遵照它，无论它的快慢对错，但当第二只时钟出现在村里时，颠覆、选择和思辨等接踵而至。

《设计》：国内的视觉传达设计教育现状如何？您认为存在哪些问题，各大高校有怎样的特色？外国高校有哪些经验值得借鉴？

韩绪：虽然我也从事视觉传达设计教育，但我始终认为教育不是全部，也不能解决所有问题。再细分，我认为学校和学校也应分开，不是一个笼统概念可以涵盖的，不同的学校应完成属于它的独特任务，这里讲的"独特"是指院校的层级、办学的目标、秉承的传统、周边产业状态、生源的优势、校内学科的多寡、地缘的优势等。可见，每个学校的任务是不同的，延伸出的各项主张也都应该是不同的才对。但现在各校之间的差异，在中国这个版图上来讨论的话，我觉得还不够大。

国外院校就是有差异，找不出一样的来，就是这些差异，才值得我们关注。

《设计》：做一个好的视觉传达设计师，应该具备哪些技能？如何继续学习？

韩绪：审美判断能力、社会感知能力、技术学习能力、跨界创新能力。这也是我们为中国美术学院创新设计学院的本科培养设定的 4 种能力。我们没有称它们为技能，因为"技"不是重点。

谈到继续学习，靠个体，我认为最要紧的是弄清学什么。有句话也许不太好理解，但我还是愿意说出来，即"去学那些不可学的东西"。

《设计》：请提出一个您认为当下最值得业界讨论的话题并抛出您的观点。

韩绪：设计的伦理。突破商业之后，我们能真正看清设计，其实那时我们才真的看清了这个世界。

上 / 城市发现: 木马计 1999
下 / 水到涸时方惜水: 中文版 1999

《设计》：视觉传达设计发展的大趋势是怎样的？

    韩绪：保罗·兰德曾说过，设计就是处理"关系"。

           视觉传达设计会在更多、更庞杂的关系中显现它的价值。

《设计》：请您和读者分享1-2个最近您正在关注或研究的理念／领域／问题。

    韩绪：如何协同政府部门、技术企业，利用管理、设计、技术共同改善

           社会公共服务。

《设计》：请您推荐一些值得视觉传达设计从业者及爱好者关注的资源，以及国内外值得关注的业界大事。

    韩绪：我喜欢原研哉说的一个观点：创新和创造未必来自新事物，重新

           审视我们忽略了的那些东西，也许更有益，因为我们忽视了太多。

靳埭强：
视觉传达设计要打破界限向更大维度发展
JIN DAIQIANG: VISUAL COMMUNICATION DESIGN SHOULD BREAK
THE BOUNDARY AND DEVELOP TO A LARGER DIMENSION

靳埭强

国际平面设计联盟（AGI）会员
中央美术学院、清华大学、西安美术学院等高等院校的客座教授

　　靳埭强，国际平面设计联盟（AGI）会员，中央美术学院、清华大学、西安美术学院等高等院校的客座教授。其艺术作品常展出海外各地，曾在英国、美国、德国、芬兰、日本、韩国、新加坡、中国等地多次策划及举行个人展览，业内称呼他为"靳叔"，在平面设计界是当之无愧的大师级人物。

　　靳埭强主张把中国传统文化的精髓融入西方现代设计的理念中去，并强调这种相融并不是简单相加，而是在对中国文化深刻理解上的融合。在专访中，靳埭强谈到，拿一些代表中国的图腾元素做表面的呈现，就像我们戴着面具说自己是中国人，正确的方式应该是用当代人的精神面貌反映内在的中国心和文化思想。

：2019 年是新中国成立70 周年、改革开放的第41 年、香港回归22 周年、在这几十年中，中国视觉传达设计取得了长足的发展。请您从自己的专业角度出发，谈一谈给您留下深刻印象的几个时间节点和事件。

靳埭强：1978 年我曾经去广州美术学院参加一个学术交流，我的老师是团长，我是副团长，把当时香港新的设计理念带进来，还带去了我策展的一个香港设计展，带了 20 世纪 70 年代一些优秀的设计作品去展览。三天的演讲，我讲了三个不同的主题，从设计的基本理念到平面设计的构成以及包装设计的理念。现场礼堂座无虚席，是一个非常难忘的记忆。1981 年，我作为香港正形设计学校的校长带领老师再次赴广州美术学院进行交流，当时感到广东美术学院的老师已经把当年带来的设计理念在教学中有所探索，学生的功课也很有起色。广州美术学院在 20 世纪 70 年代末 80 年代初的学术交流起了很重要的作用，影响了整个中国的设计教育改革，是领先的院校。我第一次在台上与他们交流什么是"设计"，他们当时不叫"设计"，而是称为"装潢""工艺美术"，我觉得这不正确，"设计"是一个有计划的、策略性的创意工作，不单单是一种装饰、美化的理念。他们很开放地去探索和推行这种新思维，开展设计改革。我觉得这是非常难忘的事情。

《设计》：您曾在多所高校任教，您认为国内的视觉传达设计教育现状如何？存在哪些问题？各大高校有怎样的特色？外国高校有哪些经验值得借鉴？

靳埭强：以 20 世纪 70 年代末 80 年代初与广州美术学院的交流为起点，1981 年我带着在广州美术学院交流的展板去了天津，参加全国包装协会的年会，做了两个报告，进行了展览。90 年代，中央工艺美术学院（现为清华大学美术学院）邀请我教授毕业班，又接受邀约到各地讲学。中央美院最早聘请我为客座教授，靳尚谊院长在国际交流的过程中受到启发，开始要在中央美院发展设计教育，邀请我去做个展，聘请我为客座

上 | 中国银行行标 1981
下 |《手相牵》香港回归纪念银器 法国昆庭 1997

教授。后来，我陆续和全国很多高校都有了交流。

这40年来，视觉传达设计教育发展得很快，把古老的装饰和图案的概念改为现代设计的观念是非常大的改变。当年，不同的院校、不同的地区有不同的问题，视觉传达设计也成为设计学科里的热门专业，发展得很庞大，产生了一个很大的师资问题，这也成为中国设计教育中较大的问题。我们不能用普通学科来评估视觉传达设计的教学水平，不能单看学历，还要看经验方面来聘任老师，这个很难，也不容易改变。就像我，中学没有毕业，也没有专业的证书，都是用晚上的时间作为一名旁听生学习设计，最终也成了专业的设计师，还取得了不错的成绩，通过在院校兼职授课，影响了一批又一批的学生。

《设计》：近年来，您投入了大量的精力培训设计新生代，您认为课堂教学和工作坊相较，哪种形式更适应现代教学和实践？

靳埭强：课堂教学的方式是不能淘汰的，但是传统的老师在台上讲、学生在下面听，跟着老师的指示去学习的教学方法要改变。我觉得这种由上而下的不对等的教学关系应该改变，我主张师生之间应该是平等的，互相学习，老师不应该仅仅是把自己知道的知识教给学生，而是引导学生自己去寻找学习的材料，主动学习，在课堂上老师引导学生探索问题，多一些讨论，大家互相学习，教学相长。

工作坊是老师带领学生找到问题、解决问题的过程。对学生的主动性、思辨能力、分析能力、解决问题的能力都有更好的激发。工作坊中的学生不都是独立操作，跨学科、跨学院的不同背景的学生之间可以形成合作，一起探索，锻炼了学生的综合能力、合作能力、跨界能力，这对于未来创意产业是很重要的一种实践。

《设计》：在视觉传达设计中，艺术与设计是怎样的关系？

靳埭强：对包括视觉传达设计在内的各个学科来说，艺术的基础是很重要的。设计和艺术都是一个创作的工作，都有审美、艺术的成分，只是设计本身是实用的、有目标的创作，这点与纯艺术不同，纯艺术是艺术家个人主动的表现，把生活、感情发挥表现出来，感动别人；设计是为了解决人生活需求的问题，实现更好生活的目标。

《设计》：随着高新科技和创新材料的迅速发展，视觉传达设计的方法是否有所变化？传达的方法是否也发生了变化？

靳埭强：科技在不断发展，尤其是最近半个世纪以来高新科技的发展，视觉传达设计的工具和载体的变化非常快且大，而设计的本质并没有变，我们如何利用视觉的元素去传播我们的讯息、抒发我们的感情是不变的。我用传统的观念看待高新科技工具，有一句话叫"意在笔先"，就是先有观念，之后才用工具进行创作。我们要用开放的态度面对新的工具，但不应该受工具的影响，要充分理解工具的特点，利用优点来完成我们的创意，而不是看新科技能干什么我们就干什么，不要被工具牵着鼻子走，本末倒置不可取。

《设计》：中国传统文化的价值越来越受重视，而您一贯注重传统文化在设计中的应用，请您谈谈怎样才是传统文化与现代设计完美融合的正确方式。

靳埭强：每一个地方的设计反映的都是当时当地的文化，所以我们中国人的设计服务中国市场，在这个生活环境里，我们的设计就应该反映中国人的生活态度、哲学思想，配合、促进这种文化的发展，将其发扬光大。20 世纪 70 年代初，我开始重新学习利用中国文化的不同层面，注入我的现代设计当中，用现代的语言进行发挥。如果想达到完美融合，首先要重视自己的生活态度和哲学思想，我们的传统艺术、优秀的文化遗产

都要好好地学习，深刻理解，

这个过程不是单纯地将里面的一些元素用到设计中，而应该是理解它的来源、理念、思想是什么，消化成为我们的营养，作为创意的源泉，融合创新，用当代的语言表现传统文化的精髓。用一些代表中国的图腾元素做表面的呈现，就像我们戴着面具说自己是中国人，正确的方式应该是用当代人的精神面貌反映内在的中国心和文化思想。

《设计》：您多次担任国际设计大赛评委，还有一个以自己的名字命名的设计奖"靳埭强设计奖"，那么在您看来，中国视觉传达设计的水平与国际水平还有多大差距？

靳埭强：国际舞台上的优秀中国设计已经有一定的实力，获得国际大奖的设计不在少数，未来二三十年中国高水平设计师的队伍一定会更壮大。尽管如此，以中国的人口基数来说，优秀设计师的比例还是偏低。我们应该努力培养好年轻一代的人才，让年轻人知道什么是好的设计、好的创意，如何追求原创，注重尊重版权，抵制抄袭行为，追求原创。

《设计》：青年设计师应当如何找到自己的风格？

靳埭强：我觉得青年设计师不应该急于形成自己的风格，青年设计师应该多找寻不同的方法去做设计，而不要着急确定风格，锻炼自己在主题、文化、审美上的提升，学习的时候可以借鉴前人的经验，但也要尽量用自己的方法、思想去求不同，而不是用别人已经成功的方法、概念，要追求与众不同的手法、创意，即"求不同"，在这个过程中提升审美，在这个过程中形成风格。个人的风格是不重要的，风格应该是多元的，因需求而定，为客户量身定做，追求的是成就他人的风格，而不是自己的风格。

上｜靳埭强设计奖获奖作品集 设计：黄炳培 2005
下｜为重庆设计城市品牌形象 2004

《设计》：做一个好的视觉传达设计师，应该具备哪些技能？如何继续学习？

靳埭强：我觉得视觉传达设计师要有审美水平、创作能力、分析能力、客观的判断理解能力，能用合适的方法表现，所以不仅仅是动手能力，如何去思考、创新、合作、跨界更重要。当代的视觉传达设计已经不是平面的、单一的、二维空间的，它是多维的、跨界的，空间越来越大，设计师要终身学习，在生活中学习。

《设计》：请提出一个您认为当下最值得业界讨论的话题并抛出您的观点。

靳埭强：物资的浪费和对环境的影响是值得我们重视的。百年前的包豪斯"为人而设计"的宣言感动了我，在它的影响下，我用包豪斯的理论和审美观做了 50 年的设计，然而现在我回头看，发现我们只为人而不关注环境资源和与我们共生的生物是不对的。当终有一天资源耗尽，我们将无法生存。所以我们应该关心万物，而不仅仅为人，于是就形成了我常常提及的"为万物设计"的观念。

《设计》：视觉传达设计发展的大趋势是怎样的？

靳埭强：视觉传达不是二维的，而是多维的；不是越来越专，而是要打破界限，跨领域向更大的维度发展。设计师要勇于打破平面空间，向多维度跨界发展，未来的发展空间会更大，有更多机会创作出更好的作品。

《设计》：请您和读者分享 1-2 个最近您正在关注或研究的理念 / 领域 / 问题

靳埭强：我在汕头大学长江艺术与设计学院担任院长改革设计教育的时候，很关心设计伦理的问题，我希望年轻人学设计，设计伦理教他做人做事，不光要学专业技能和观念，更应该注意什么不能做。有些事情是对人类有害的。我们为企业、品牌做设计，一定要知道产品是对人有利、对他者有利的。我们需要建立一个良好的行业环境，不能恶性竞争、不贪污贿赂，不做伤害行业的事，比如拒绝价低者的投标机制、不付费的比稿等，要建立一个有尊严的、有理想的、利他主义的设计师的操守。我写了一本名为《关怀的设计》的书，有理论、有个案，希望青年和老师都能够关心设计伦理，并向这个方向努力。

《设计》：请您推荐一些值得视觉传达设计从业者及爱好者关注的资源，以及2019 年海内外值得关注的业界大事。

靳埭强：粤港澳大湾区的发展值得关注，是设计创意行业从业人员和爱好者应该关注的资源。改革开放后，珠三角的发展日益蓬勃，香港、澳门、深圳、珠海及邻近的各个城市都在不断发展进步，连成一个紧密的生活圈，里面有不同的市场、行业和人才。我从 20 世纪 80 年代开始接触内地市场，在深圳开设了分公司，从最初的 5 个人已经发展到了 30 多人，也是靳刘高公司发展的主要力量。从这个方面来说，我很早就看到地区发展的重要性，所以我觉得设计行业的从业者、爱好者都要关注大湾区的资源。我的深圳公司刚刚搬到了一个比较大的空间，我将在二元桥办个展，希望届时能够和更多的国内同行交流学习。

李中扬：
新增长点带动视觉传达设计朝新目标迈进
LI ZHONGYANG : NEW GROWTH POINT DRIVES VISUAL COMMUNICATION
DESIGN TO NEW GOAL

李中扬
首都师范大学美术学院视觉设计与教育研究所所长、教授、硕士生导师

　　李中扬，首都师范大学美术学院视觉设计与教育研究所所长、教授、硕士生导师，国际平面设计协会联合会会员，光华龙腾奖·中国设计贡献奖银质奖章获得者，现为中国高等教育学会理事、国际设计联合会（ico-D）成员和美国专业设计协会（AIGA）会员。李中扬长期从事设计教育、研究与专业实践工作，参与"863计划"课题，其教材获评国家级精品教材。李中扬担任国际设计赛事评委，中国教育部、文化部和科技部设计项目评审。其作品入选《中国艺术大展》《意大利国际海报双年展》《俄罗斯金蜜蜂国际平面设计双年展》等并多次获奖，其海报收藏于德国汉堡艺术与工艺美术博物馆。李中扬主持策划了北京国际设计周《国际公益海报佳作展》《当代国际水墨设计展》等。在本期专题中，李中扬分析了国内视觉传达设计学科的历史沿革，以及视觉传达设计发展的大趋势。

《设计》：如果说工业设计在国内的发展像在蜜月期，有机遇也充满挑战，视觉传达设计的状态则有些像早已步入正轨的家庭生活。在您看来，视觉传达设计在我国是一种怎样的状态？在国际上的影响力如何？

李中扬：视觉传达设计作为较老的设计学科，有种"吃不饱，饿不死"的感觉，各方面存在着许多的问题。过去我们常说，设计被认为是大装修、中平面、小造型的格局，如今这种格局已悄然改变，成了大装修、中造型、小平面，这说明视觉传达设计在传统领域中正在萎缩。信息化社会，视觉传达设计遇到了新的挑战，数字媒体不断涌现，线上视觉设计的崛起需要用多元的视觉方式来呈现。随着系统设计的提升，我们的业务要求和角色不断发生着变化。人们不禁要问，视觉传达设计新的增长点在哪里？平面设计公司能够支撑多大的业务量？经调查，北京某知名品牌设计公司，其新媒体设计业务量已经超过了平面设计本身的业务量，这种状况令人揪心，是固守还是开拓，的确进退两难。在这种背景下，高校培养出来的专业学生缺乏实际动手能力，与企业无法对接。

中国视觉传达设计在国际上有一定的影响力。因为中国平面设计师较早地进入了国际专业平台，早在 20 世纪 60 年代已获得国际平面设计奖项，而现在荣获世界广告五大奖、国际海报五大展的中国设计师大有人在。可以说，中国视觉传达设计在国际上参与比赛和展览所获得的奖项是所有设计类别中最多的，也是最全面的。

《设计》：随着科技和材料的迅速发展，视觉传达设计的方法是否有所变化？

李中扬：视觉传达设计的方法从广义来说可以分为设计前、设计中与设计后的方法。我们现在要谈的设计方法的变化，主要从协同创新、传播途径与系统设计三个方面来考虑。

第一，协同创新。随着高科技下的人工智能迅速发展，给国内视觉传达设计带来了新的机遇与挑战。首先，人工智能设计是一种高科技下的设计呈现方式。设计师通过高科技手段把人的意识、理念、技术带入到一种智能化中，这种智能化状态经过优化、合成，转换为新技术支撑下的设计方式。其次，视觉传达设计新材料的出现，让过去的技术与工艺受到强烈的冲击，一方面，现代科技与新材料的使用使设计的价值和品质不断提升，设计时尚化给予人们更多的视觉与产品体验；另一方面，新技术下的环保意识让设计更加具有生态的理念，形成人与自然和谐共生的循环圈。通过对未来视觉传达设计材料的使用，将全球设计理念打造成具有一定高度的可持续发展的平台。通过智能输出，我们可以更好地利用科技手段进行创新，探索未来视觉传达设计发展的新途径。

第二，传播途径。通过设计方法的延续，达到客户的目的和需求，形成有效的传播路径和交流互动，客户与设计之间应有效地沟通，才能获得双方的认同。利用多样化的传播形式，进行全面的、系统的升级。

第三，系统设计。通过视觉传达设计的手段，不断建构与整合，形成组合的多样化，以系统设计的方式凸显视觉传达设计的整体意识。

总之，面对国内的地域文化、旅游、娱乐、文创和大型活动的兴起，设计师通过跨界融合，运用系统设计方法给予受众以企业的核心价值和品牌的理念，让方法变成有趣的故事，传播文化理念与战略；从文化现象和品牌意识出发，进行商业价值转化，达到真正的设计目的与诉求。

《设计》：您策划的"水墨设计"展即将举办第三届，请您谈谈这个展览最初是如何策划的。第三届展览较前两届有什么变化？在您看来，"水墨"代表怎样的中国传统文化和精神，如何与现代设计相结合才能相得益彰？

李中扬：我们策划的北京国际设计周《当代国际水墨设计展》已经举办了两届，第三届将改为双年展。该展览从设计的角度出发，利用水墨的特点进行设计上的创新与创作。将水墨设计纳入到国际平台上加以呈现，充分利用国际资源和地域优势，逐渐形成"世界领先、中国唯一、北京平台、首师特色"的展览理念。同时，结合我院水墨绘画方面的优势和特点，如何将艺术与设计结合在一起，通过设计让水墨文化与艺术融合，在应用方面有所发展。通过两届国际水墨设计展，我们征集了20多个国家、六大类别、5000多件作品，采用中外评审团队进行严格评审，确保获奖和入选作品的水平。通过第三届双年展，我们准备从以下几个方面加以考虑：第一，在设计意识与创作上给予更大的准入空间，确保作品的多样化与高品质。第二，强调跨界融合，吸收具有一定水墨意识的新作品，使不同的专业领域都可以进入水墨设计平台。第三，在水墨设计的主旨下，不断扩大展览的内容与品种。第四，提升水墨设计的文化价值，突出学术思想，形成一定的理论高度。

国外的设计大师对水墨设计的探索和应用方面很有兴趣，他们利用现代水墨这一特有的视觉媒介，融入他们的设计作品中，体现出水墨设计不是单一的，而是多元化的。那么，既然是多元化的设计形式，我们一定要把这个平台做得更高更强。

说到水墨设计，我们绕不开香港著名设计师靳埭强先生。他的"水墨"符号影响了中国乃至世界。通过水墨设计的方法和运用，他的作品展现出中国水墨文化的意蕴。水墨设计的发展对中国文化而言，有着突出的优势和特点。它就像中国的乒乓球，无论国内还是国际均展现出不凡的实力。国球已成为中国运动员在国际乒坛上成绩显赫的常青树，而我们运用了水墨特征去加以构建。在水墨设计领域挖掘传统文化精髓，利用国际平台去传播水墨设计的文化价值，形成独具风格、富于探索的新水墨设计方向。当代水墨设计，除了视觉传达设计领域之外，还包括文创设计、环境设计、媒体设计、水墨实验和水墨艺术等方面。它具有开拓国际视野、吸取传统精华、弘扬中国文化、强化人文优势，不断深化水墨设计的个性化与设计应用，使之融入社会与大众之中。

《设计》：国内的视觉传达设计教育现状如何？您认为存在哪些问题，各大高校有怎样的特色？国外高校有哪些经验值得借鉴？

李中扬：关于国内视觉传达设计的教育现状，大家可以通过每年高校毕业设计展了解信息，目前国内设计教育机制大部分千篇一律。视觉传达设计教育目前在发展过程中遇到很多困难和阻力，从学科建设来看，大家在教学上付出了时间和精力，但成效不大。翻开各校教学大纲可以发现，多半是以传统形式授课，顶多补充了一些媒介设计课程，导致课程的系统化研究并不深入。另外，专业课程结构过于老化，未能有效地利用自身潜力形成专业特点。

针对国内视觉传达设计教育所面临的诸多问题，如何使教学目的和方法变得更加具有开创性，有几点值得关注：第一，可依据不同类型的学校提出办学理念和实施目标，在类别上，全国有美术院校、艺术院校、综合院校、文科院校、工科院校、师范院校、高职院校等性质的划分，不同的院校有不同的专业倾向和课程设置。第二，利用学校的学科优势，充分利用有效资源，形成自身特色。特色形成有其探索和沉淀的过程，要让资源发挥作用，并结合地域文化需求和项目来进行实践。让资源最大化、最优化与合理化，让资源与特色相结合，形成良性循环。第三，设计教育不仅仅体现在项目上，它与我们的教学目标、内容、方法、手段相统一。针对学生的基础课程，提倡维度递增与转换的能力训练。完善特色课程，如"图案设计"课，现在看来很有必要。因此，现在我们给予学生的知识点应该更有内涵和深度，学会探索和实验。通过多维思考和动手实践，让同学们充分感受、认知和体验，这对学生的学习与设计能力的提高有所帮助，十分重要。第四，模块化案例项目教学。作为设计课程，应当是有项目、有系统、有组织的整体教学。按照模块教学分类，把几门课融入大的教学系统，通过项目分析和案例研究，最后完成整体设计。它的最大优点是由多个老师来共同完成一个大的设计课题，让设计理论、方法与模块化的案例相结合，在实践中完成系统设计，这样做比较有针对性。

有关国外高校有哪些经验值得借鉴的问题，需要指出的是，国外设计院校有上百年的历史，教学体系相对成熟，专业课程相对稳定，形成了一定的教学特色。根据我国的国情和发展状况来看，设计教育在不断深化、改革和完善之中。从教学课程来看，需要增加人文和历史课程，在通识教育中，以宽口径的方式进入设计领域。从教学方法来看，以体验性教学、实验性教学与模块化教学等形式，加强创新意识和实践能力的培养。从教学过程来看，通过专业学习增强沟通能力，以国际视野拓展设计能力。师生在"教"与"学"的过程中，始终围绕主题，形成对话与交流方式。通过比较，国内院校在专业上注重技巧、技法的训练，而国外院校更加注重意识与方法的训练，两者在教学上有一定的差异性。

《设计》：做一个好的视觉传达设计师，应该具备哪些技能？如何继续学习？

李中扬：作为视觉传达设计师，首先要具备一定的设计基础，并熟练掌握基本软件。其次要对设计概念保持敏感度。在设计方法中，概念要有针对性，直接满足用户需求，在设计表达方面能针对客户要求进行准确表述。再次，作为一名设计师，要学会准确的沟通，因为设计沟通对于服务行业来说是非常必要的，如果在沟通上出现了问题，那么设计师将无法在设计上进行深入和延伸。最后，综合应用能力对一个好的设计师来说尤为重要。他能够将调查分析、定位与判断、设计语言、视觉表现与实施效果等与客户进行交流，利用综合优势讲好故事，让客户满意。

在继续学习方面，第一，强调系统性。过去，我们在专业学习方面

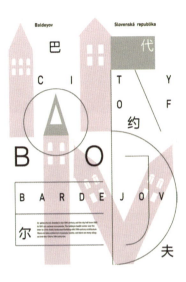

上左 | 李中扬—海报设计—《装饰 60》
上右 | 李中扬—海报设计—《温馨的巴尔代约夫》
下左 | 李中扬—海报设计—《斜塔双 A》
下右 | 李中扬—海报设计—《游山玩水》

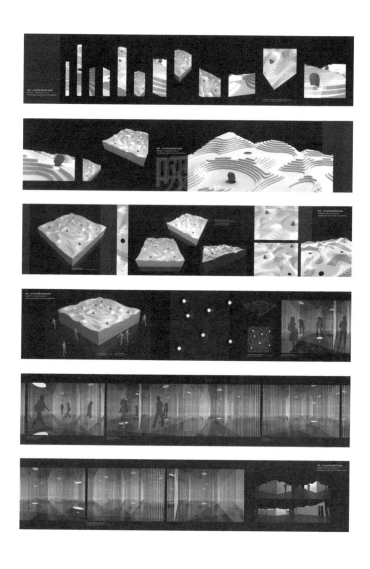

李中扬—中国美术馆展览作品—《呼吸》

都是零碎的知识，现在企业则要求对项目整体考虑，让系统性贯穿于工作与学习之中。第二，真诚交流与友好态度。设计师并不是艺术家，他能够帮助企业解决困难和问题，因而在与客户的交流中，始终保持以客户满意为原则，在设计上给出相对全面的方案，如将迎合型、引导型和折中型设计方案供客户选择，从中挑选满意的作品。第三，学会做一名有符号感的设计师，客户在选择设计师，设计师也在适应客户，如何让设计师成为客户的"手杖"，这点非常重要。设计机构与客户需要沟通，而设计师正是这种沟通的"手杖"，手杖应当具备有效性和针对性，而这点正是年轻设计师们必须去掌握的。

《设计》：视觉传达设计发展的大趋势是怎样的？

李中扬：目前，国内视觉传达设计发展较快，基于以下几点。

第一，维度递增，跨界转换。当平面设计遇到挑战时，你要用设计维度进行思考，现在的视觉传达设计已从一维到四维不断提升。一方面，遵循维度递进规律，让思维逻辑化；另一方面，运用多维方式不断建构与转换。创新思维在转呈中彰显新的概念与创意，使视觉传达设计效益最大化。

第二，线上线下，专业拓展。过去，我们的视觉传达设计主要在线下进行，很多方面都遇到了市场挑战，尤其在信息社会的"互联网 +"影响下。随着新媒体交互设计的兴起，H5、UI、动态设计、网页游戏、移动终端等媒体机构的新型人才不断涌入，它预示着线上视觉传达设计革命的到来。线上视觉设计在观念、思维、创新和方法上不断冲击线下视觉传达设计。

第三，科技介入，智能制胜。科技引领设计大势所趋。阿里巴巴发明的鲁班智能设计平台，它每秒钟就可以设计 8000 多张海报供客户选择，彻底颠覆了这种旧的商业设计模式，所以像大型活动、奥运会、商业推广等不再是单一的视觉形式，而是集科技、文化和综合设计于一体。

第四，地域整合，文创出彩。这给视觉传达设计提供了一个新的取向，因为地域化发展，品牌提升，旅游娱乐及文创产业提升要求我们从视觉传达设计内容上丰富其形式，做好文化设计，同时，包括生态环境、文化与旅游、教育与健康、少数民族设计等，这些都离不开我们对视觉文化的整体实施。

《设计》：请您和读者分享 1~2 个最近正在关注或研究的理念 / 领域 / 问题。

李中扬：我比较关注中国智慧设计，这个选题颇受启发。中国古代设计是优秀的文化遗产，在智慧、伦理和设计方面都很出色。好的设计，从古到今仍在沿用。它经历了时代的考验，除本身的功能外，它以智慧取胜。比如，汉字中的合体字，人们能够把文字组合在一起，并形成文字图形的符号，非常智趣。作为合体字，它结合了中国文字的永字八法，针对笔画巧妙穿插，形成了特定的文字符号。这种文字符号为老百姓所喜好，在很多地域和环境中都有应用。比如，"招财进宝"合体字，既有象征意义，又有吉祥寓意。渔民出海打鱼都要贴上这种符号，以示对收获的期盼，满载而归、年年有余。可以试想，如果用英文写招财进宝，以单词组成合体字的方法将难以实现。这表明中国汉字的特点及汉字结构的穿插应用，中国的合体字在全世界是独一无二的。

中国设计智慧在国外具有一定的影响力。设计师王序设计的海报《风月无边》，将"风月"二字的外框去掉，使文字符号本身有一定的想象力，非常有智慧和创意。海报《年华有限》将"年华"二字加上外框，使字形组合非常有趣而生动，形成了一种智慧和美感。两幅海报均以成语和文字为主题，设计中充满着视觉文化的哲理。除此之外，本人还比较关注"中国传统汉字排印智慧与设计应用"，中国古代对于文字的排列、组合、架构和使用非常有智慧，它们通过各种有意味、有特点的文字排列传递智慧。强调东方设计学理论下的建构与方法，以优秀的设计智慧加以归纳，学习和研究前人的经验，以中国的文化符号和设计智慧立于世界之林。

《设计》：请您推荐一些值得视觉传达设计从业者及爱好者关注的资源，以及2019年国内外值得关注的业界大事。

李中扬：视觉传达设计资源，应该说较为丰富。随着国家各部委的合并与改革，现在的职能部门发生了变化。在设计领域，视觉传达设计正朝着自然资源设计、生态环境设计、农业乡村设计、文化与旅游设计、教育与健康设计、人工智能设计、工程设计与少数民族设计等方向发展。新的目标政策带来了资源上的增长点，而这些增长点带动着视觉传达设计朝新的目标迈进。

2019年是不平凡的一年，国内外大事频频发生，设计方向正在悄然改变。2022年北京冬奥会、新中国成立70周年、"一带一路"国际合作、乡村振兴与文化建设、地域开发与生态设计、各地申办"世界设计之都"等活动给予设计注入无限的活力，国家发展和社会需求给予视觉传达设计带来新的机遇与挑战。

王敏：
当算法与想象力共同发力时，设计会更强大

WANG MIN：WHEN THE ALGORITHM AND IMAGINATION WORK TOGETHER,
DESIGN WILL ONLY BE MORE POWERFUL

王敏

中央美术学院设计学院前院长、教授、博士生导师、"长江学者"特聘教授

王敏，中央美术学院设计学院前院长、教授、博士生导师、"长江学者"特聘教授、中央美术学院学术委员会副主任，曾任香港理工大学设计学院讲座教授、国际平面设计联盟（AGI）中国区主席、北京奥组委形象与景观艺术总监，曾任教于美国耶鲁大学艺术学院，并担任世界著名的出版设计软件公司 Adobe 高级艺术指导与公司设计部门总管。

本次访谈中，王敏分享了新中国成立的 70 年中令他印象深刻的中国设计成长的三个时间节点。王敏称，中国现代设计理念与设计机制在前面 40 年的形成过程中清晰地经历了接纳、反思、传承和自立的过程，今后的 10 年将是多样、繁衍、渗透和深化的阶段。

从 1986 年起，王敏在硅谷参与并见证了从新技术引发的设计、印刷、出版的颠覆性变化到互联网时代设计与传播的革命性改变。

王敏：1982 年，我到广州美术学院参加尹定邦老师举办的全国青年教师培训班，周末常跑到五星级酒店的酒吧，不喝酒，只为拿酒吧丢掉的进口酒瓶和包装盒，然后寄给我当时任教的中国美术学院工艺系的资料室，作为学生了解包装设计、印刷工艺和材料的样品。那时中国设计师难以接触到国外的设计作品，自信心也不足，了解国外行业情况成了第一要务。1983 年，我去欧洲留学，也是什么都想介绍到国内，大到种种新的设计思潮、设计方法，小到做黑白稿用的字体贴纸、放大黑白稿用的相机。改革开放初期，我们渴望学习，渴望知道世界设计界在发生着什么，对现代设计理念与方法如饥似渴，迫切希望赶上外部世界发展的步伐。

20 世纪 90 年代初，我在 Adobe 做设计师与艺术指导时曾到亚洲宣讲技术带来的设计与出版的革命性变化，在与深圳平面设计协会开座谈会时留下了很深的印象，似乎一夜之间，中国设计师群体如雨后春笋般崛起、壮大，大家仍然有着强烈的学习欲望，渴求与国际设计界的交流，但他们已经很清楚国际设计界的状况，言谈中流露出自信、自觉和对自身未来的美好期待，这要特别感谢王序的《设计交流》杂志以及其他设计媒体的努力。回到美国后，我在美国设计杂志 Print 上发表了一篇文章——《改革开放之后的中国平面设计》，为以深圳为代表的中国设计师的崛起感到兴奋。

2003 年，我回国到中央美术学院刚成立的设计学院担任院长，那正是中国设计教育飞跃发展的时期，我们开始热烈讨论设计的中国模式、中国身份，随之而来的奥运设计正是极好的机会去践行那时的追求。而平面设计在中国的快速发展，也表现在众多中国设计师开始进入 AGI，在我担任 AGI 中国区主席，以及在 AGI 做理事及担任新会员评审时，明显感受到今天中国的优秀设计师已经与国际设计师同步，在同样高的水平上显现出自己不同的风采，特别是近些年涌现出的一批年轻设计师，充满个性与活力，与改革开放初期设计界的状态有天壤之别。

这三个时间点反映的中国设计的成长，可以说经历了从对内自我否定、对外全盘接受，到开始对自身进行挖掘，对传统文化基因重新认识，到自信自在的过程。如果说中国设计教育在前面两个"10 年"中，我们是在努力跟随和追赶，"摸着石头"发展，那么后面的两个"10 年"则开始主动积极地通过工作来响应培养目标的新诉求，学校开始成为设计发展的"试验田"，成为设计理念的"播种机"。

在我个人专业发展的专业路径上，20 世纪 80 年代末兴起的桌面出版革命是一个极为重要的时间段，Adobe 的 PostScript 页面描述语言、用这个语言所做的字体、Adobe Illustrator，苹果的 Macintosh 计算机与激光打印机，以及后来被 Adobe 收购的 Aldus PageMaker，这些设计与出版的技术颠覆性地改变了设计师的工作方式，在字体运用上摆脱了铅字与照排的限制，为设计师带来了文字编排的无限可能性，字从此可以自由地在版面上安排，且可以高精密度输出，不用担心手绘黑白稿。那时我为 Adobe 做设计，可以第一时间使用这些设计师的新工具，体验着技术为设计师带来的革命性变革，1987 年为 Adobe 做的挂历便是这样的产物，那时还没有彩色打印机，色彩是用一种热转印的方式做的。技术带来的变化造成了文字编排上对文字设计规范、审美习惯的颠覆，那既是一段令人兴奋、激动，又是对新技术担忧的时间，特别是面对大量审美素质低下、极为不专业的文字应用时，传统字体设计者的质疑是应该的，但在新技术带来的冲击浪潮之后，那些新技术带来的浮华泡沫流去之后，是人的想象力、创造力，是文化积淀的审美内涵让技术最终成为进步的

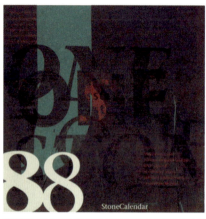

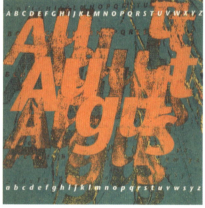

1988 年王敏字体年历设计

推动力量。我在 20 世纪 80 年代，90 年代为 Adobe 所做的设计既要宣传推广新技术的应用，又试图在设计中沿袭必要的文字设计规范、规矩，以及传统文字设计的理智与情感因素。

《设计》：2018 年您曾发表过"致敬中国设计 40 年：设计·不惑"的主题演讲，演讲中，您把中国设计 40 年归纳为 4 个阶段：志学、求索、而立、不惑，每 10 年做了一个区分。继往开来，您认为接下来的几个 10 年，中国设计的发展应该如何规划布局？

王敏：2018 年 9 月我与林存真、王昱东以及陶海鹰、易祖强共同策划了北京国际设计周的主题展"改革开放后的中国设计"，我也以此为题做过几次演讲。展览在时间与经费的限制下只能运用 40 个案例，通过项目、人物和事件，对中国设计 40 年历程做梳理与回顾，勾勒出一条脉络，通过这条脉络上的每一个节点去反映设计在中国的历史价值与社会意义。一个展览难以囊括中国设计在这个特殊的 40 年里所发生的巨大变化，志学、求索、而立、不惑 4 个阶段只是为展览结构所设，但它们也从某种意义上概括了我们所走过的路。

中国现代设计理念与设计机制在前面 40 年的形成过程中清晰地经历了接纳、反思、传承、自立的过程，今后的 10 年将是多样、繁衍、渗透、深化的阶段。前面几十年无论社会、经济、教育都为设计发展的下一步做了很好的铺垫，现在应该是设计多样化发展的阶段，也是设计行业繁衍昌盛的时期，我们会看到"设计赋能"成为可能，看到设计价值体现在每个行业，渗透到生活的各个角落；我们更会看到"设计深耕细做"成为现实，我所说的"深耕细做"是由表及里的深化，是设计水平的提升。

我们已经可以感受到中国设计今后 10 年发展的原动力，行业已经积聚的巨大能量与资源清晰可见，全国各地出现的设计周、设计博览、设计活动风起云涌，设计教育风生水起，资本进入设计行业，便是一个个显著的例子，但此时我们应该清醒，应该去掉些浮躁，去掉那些表面花架子，踏踏实实地做"设计深耕细做"的工作，从基础做起，做实事，提升设计的学术研究水平，提升设计的教育水平，提升原创力的开发，也要建立起合理的设计机制，建立合理的设计供需关系，从而在全社会提升设计价值。

《设计》：国内的视觉传达设计教育现状如何？您认为存在哪些问题？

王敏：从我到中央美术学院开始，我一直关注对文字设计的研究与教学，包括文字设计基础性的研究，我带的博士生中前后有近 10 份博士论文是关于字体设计的研究，涵盖了中国字体设计史、字体设计规范、东西方文字设计应用、字体设计方法、动态与新媒体字体设计、黑体字研究等，好几位老师开设了文字设计课程，如来自美国的艾米教的西文文字设计，蒋华教的汉字字体课程，我自己也几次开设字体设计课，我们已经形成了完整、丰满、有特色的课程体系。不管教学如何改革，一些基础性的课程对于学生素质的培养仍然是很必要的，像文字设计课，它既有专业技能的属性，也给学生带来很多基础素质的培育方面的内容，包括文化传承、审美品位、逻辑思辨、工作纪律等，而且这些不仅仅是面向平面设计专业的学生，对其他门类的设计师也同样如此。我曾经给一批研究生上过课，其中大部分是欧洲学生，让我感慨的是欧洲学生在文字设计方面所展现的能力，以及他们设计观念上的纯粹和理念陈述上的清晰，我想这与他们在欧洲学校所受的基础教育有关。

通过十几年设计教育的发展，我们有了规模。资讯的发达，国际国内交流的频繁，使我们的设计教育者也有了新的、不同的教育理念。我们欠缺的是对每一个学生的关注，一对一的关注，对他们作为未来设计者的个性、思维能力与创造力的发掘与培育，对他们基础素质个性化的培育。

《设计》：2019 年中央美术学院进行了重大教学改革，具体到设计学院发生了怎样的变化？

王敏：中央美术学院设计学院的教学改革其实是一个已经持续了很多年的发展进程。我在担任院长时，我们的教学团队已经做了很多关于改革的研讨、布局与推进。面对第四次工业革命，"改"仍旧是应对时代变化的必需！未来所需要的设计师不同于昨天，也不同于今天，设计教育必须要为未来布局，这不仅仅是我们的命题，也是全世界设计教育者所面临的挑战。中央美术学院设计教育的改革正在进行中，也在业内产生了很大影响。希望国内众多的设计教育机构都能为培养未来新型设计师与人才进行思考，我想在设计教育的改革中，不同学校应该根据自身的办学条件，自身所处的教育生态环境，培养目标需求以及地域产业需求，形成自身的设计教育特色。

《设计》：您曾担任北京奥运会的设计顾问、奥组委的形象与景观艺术总监，请您谈谈自己的心路历程。您如何看待奥运会对中国视觉传达设计的影响和意义？

王敏：2004 年，为了让老师和学生参与 2008 年的北京奥运会设计，我在中央美术学院成立了奥运艺术研究中心，发动很多老师和学生参与奥运设计。参与奥运设计成为一个推动设计教育的抓手，既是我们对中国文化传承发展责任的回应，也是对国家品牌形象塑造工程的担当，更是我们对全球化与本土化问题进行探索的呈现。经过 5 年的艰苦努力，我们将奥运理念与中国传统文化结合，创造出了具有强烈中国色彩又充满时代精神的一大批作品，我们运用中国语言阐释了奥运理念，同时也为设计的课堂教学与实践参与留下了经验，这是很令人欣慰的。

国际奥委会顾问、2004 年雅典奥运会设计总监 Theodora Mantzaris 对中央美术学院的奥运设计评价说："2008 北京奥运会为奥林匹克运动提供了宝贵的设计遗产。它具有强烈的视觉特色，充满文化因子，这个事实使得这些作品成为奥运世界的杰作！"事实证明，奥运设计不仅带动了我们的教学科研，也为中央美术学院的设计教育地位与相关资源引入带来了巨大的良性效应。为此，我们获得了国务院嘉奖，这是中央美术学院第一次得到这样的政府奖项，也让我们的设计学科第一次在国内外各阶层受到了广泛关注。2009 年，美国《商业周刊》将中央美术学院设计学院选为"世界最好设计学院"，那时我们设计学院成立只有 6 年。用北京奥运设计项目带动设计教育发展是我们教育理念在执行层面一次最好的实践，它向世界定义了什么是"中国视觉语汇"，在塑造中国国家品牌形象的同时也切实带动了我们办学水平的整体提升。时任国际设计师联盟副主席 David Berman 写下这样的评论："2008 北京奥运会的视觉传达设计由中央美术学院一群设计专业的学生和老师来完成。这些作品完全让我以为是由洛杉矶的某家顶级设计事务所完成的，从产品到过程都是如此。世界上最广为人知的标识掌握在一群卓越人士手上，于是我开始集中思考他们这种教育体系的优点。"

《设计》：在视觉传达设计中，艺术与设计是怎样的关系？

王敏：很多不同设计门类的区别正在消失，如果我们一定要刻意区别视觉传达设计与其他设计门类的不同，我想，在视觉传达设计中，艺术的外相更为显现。今天视觉文化的很大部分是由设计师来参与完成和形成的，当代艺术的观念、语言、批判性的思考很多通过设计师的作品呈现在大众的生活中，今天的中国社会少有人关注当代艺术，去美术馆的人也不多，那就让设计成为当代艺术与大众接近、影响社会的媒介，这其中视觉传达设计的作用尤为显著。在今天这个急需全民提高审美水平的时代，设计的作用显得极为重要。

作为社会创新的工具与手段，设计在介入社会实践、社会问题的过程中，将当代艺术的批判性融入设计的过程则从另外一个角度显现了艺术的价值。

如果我们观察艺术史与设计史就会看到，新的艺术观念与思潮、新的艺术语言出现后，很多随之成为设计的形式语言与理念影响着设计文化，反之，一些设计的方法与语言又影响了艺术的发展。在中央美术学院，我一直让学生多去 798、美术馆，就是这个原因。

《设计》：随着科技和材料的迅速发展，视觉传达设计的方法是否有所变化？

王敏：我们所处的时代正经历着科技前所未有的发展阶段，颠覆性的技术与颠覆性的商业模式极大地影响着设计行业。传统视觉传达设计的很多工作以后会被人工智能取代，设计师的想象力、人文素养就变得极为重要。人工智能辅助下的设计的扩展智能运用，势必影响设计方法与程序，但设计不会消失，当算法与想象力共同发力时，设计只会更强大。

在杭州云栖小镇举办的 2050 大会上，阿里云王坚与特赞范凌主办了人工智能专场，其中有一场辩论会由我来主持，题目是"想象力有没有摩尔定律"，参与辩论的嘉宾是一个非常奇妙的组合，正反两方的嘉宾中既有工科背景，也有文科背景：西湖大学副校长许田教授是遗传学专家，中国美术学院副院长高士明教授是艺术学理论专家与策展人，清华大学未来实验室主任徐迎庆教授是计算机图形学、人机交互专家，浙江大学国际设计研究院副院长、阿里巴巴 IDEA Lab 负责人孙凌云教授是试图让人工智能读懂人类感情的专家。这样一群人的组合，我们对于想象力、人工智能的理解既包含理性的推理，也包含感性的思考。

爱因斯坦说:"想象力比知识更重要,因为知识是有限的,而想象力概括着世界的一切,推动着进步,并且是知识进化的源泉。"人工智能是研究和开发用于模拟延伸和扩展人类智能的科学,而人工智能包括想象力。未来几十年,人工智能的成功有赖于机器的运算力与人类的想象力的协同发展与进化。

在设计领域也同样如此,机器不会取代人类的想象力,但人类的想象力与创造力可以通过算法、群体想象力与创造力聚合,从而实现无限增长。设计手段可以是将机器的算法与人的想象力结合的介质,设计师是将算法与想象力揉成扩展智能的创意生产者。

《设计》:做一个好的视觉传达设计师,应该具备哪些技能?

王敏:保持好奇心为第一要务;具有不断学习的能力是终生大事;别只盯着"视觉"是生存的技能;记住"做设计师是一份责任"便是永远前行的动力。

《设计》:请提出您认为当下值得业界讨论的话题。

王敏:设计的边界模糊带来了设计价值的拓展,也带来了设计推动创新的巨大可能性,但由此也带来了设计师的身份迷失。在人人都可以是设计师的时代,设计师如何保持专业的自觉与自律,如何保持职业的自豪感与责任感是一个大问题。

作为群体,设计行会的必要性是另外一个问题。作为驱动行业发展的动力,作为行业规范的制定者,作为行业水平的裁判,作为设计师权益的维护者,设计行会十分重要。在中国,这些功能有些为政府部门所承担,但设计行会与协会还是有存在价值的。我们看到现存的一些协会、学会起到了交流的作用,但还是无法起到行会的作用。用40年时间我们变成了一个设计大国,拥有大量的设计院校、大量的设计师、4个设计

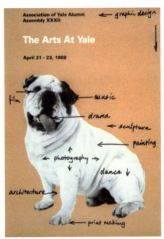

20 世纪 80 年代 王敏耶鲁海报设计

之都、很多设计周，但我们离一个真正的设计强国还有距离。尽管现在政府企业已开始关注设计，但设计的生态还是问题重重，不尊重设计行业规范，不尊重设计师，比稿现象普遍存在，一些公司与机构惯用全民投稿的方式来廉价甚至免费获取设计方案，这类现象体现出了不尊重设计师的创作与设计的价值，伤害了中国设计的原创能力，影响了整个设计产业的发展，这些问题有待设计行会、设计协会来推动改变。

如果说有一件事几十年来一直为设计界所关注，那就是设计师的社会责任与可持续发展。不管我们做什么设计，好的或者坏的，都会影响社会，所以设计师的良知、设计师的认知、设计师的责任感很重要。现在设计比赛的评审都把"可持续发展"作为一项重要指标也是如此。最近我参加了法国圣埃里安设计双年展、奥地利格拉茨设计月活动等几个活动，"可持续发展"都还是显著的关注点。

《设计》：请您和读者分享 1~2 个最近您正在关注或研究的理念 / 领域 / 问题。

王敏：这两年我对设计驱动创新、设计驱动品牌建设、设计驱动创业一直很关注，试图从产业的角度去做推动，包括在产业界对企业管理层做宣讲，我曾在耶鲁北京中心为一批红杉资本投资的 CEO 做设计课程，今后还会做类似的课程。2018 年我曾牵线让北京设计周与珠海"联姻"，成功举办了第一届珠海国际设计周与北京设计周珠海站，最近在探讨如何形成珠海设计周的特色，其中包括探讨在珠海国际设计周设 CEO 奖的可能性，因为好的设计不是仅靠设计师来完成的，企业的决策者也很重要，CEO 的眼界、审美、设计思维能力与决策能力决定了最终的设计成果。最近我给长安俱乐部"青年领袖"的企业家们也讲了这样的内容，作为企业决策人，作为 CEO，理解正确的设计管理模式，懂行业规范，尊重设计师的创意，这样才能得到好的设计。

20 世纪 90 年代 王敏海报设计

王粤飞：
设计行业期待方式和方法上的改变
WANG YUEFEI：DESIGN INDUSTRY EXPECTS CHANGES IN WAYS AND MEANS

王粤飞
王粤飞设计有限公司创始人

　　王粤飞，王粤飞设计有限公司创始人，非同空间艺术有限公司创始人，纽约艺术指导俱乐部（ADC）会员，国际平面设计联盟（AGI）会员，深圳平面设计协会创始人之一、学术委员。多年来，王粤飞全心致力于平面设计事业，并竭力推动中国平面设计向高层次发展。1992年和1996年，王粤飞联合国内设计精英共同举办了两届"平面设计在中国"展览。该展览第一次遵循国际专业评比规范，成为中国设计史上的一个重要纪录。在经济特区平面设计处于空白的时期，王粤飞为深圳南方制药厂设计了著名的"三九胃泰"包装及"999"集团形象。本次访谈中，王粤飞分享了对设计行业过去40年的总结及对未来的展望。

《设计》：2019 年是新中国成立 70 周年、改革开放的第 41 年，在这 70 年中，中国设计取得了长足的发展。请您从自己的专业角度出发，谈一谈给您留下深刻印象的时间节点和事件。

王粤飞：如果说 20 世纪 80 年代初中国的美工们被洋人"洗脑"，是一个被动阶段的话，那么 90 年代初的平面设计启蒙运动是自我觉悟的产物，是一个主动阶段，是一群有着"设计救亡"志向的青年。急欲改变中国设计现状所引发的思考与革命，是中国设计师学习世界的历史必然，是专业道义上的自觉行动。这场运动以 1992 年"平面设计在中国"展为落地标志，它开启了第一个遵循国际规范有国外评审参加的全分类美术指导比赛，以学术的名义结束了"装潢美术、实用美术"的时代，为"平面设计"在中国安身立命找到了入口。

1992 年"平面设计在中国"展揭开了中国当代设计史以平面设计为先锋的时代开端，它完成了自身的三个任务。

第一，由民间机构发起的全分类平面设计比赛，开启了国际评审规范赛制。

第二，设计师职业化时代的到来，个体设计师开始独立创业，行业雏形形成。

第三，唤起大批年轻设计师汇聚旗下，催生了中国第一个民间平面设计协会成立（1995 年）。

今天的深圳平面设计协会仍然是中国较活跃的设计组织，今日的 GDC 设计奖"平面设计在中国"凭借自己的独立品行、独立思想置身于中国社会改革潮流之中，探讨设计改造社会、改变生活，鼓励原创，荐拔新人，表彰设计把握未来的实践，并以不断修善 GDC 形制、赛制来证明"平面设计在中国"是非常优秀的专业设计比赛。

《设计》：您曾谈到"一个优秀设计师应该具备'国家品质'和'个人品质'的同构"，多年后的今天，您对这两个品质是否有新的诠释？在您看来，做一个好的视觉传达设计师，应该具备哪些技能？工作中如何继续学习？

王粤飞：20 年前，包括我在内的许多人都承认标准在西方，今天，你还会这样想吗？

我们仍然需要这样一种品质：设计内容出自中国文化的显著特质，其设计带有强烈的个性和个人修炼，这种地域文化的显著特质被个性所理解，变成了难能可贵的个人主张，这就是国际观众所在乎的东西。西方的评判标准也许变得被动，但在图形创造的认同方面取得了共识。

《设计》：品牌的价值随着经济的发展越来越受重视，您十几年前通过设计成功塑造的品牌案例，成为业界范例。您认为，通过设计的介入来塑造品牌，需要设计师具备怎样的功底？做足哪些功夫？

王粤飞："市场"是设计师第一生存战场。我至今仍然否定自己是一个艺术家，我只是一个设计师。设计师解决别人的问题，而艺术家解决自己的问题。

我满脑子里只有市场、品牌、传播技巧。而且，我必须尊重上述要务。换句话说，你也可以叫"妥协"。虽然不好听，但事实就是这样。因此我要了解洗发水和葡萄酒的消费市场；我要知道，什么人喝红茶，什么人喝绿茶……这不需要什么样的功底。当你这样去思考了，企业领导人才会觉得你是一个可信任的人，才会耐心地听取你的设计叙事，才会把"大单"给你去做。

企业视品牌为生命。企业从上到下为产品推广注入设计的技巧，借助于设计师的力量，对设计有很强的依赖。从这个意义上来说，设计师必须跟上企业的节奏。中国市场化道路进程非常短暂，品牌之路根据时代变迁在演变，需要设计师把握其中的基本特点。

王粤飞：这些年来，设计受到"死亡"的威胁，一直在开疆拓土，扩大自身的版图。我们一直奉行的研究以设计美学为基础的平面设计似乎已经塌陷，出现了一种以社会化主题为研究对象的设计浪潮。过去，我们强调视觉、图形、文字、色彩，研究对某一传播、某一物质的解决方案。而今天的设计呈现出更广泛的形式，站在人文关怀的立场，设计介入生活、介入城市、介入社会主题的解决方案。社会化主题设计有两个特征：①不再以设计审美为优先，以洞察生活品质、城市便利、社会矛盾为关注点，而是以合理配置、合理叙事的解决方案为目标；②设计引向"无委托"设计，主动发掘社会矛盾、城市热点、民众关心的生存问题成为设计项目新的可能。当然，设计在其中并没有沦落，它们承担着为叙事进行图解的优秀表现。

本人乐见设计扩大自身的版图，如果情况属实，倒是值得设计师们欢呼。设计师们不再为设计审美差异感到惶惶不可终日。设计行业需要改变，特别期待是在方式和方法上的改变。

上｜有机食品专属品牌店形象 2013
下｜深圳工业展览馆空间设计

第四章

服装

设计

服装时尚的自信
CONFIDENCE IN FASHION DESIGN

《设计》杂志社主编　李杰

中国的服装行业经过几十年的发展，其产业结构发生了巨大的变化，从制造业时代走向品牌时代。服装品牌和品类众多，服装的上新周期越来越短，市场竞争越来越激烈，这在无形中对高等教育设计人才的培养提出了更高要求。

作为我国最早开设的艺术设计专业之一，服装专业教育自 20 世纪 80 年代起步，至 2017 年已经有百余家学校开设服装设计类专业。但是数据显示，仅 2018 年和 2019 年，就有约 40 家学校撤销了本科服装设计类专业，数量之多，令人不得不对国内服装设计专业教育重新进行审视。

2020 年是中国脱贫攻坚的最后一年，全面进入小康社会的新时代必然对于服装设计专业有新要求。在中国传统文化复兴的时代背景下，传承与发扬传统文化的精髓是新时期所有教育工作者所必须肩负的使命与职责。在当今多元化的世界发展的趋势下，中国的艺术设计越来越重视自身文化的竞争力，只有实现文化复兴与自信才能在国际文化竞争中掌握话语权，获得自身存在的价值。就新时代的社会文化建设而言，服装本身就是文化的载体，服饰时尚是民众美好生活的直接感受和体现，如何使服装既能传承中国优秀传统文化，又能与国际时尚潮流相协调，通过创新去提升中国在国际时尚价值链中的话语权，是新时代服装设计的总体使命，这就要求服装设计专业教育必须将学生的价值观塑造和创新能力培养放到更高的层面去对待。

就新时代的服装产业进步而言，中国服装产业是以时尚为导向、科技为支撑的双轮驱动的产业集合，不仅时尚的边界越来越宽泛、变化的规律性越来越模糊，服装产业与互联网、大数据、机器学习、人工智能的结合更加紧密，还面临上游材料行业的日新月异和下游消费变化的快速多变。

以上种种，均需要我们在今后的服装设计教育中重构和完善学生的知识结构和继续学习的能力，使他们在今后的工作中能够快速研判时尚，充分利用科技工具，快速使用相关领域的科技成果。

陈金星：
设计是安踏产品性价比的核心

CHEN JINXING: DESIGN IS THE CORE OF ANTA'S PRODUCT COST
PERFORMANCE

陈金星
安踏（中国）有限公司服装商品中心专业装备部总监

　　陈金星，安踏（中国）有限公司服装商品中心专业装备部总监，从事服装行业 30 年，具备丰富的管理经验，熟悉服装研发、商品设计、材料研发、科技平台建立与应用、赞助装备整体管理和把控，了解大货生产供应链管理、质量管理的标准要求以及服装生产、设计、研发各环节的重点，具备专业的技术经验，包括服装材料、工艺技术、板型技术以及管理能力。

　　在安踏三大领域中，设计是主要角色，设计不单是设计，还要起到产品运营和设计符合市场需求的作用，是产品性价比的核心。科技引领是设计中一个不可缺少的部分，设计产品需要科技来提升产品价值，安踏的科技在研发和创新方面已做到了行业领先。

《设计》：鞋类起家的安踏真正的竞争力和利润来源是服装，那么安踏装备部门尤其是运动装备在安踏服装体系中处于什么样的定位？安踏装备部门与设计部门是如何进行沟通和融合的？

陈金星：安踏专业装备部在安踏服装体系中属于标杆部门，为其他品类提供专业运动属性的材料、板型及工艺的研发，会提供创新的材料、板型等，支持综训等事业部。

专业装备部门内有设计部，针对各类赛事、各国家队、代言人的需求进行设计。

《设计》：专业装备与普通服装在设计、技术应用和生产流程方面的主要差别是什么？

陈金星：专业装备与普通服装的主要区别是要考虑运动属性，满足项目的专业特点。比如在设计上，线条的分割要考虑是否符合这项运动的特点，是否能够减小风阻；颜色的选择要考虑是否代表了中国，代表了民族形象。技术应用方面，更多考虑面料的功能性，如吸湿、排汗、透气、防水、防风等专业性能。生产流程上无法做到大批量流水线生产，均为个人专属定制。

《设计》：请举例谈谈新技术的应用之于专业装备设计的价值和意义

陈金星：新技术的应用能体现一个品牌的创新力。比如，短道材料创新给运动员创造更好的比赛成绩提供条件，以及户外展的创新奖，都能给品牌带来更好的品牌价值，也代表着中国品牌在国际舞台上进行展现。

《设计》：据您了解，目前国内和国外流行的专业运动装备有什么特点？安踏在这方面的核心竞争力是什么？

陈金星：首先，国内和国外的流行还是有点不一样的，专业运动装备在国外流行得比较早，也比较大胆，运动员接受得比较快；其次，安踏的核心竞争力就是联合世界顶级的专业供应商团队共同研发适合中国运动员的高科技装备，同时与世界顶级的资源有长期的战略合作伙伴。

《设计》：接近"而立之年"的安踏是如何用设计手段逐渐化解了消费者对国产运动品牌的刻板印象的？

陈金星：随着东京奥运会和北京冬奥会的临近，安踏整合内外部资源，拿出了最好的设计力量，接下来大家会看到年轻、时尚、让人耳目一新的领奖服、制服装备。

　　除了专业运动装备，我们还会带来一系列奥运相关的产品，让消费者穿上带有奥运元素的产品，借此激发全民尤其是更多年轻消费者对奥运的热情，一起来为中国奥运代表团加油。

《设计》：安踏定位于"以科技引领，打造极致品质价值的专业运动品牌"，"科技引领""专业运动""极致价值"被称为安踏的三大护城河，设计在这当中担当着怎样的角色？起到什么作用？

陈金星：在安踏三大领域中，设计是主要角色，设计不单是设计，还要起到产品运营和设计符合市场需求的作用，是产品性价比的核心。科技引领也是设计中一个不可缺少的部分，设计产品需要科技来提升产品价值，安踏的科技在研发和创新方面已做到了行业领先。

《设计》：科技的高速发展让设计师的工具更加丰富，鞋履设计师的设计流程中主要应用了哪些新的设计工具？带来了哪些设计上的便利和前所未有的突破？

陈金星：安踏在鞋方面的科技也是和外部知名科技公司共同合作和研究，提升核心是鞋底，如防滑、护脚、轻量、高弹等，市场体现较明显。

《设计》：从安踏新公式"极致价值＝（科技＋颜值＋故事）／合适的价格"中可以感受到新的时代环境与新的用户需求在推动安踏进行品牌的迭代与升级，安踏对新时代、新用户需求是如何解读的？

陈金星：我们希望消费者记住安踏是一家专业的体育用品公司，致力于为消费者提供专业的运动装备；同时我们也是一家科技引领的公司，无论何时，我们从没有停止为消费者提供创新产品的脚步。

《设计》：作为北京 2022 年冬奥会和冬残奥会官方体育服装合作伙伴，安踏为"北京 2022 年冬奥会特许商品国旗款运动服装"做了哪些针对性部署？

陈金星：北京 2022 年冬奥会国旗服装特许商品整体以当代东方美学为基础，汇集国旗、冬奥元素来展现中华民族奋发向上的精神。产品主要分为运动、时尚、潮流三个方向，进而衍生出不同风格、多个系列的商品。当代消费者个性化需求越来越强烈，我们期望借此满足更多消费者需求，让北京冬奥的文化和理念让更多人喜爱。

该系列的冬奥特许商品采用的是国家队生活训练装备所使用的面料和工艺。比如，我们所有外套均采用拒水面料，在透气的前提下做到防水，有效抵御雨雪。此外，还有运动 3D 立体剪裁技术，可以满足多项户外运动需求。

《设计》：安踏曾向全国欠发达地区学校捐赠专业运动装备，那么运动装备扶贫取得了什么样的效果？

陈金星：关于这点，我想说一下个人意见，做企业要有社会责任的担当。安踏公司作为一家世界级体育用品公司，也要对社会负责任，赞助扶贫起到好的作用，在媒体上的报道也是很好的推广和品牌提升。

《设计》：2020 年，全球各行各业都受到新冠肺炎疫情影响，安踏面临哪些"危"与"机"？采取了哪些针对性的应对措施？

陈金星：安踏面临的"危"是市场的销售；"机"也是机会，2020 年也给了安踏机会，在市场的危机背后就是机会，安踏抓住了机会，整体业绩在上涨，这代表了一家企业的实力和创新思维的转变以及敏锐的市场信息，比如转型线上的业务。

《设计》：您对想从事专业装备设计的年轻设计师有什么建议？

陈金星：第一，敢创新，敢挑战；第二，多看市场，了解客户；第三，提升设计时尚化和款式多样化；第四，设计更多专业与高端产品。

崔苗：
"浪巢"有望成为"野生动物园"类孵化器

CUI MIAO：LANGNEST EXPECTED TO BECOME A "WILDLIFE PARK" INCUBATOR

崔苗

深圳力合星空文化创意服务有限公司副总经理，大浪时尚小镇"浪巢"原创设计师孵化器负责人

　　崔苗，深圳力合星空文化创意服务有限公司副总经理，大浪时尚小镇"浪巢"原创设计师孵化器负责人，目前担任深圳清华大学美术学院校友会副秘书长、深圳清华大学校友会文创协会副秘书长，具有近十年时尚行业从业经历，工作经验涵盖设计、销售、买手、陈列、培训、管理等方面。

　　服装产业链环节多且杂，主要集中在产品、运营、推广三方面，对品牌创始人的知识结构和专业经验有着巨大的挑战，任何一个环节做不到位都有可能影响公司存亡。据行业统计，初创设计师品牌的三年存活率不足万分之一。就此，"浪巢"致力于成为可以提升设计师品牌成功概率的孵化器，在充分了解初创设计师特点、调研设计师需求的基础上，"浪巢"倾力打造了"产品、运营、推广"三线并行的原创设计孵化体系，取长补短，精准赋能，"让设计师专于设计，精于设计"。

《设计》：时尚产业近年来面临怎样的发展趋势和行业痛点？

崔苗：时尚产业一直是一个多元共生、多级分化的产业，与其他城市的时尚产业相比，深圳时尚产业的特点在于：中高端品牌较为集中，品牌影响力大，品牌附加值高；痛点和挑战在于：中高端服装大多为非标品，因定价高，多依赖线下渠道，购买频次处于中低水平，行业从业人员和产业模式老化，需要尽快探索新模式，在保有品牌基因的基础上，跟上新生代客户生活方式的改变和数字化的趋势。

《设计》：对于原创设计师来说，创业面临最大的困难是什么？

崔苗：服装产业链环节多且杂，主要集中在产品、运营、推广三方面，对品牌创始人的知识结构和专业经验有着巨大的挑战，任何一个环节做不到位都有可能影响公司存亡。据行业统计，初创设计师品牌的三年存活率不足万分之一。

除此以外，服装属于传统实体产业，品牌运作的每一个环节都离不开金钱的支撑，如果资金不足，会给设计师在人员管理、品牌营销方面带来很大压力，导致其在设计上分心，进而失去核心竞争力。

就此，"浪巢"致力于成为可以提升设计师品牌成功概率的孵化器，在充分了解初创设计师特点、调研设计师需求的基础上，"浪巢"倾力打造了"产品、运营、推广"三线并行的原创设计孵化体系，取长补短，精准赋能，"让设计师专于设计，精于设计"。

《设计》：请介绍下"'浪巢'原创设计师孵化器"及常规的孵化流程。

崔苗：浪，时尚大浪；巢，筑巢引凤。"浪巢"是国内首家根植于服装产业集聚地、专注设计师成长的孵化平台，由深圳市龙华区大浪时尚小镇建设管理中心主导设立、深圳清华研究院文创中心指导、力合星空文创主理运营，于 2019 年 10 月正式启用。

"浪巢"在时尚深圳展

从物理空间到运营模式，均围绕设计师需求打造，根据品牌的不同阶段，"浪巢"为设计师规划了种子期、成长期、成熟期的完整发展路径。

种子期的初创设计师适合入孵"浪巢"共享办公空间，涵盖研发区、制作区、展示区、面辅料区和中样板房等功能性空间设施，很像图书馆健身房的模式，设计师只需要带着创意就能拎包入驻，"浪巢"会在经营、运营、传播方面提供基础性的孵化支持。

成长期的设计师适合入驻"浪巢"独立办公空间，将品牌注册在大浪小镇后，可享受龙华区专项产业政策支持，"浪巢"也会定期组织设计师一起参与中国国际时装周、上海时装周、深圳原创设计时装周、中国国际服装服饰博览会（CHIC）、服交会、深圳供应链展会等，于一线高地获得海量曝光，为入孵设计师提供更多行业资源和销售渠道；"浪巢"会在经营、运营、传播方面提供深入、定制化的孵化支持。

处于品牌快速发展的成熟期设计师，适合入驻大浪小镇园区内更大体量的办公空间，除享受租金、参展、人才补贴外，还可申请在大浪商业街开设独立门店，于世界级小镇中心开设面向客户的重要窗口。"浪巢"也会积极举办路演会，协助品牌与资本对接。

除了以上办公配套外，"浪巢"还配备国际时尚发布中心、报告厅、培训教室等，以及设计师公寓、自助餐厅、咖啡厅、健身房等，为入孵设计师提供便捷、舒适的环境，节省大量时间、精力和生活成本，因此可以更加专注于设计本身。

《设计》：相比传统意义的设计孵化器，"浪巢"的创新之处和优势是什么？

崔苗：从项目设立到开始调研，再到运营至今，我们深刻地感受到，孵化设计师并非易事，一个设计师品牌往往需要经历 5~10 年的发展才可以立足市场，大部分时尚类项目不像科技类项目，很难有爆发式增长的想象空间，因此孵化时尚类项目本身是很难符合商业逻辑的，想做好，得有长期投入的准备。

做个形象的比喻，目前社会上存在的孵化器主要有三种模式：二房东模式、养殖场模式、场景销售模式。其中，二房东模式占绝大多数，准入门槛低，运营和盈利模式简单，但是除了场地外，大部分缺乏有针对性的专业服务支持；养殖场模式多是打造一个平台，集聚设计师提供设计服务，按件计价，优胜劣汰，筛选销售给第三方，易于量化，但是很难孵化出中高层次的设计师；场景销售模式多是在为设计师提供服务的环节中嵌入上下游各种付费资源包和会员服务的模式。

"浪巢"是政府主导设立的孵化器，是为地方产业生态而建的孵化器，不以商业盈利为主要目的，也不会为图回报而对设计师有所限制和干涉，有足够的耐心专注于设计师成长，因此才可以提供众多精准又纯粹的服务内容，这是"浪巢"的基因优势。

除此之外，"浪巢"依托千亿级产业集群——大浪时尚小镇，更有产业生态优势；很多入孵的初创品牌还只是三五个人的小公司，但是却可以与大浪时尚小镇内诸多大品牌有着业务合作，可以说，一方面它们接受大品牌的订单支持，另一方面也在用自己的创意火花滋养着这些大品牌。

所以，"浪巢"模式由于属性的基因优势和产业生态优势，更有希望变成"野生动物园"或者"非洲大草原"这样的第四类孵化器模式。在健康的产业生态环境中，新生的、弱小的、稀缺的也会受到尊重和扶持，有大品牌也有小品牌，大有大的价值，小有小的价值，合作共生。

《设计》：您为"浪巢"制定的长、短期目标是怎样的？

崔苗："浪巢"的短期目标是继续完善孵化服务的种类和深度，帮助入孵的原创设计品牌存活下来，并且发展壮大；长期目标是结合正在筹备中的大浪时尚产业学院，形成人才闭环和品牌发展闭环，协助大浪时尚小镇打造世界级小镇的完整生态，争当湾区文创孵化先锋，为大浪时尚小镇、深圳市甚至中国服装行业，源源不断地输送人才和品牌。

《设计》：2020 年，全球各行各业都受到新冠肺炎疫情影响，时尚产业及设计师们面临了哪些"危"与"机"？"浪巢"如何应对？

崔苗：经过这次疫情，我们更加感受到了孵化原创设计师的紧迫性，因为小公司的抗风险能力更弱一些，这段时间全国范围内关了很多店，消失了很多品牌。

就此，为了帮助设计师渡过难关，保护好年轻人的创业激情，"浪巢"加大了扶持力度，于 2020 年推出"'浪巢'抗疫扶持计划"，为共享办公空间入驻设计师免除 2020 全年度孵化费用，为独立空间入孵设计师免除 1 个月租金，为外地来深创业设计师提供 1~3 个月免费周转宿舍，组织开设一系列线上提升课程，提供免费直播场地和设备，积极协助设计师和整个小镇内品牌联动线上直播，其中，"浪巢"对接抖音服饰鞋帽品类第一主播——罗拉密码，于 2020 年 6 月 5 日、7 日共同筹备大浪时尚小镇专场，两场直播销售额共计 834 万元。

在多项努力尝试之后，仍无法完全抵消疫情的影响，"浪巢"有一位入孵设计师，因为客户基本全是海外的买手店，这次受打击非常大，她经历了很多挣扎，最后选择暂时离开自己的品牌去杭州给一家上市企业做运营。可见，疫情之下的创业环境更加残酷，当我们看到这样毕业于世界一流院校，坚持了这么多年，这么有才华和能力的年轻人，最后还是没办法拥有自己的品牌时，作为孵化器的负责人，非常心疼和遗憾……希望未来可以有更多力量支持"浪巢"，"浪巢"才能够尽可能快地、尽可能多地保留住这些年轻人的激情和才华。

"危"与"机"并存，其实这次疫情也为设计师品牌提供了一些新的机会，在经历了近在眼前的生死后，很多人的消费观念发生了微妙的改变，不再轻易为可买可不买的衣服买单，一部分客户不再一味地追求低价，比之前更加注重设计感、创意、乐趣，心动占据了购买动机中越来越高的比例，而这恰恰是设计师品牌的强项。

疫情过后，未来可期，希望"浪巢"与中国的设计师品牌一起越来越好。

冯荟：
围绕产业发展新需求进行教学体系的升级换代

FENG HUI：UPGRADING THE TEACHING SYSTEM AROUND THE NEW NEEDS OF INDUSTRIAL DEVELOPMENT

冯荟

浙江理工大学服装学院副院长、副教授、硕士生导师

冯荟，浙江理工大学服装学院副院长、博士、副教授、硕士生导师，先后毕业于武汉纺织大学服装设计系、东华大学服装与艺术设计学院、纺织学院，主要从事服装设计教学、纺织服装领域艺术策展、研究及设计，浙江省级精品在线课程、省级一流本科课程主持人，中国丝绸博物馆特邀策展人，中国丝绸博物馆时尚专业咨询委员会委员。

关于服装设计教育与产业的发展，冯荟有着自己的思考：服装本质上是生活方式的另一种面貌，也是文明发展的一种视觉化呈现。中国当代服装产业从早期手工作坊模式起步，1978年-1995年，外贸成为经济发展的学习窗口，在国内巨大的人口市场带来的内销能力、对外开放后外贸带来的技术能力的双重刺激下，纺织服装产业在20世纪90年代开始呈现爆发性增长，特定时代催生的发展路径和模式促进了产业集群的形成。1998年-2010年，产业与商业相互驱动，金融和消费重构供求关系，品牌多元化经营、海外对接更深入，消费驱动产业发展成为趋势，设计因此成为重要的竞争手段，中国服装设计教育和设计师在这个阶段随着产业发展而逐渐成熟。2015年之后，互联网改变了产业相对稳定的线性发展方式，再次改变供需关系，代际变化凸显，消费导向细分，小众品牌成为新生力量，这些为服装产业带来了全新的思维认知与商业模式。2020年后疫情时代，从观念到行为将带动整个产业的碎片化与重构，迭代加速，未来消费者需求成为核心问题，设计师的能力也不再局限于产品开发能力，更需要对前沿消费需求的敏感度、分析力、整合力和商业转化力，这对服装设计教育提出了新挑战，我们要站在产业发展的顶层去思考面向未来的生活方式、新生代消费行为、社群文化，并进行跨界资源整合，围绕产业发展新需求进行教学体系的升级换代，升级人才培养规格，才能真正做到设计教育领先于产业发展、服务于产业发展。

《设计》：请介绍下浙江理工大学服装学院服装与服饰设计系的教学特色。

冯荟：目前，纺织服装行业转型升级及换代速度远超过往，新商业、新技术加速推动产业变革和创新，新生代人群正在主导和改变未来品牌的发展方向，催生品牌和创新的新需求，新商业气氛和商业逻辑的改变为服装行业的产品设计、销售、传播和品牌发展带来一系列问题，跨专业转化能力强的复合型人才成为品牌发展的急需。因此，时尚产业在服装产品、信息技术、传播策略及数字媒体等领域亟须储备大量新型人才。服装设计教育人才培养能力范围跨度也需要不断拓展延伸，以工业时代为背景的现有设计教育理念、教学系统和方法，面对由科技支撑快速发展的信息时代，已经显得滞后，如何构建具有自身特色的服装设计新型教育模式，以匹配时尚产业对跨圈层创新人才的能力需求，决定我们在转折点发展的速度和质量。从生源情况来说，"00 后"目前已是高校学生群体中的主力军，相较于"95 后"，他们表现出自我意识强、认知内容广、个性化要求高、网络体验多等特点，艺术设计类学生也呈现出学习目的个性化、学习方式多样化、学习内容跨领域化、学习指导差异化等特点，作为互联网的原住民，他们正在改变产业未来的发展方向。

面对服装产业发展新态势和新生代学习特点，从 2015 年开始，我们一直持续优化人才培养能力，打造具有核心竞争力的课程体系与教学团队。依托浙江优质的产业资源和浙江理工大学时尚人才培养产教融合示范基地（浙江省第一批人才培养类示范基地），构建了聚焦"观察能力＋可视化能力＋表达能力＋转化能力"的"四维能力"人才培养课程系统，以设计基础课程群、服装设计专业课程群、专项模块课程群及项目实践课程构成核心课程体系，从设计学养、设计思辨能力、专业设计及商业转化能力等方面进行系统训练。以团队化教学模式，打通平行班之间原有授课内容不同、评价体系不同、上下游课程逻辑不连贯等弊端，课程团队成员知识结构也尽量做到互补，将理论研究力量与专业设计力量融合，在原有的服装专业设计教学基础上，拓展至社群文化和消费前沿研究，教学内容在一定程度上做到问题导向研究与解决问题路径相结合。贴近消费前端、团队教学、以研促教已经成为本专业教学改革及人才培养的显著特点。2020年，浙江理工大学的服装与服饰设计专业成功申报为国家"双万计划"一流专业建设点，对我们来说，这既是鼓励更是挑战，如何在新时代背景下，继续升级教学内容，保持专业优势，打造团队"造血"能力和面向产业及政府智囊需求的核心竞争力，是我们后面刻不容缓的建设任务。

《设计》：服装与服饰设计系的产学研结合是如何开展的？

冯荟：1. 实习模式向孵化模式转变

科技创新及新生代消费群体的崛起，对服装品牌的发展造成了极大冲击，更短的迭代周期和快速老化的"前浪"，促使品牌新发展形势下的人才储备提速。从2018年开始，纺织服装行业的龙头企业开始与本专业开展人才储备战略合作。每年从二、三年级学生开始进行品牌创意团队孵化，而非传统的企业实习模式，由校内导师组及企业导师组共同组成导师团队，每年进行10组左右的创新孵化团队培养，经过一年左右周期，创新团队开始产出具有前沿时尚消费导向的可孵化品牌，在此基础上，企业导入产业链资源支持可孵化品牌的继续成长。实习模式向孵化模式的转变，本质上提升了人才培养的能力范畴，从设计流程熟悉、设计执行层面能力向时尚消费前沿研究能力、创意创新能力、商业转化能力及团队协作能力转变，毕业后的学生综合能力及解决复杂问题的能力得到跨层级提升。

2. 校企课程共建

校企课程共建的基本逻辑来自问题导向，从服装品牌发展的实际问题出发，依托本专业的研究能力、教学团队及核心课程，从新生代社群文化研究、消费行为研究、产品设计企划及社群传播等方面，进行课程升级共建，学生在问题研究及解决路径的教学方式中，进一步贴近消费群体、学习使用多种工具解决问题，进一步认知产品设计与商业转化之间的关系。这种校企共建的实践课程教学模式，将容易固化的学习内容前移至新生代社群消费与品牌发展新路径前端阵地，充分发挥高校的研究与新生代的创新能量，做到产学研的真正结合。

3. 产业研究院共建

产业研究院共建是上述两个层面产学研合作的体量化升级版。浙江理工大学在浙江省内建立的各个研究院，都以服务当地产业发展为目标，在地方政府的支持下，学校研究团队开展产业技术攻坚、产业专项设计服务、产业转型升级顶层设计等研究及技术转化等工作。浙江是国内主要的纺织服装产业聚集地和行业龙头之一，也是商业创新和商业应用新技术的前沿阵地以及新商业、新品牌的重要发源地，有广泛的产业生态基础以及转型升级需求，行业对创新的需求多样且强烈。作为纺织服装全产业链的典型样本地区，浙江在新技术、新商业和人才聚合方面业态成熟、意识先进、问题突出。我们的服装与服饰设计专业，依托浙江显著的地域优势和产业集群优势及纺织服装品牌设计转型的专业要求，有针对性地进行产业及品牌发展的共性问题、关键设计技术问题的解决。目前共建的有浙江三门研究院，服务三门最具竞争力的冲锋衣产业，为冲锋衣产业转型发展、品牌创新能力献计献策。湖州研究院则以湖州丝绸产业提升发展为目标，在丝绸文化研究、丝绸与科技、丝绸文化创新等不同领域开展规划及技术攻坚服务。

《设计》：时尚产业近年来面临怎样的发展趋势和行业痛点？

冯荟：时代的"后浪们"快速更迭"前浪"，是这个时代的典型特征，亚文化力量开启新的潮流，从而引发新商业生态、新品牌变革。社群文化成为拥有共同价值认同体的聚集地，并以新生代认同的传播渠道进行消费。同时，科技撬动了纺织服装产业数字化的超前发展，通过大数据、小数据、动态数据的算法分析，对产品设计、各级供应链、销售、库存进行精细化控制，可以说，新一代纺织服装企业巨头本质上可能是科技公司，科技作为重要的手段，以精准化优势解决曾经困扰企业的诸多主观决策问题。以上两个方面因素，也导致了曾经规模化、成熟度高的品牌在转型发展中遇到阻碍，曾经的经验成为现今难以迈过去的"坎"，在品牌快速迭代的新型竞争关系中，呈现品牌增长乏力、创新速度滞缓的情况。如何在动态生态系统中迈过数字化和新生代这道屏障，成为新消费时代纺织服装品牌发展的关键。

《设计》：纺织品的陈列和展示与其他类型的展陈设计有何不同？

冯荟：我从事较多的是博物馆系统的纺织服装展陈设计，尽管也承担过非藏品类的纺织服装策展及展览设计，但我的策展及展览设计逻辑在一定程度上遵循博物馆展览体系特征。尽管视觉表达是所有展陈设计最突出的部分，博物馆纺织服装展陈因展品的特殊性，具有严谨的逻辑、研究性的内容阐释以及传播普及知识的公共职责，展陈设计均围绕藏品特点和价值展开。

1. 博物馆藏品多维度阐释的可视化表达

阐释有三个基本意义向度，分别是言说（用词语表达）、说明（解释一种境况）和翻译（翻译成另一种语言或另一种表达方式）。博物馆展览基本特点是围绕对藏品的阐释展开：文博专家借助"言说""说明"向度对藏品进行学术分析、内涵及意义研究；策展人及展陈设计师借助于"翻译"向度进行学术成果的转化与传播，通过可视化的表达（设计手段、传播媒介等），将藏品的关键信息、价值与意义传达给观众。通常来说，博物馆藏品信息有三个基本维度：一是本体信息维度，也就是藏品实体的基本信息，包括结构信息、功能信息、价值信息以及现实信息等；二是流转信息维度，这个维度重点不再局限于对"实物"的客观描述，而是注重藏品的文化内涵，内容从物质实体向"文化信息"过渡；三是衍生信息维度，注重藏品精神、意义层面阐释，同时更加关注物本身关联性信息的再设计层面，是连接展览与参展者之间的纽带，衍生意味着创新与拓展，也是现场观展的延续。

鉴于以上藏品三个阐释维度，在博物馆策展及展览设计中，从策展概念、展陈设计路径上，做到可视化表达目标的逻辑化、层次化，是博物馆展陈设计的基本原则。目前，博物馆展览中出现的各类文物说明牌、图版设计、音视频转化设计及科技属性的传播媒介，基本上是围绕藏品阐释维度展开，目的在于将藏品信息以多渠道、多方位的传播路径传递给观众。尽管目前博物馆展览仍存在文博专家学术研究、策展人及展陈设计沟通协作不畅的情况，但较之以前已大幅改善。我们通过各种国外引进展学习策展及展陈设计经验，聘请术有专攻的学者协同策展，展陈设计领域在新策展概念、新传播媒介的支持下，更注重空间体验的"情"和"境"设计、多感官的通感阐释转化及以体验为导向的参与设计等，为当代博物馆展陈设计"引发渴望、产生共鸣、量身定做"的阐释目标提供了很多探索性实践的可能。

2. 纺织服装藏品展陈中的保护性需求

文物展中的保护性需求是刚性需求，尤其对于脆弱的纺织而言更加严苛。这主要体现在对展陈光照、空间温湿度的控制，以及陈列展具和陈列方式的筛选。对光照首先产生反应的是织物颜色，历代纺织文物颜色大都经植物染料染制而成，在光照作用下极易发生光化学反应而出现颜色褪变现象。我的博士论文研究方向是博物馆丝织品展陈光照研究，下面仅将研究中关于植物染丝织品在展陈光照下的褪色试验成果做个简单小结，作为纺织类藏品展览曝光时间参考。

在光照、温度及湿度综合作用下，氙灯加速老化条件下进行紫草、黄檗、栀子、茜草、苏木、靛蓝及槐米 7 种常规植物染色试样的光老化试验，得到 7 种试样达到 $\Delta E^* = 2$（色差临界点）时的曝光总量，紫草为 57 970lx/h，靛蓝为 114 638lx/h，茜草为 279 031lx/h，栀子为 303 521lx/h；苏木的光老化速度最慢，在 500min 照射后色差没有达到 2；黄檗和槐米光老化速度非常快，在 30min 内的色差超过 5。通过倒易定理，得到以上几种植物染料在博物馆常规照度 50lx 下的曝光总量，紫草为 48 天，靛蓝为 96 天，茜草为 233 天，栀子为 253 天。这些试验数据为博物馆制定合理的纺织品展陈时间提供了依据，使博物馆能够合理安排纺织藏品的轮展时间。

另外，纺织品外观形制与展陈方式的匹配度也是纺织品文物展陈设计中的细节考量。当代纺织服装展陈因不需要考虑展品的脆化问题，一般以模台、悬挂及铺陈作为主要的陈列表达。博物馆纺织品展陈相对细化，要根据藏品的脆化程度配置保护性陈列方式。脆化程度较高的袍服、各类尺幅的平面织物以可支撑陈列方式为主，减轻展品因重力产生的损耗。部分小尺幅的残片常用夹持陈列方式，夹持用的纸张和材料要经过特殊处理，酸碱程度控制合适，才能作为辅助展陈材料。这些尽管是操作层面的技术环节，但对藏品的保护至关重要，有些还需要得到博物馆陈列保护部门的技术支持与协作。

上述几点是博物馆纺织服装展陈的一些相对技术化的要求，这些是文物类展览区别于其他类型展览比较突出的地方。现在去博物馆、美术馆看展已成为现代品质休闲生活的一部分，观众对博物馆展览的要求持续发生变化，不仅是知识的吸收，更注重在体验中重新建构对知识和文化的新认知，更关注曾经的历史、文明与当代生活的链接与关联，同时在文化及文明的传承与寻根中，希望通过藏品多维度阐释，更深入地了解中国文化和历史、曾经在世界文明中的位置、现今在世界文明中的角色等。这些不仅对文物研究学者提出了新的要求，对博物馆策展人、展陈设计师的选题与观点、视觉化表达提出了更高的要求，设计不仅仅为策展服务，更应从全局角度提升展览视觉品质和与观众对话的能力。

《设计》：请您介绍下在中国丝绸博物馆项目中主持的策展和展陈设计。

冯荟：我与中国丝绸博物馆的合作起于 2006 年。坐落于杭州西子湖畔的中国丝绸博物馆是全国唯一一家纺织服装专项博物馆，也是世界上最大的丝绸博物馆，在中国古代丝绸系统化研究及丝织品文物保护领域已是业界翘楚。合作前期，我主要承担中国丝绸博物馆国内外中国丝绸艺术巡展，以丝织文物居多，工作以展览设计为主，兼顾部分策展工作。纺织品文物展对展览空间、湿度、温度、光照、展陈材料及手段等都有严格要求，包括文物的国际运输标准，都必须遵守文物保护标准化技术要求。中国丝绸博物馆一系列对外交流的丝绸艺术巡展，为传播中国丝绸文化、组建国际化的丝绸文化研究团队、搭建新的文化认知桥梁，以及与世界博物馆界的友好交流等，起到纽带联结作用。

2011 年，中国丝绸博物馆启动了年度时尚回顾展项目，将收藏领域拓展到当代纺织服装领域，旨在将丝绸博物馆建成一座时尚纺织博物馆，为此我们筹建了中国丝绸博物馆年度时尚回顾展策展团队，我也成为首创策展团队的负责人。截至 2020 年，这个品牌展已经延续了 10 年，收藏了中国当代顶尖服装设计师、新生代设计师、纺织服装龙头企业及部分国外设计师纺织服装作品，总计 5000 余件（套）。这些藏品基本以捐助形式收藏进馆，在这个过程中，我们深切感受到协会、企业家、设计师的真诚与情怀，一个小小的原点能逐渐扩大，离不开他们的无私支持。

上｜丝绸之路——中国丝绸艺术展（哈萨克斯坦，2010 年）
下｜天上人间——中国浙江丝绸文化织机展区（墨西哥，2009 年）

中国丝绸博物馆年度时尚回顾展已经成为每年年末杭州的时尚事件，成为高校、设计师及企业界交流的一个平台。一展十年，弹指瞬间，经过十年的努力，我们积累了大量中国当代纺织服装藏品，从这些物证和史料资讯中，我们后续可以开展关于当代纺织服装产业发展变迁、中国服装品牌各阶段发展特征及与设计师的动态关系；中国当代纺织服装设计教育发展历程等系统性研究，将中国当代纺织服装研究、时尚艺术展览与时尚公共教育结合，真正践行"为明天而收藏今天"的使命。

《设计》：90后、00后学生在设计及思考上有哪些特点？推动教学上产生了哪些变革？近年来，毕业生的就业去向和职业发展路径呈现怎样的发展规律？

冯荟：90后、00后一代，一出生就被推进了竞争赛道，他们已经非常适应竞争且目标明确、付出与回报率概念在他们身上体现得都较为明显。另外，充裕的物质生活所提供的海量信息，使他们形成了对人、对物的基本判断，拥有对消费前沿的敏锐触达力。这几个方面的特点使教学工作面临新的挑战：教师知识结构更新速度需要提高；90后、00后课内外学习方式需改变；强化逻辑能力、思辨能力，训练学生从海量信息中抓取关键点进行深度学习和研究学习的能力。基于以上思考，我们专业这几年一直在优化教学内容，低年级注重学生的设计素养、设计思维和专业基础训练，高年级注重培养学生对纺织服装消费前沿研究、新消费社群文化研究、消费场景研究等，将专业知识与前沿研究内容结合，学生逻辑思维能力、消费底层研究能力、商业转化能力及协调统筹能力得到了综合培养，近几年的毕业生成长空间出现"弯道超车"现象。以往从品牌服装设计助理打拼到设计总监需要至少5~8年的成长期，现在部分学生3年左右能突破职业发展瓶颈，成为子品牌发展的领路者或主要贡献者。这与我们课程体系"四项能力"训练内容及路径设置有关，与教师关注新消费社群文化研究、教学过程以研促教的教学方式有关，与教

上｜超越历史与物质——中国丝绸艺术展（巴林，2014 年）
下｜中国丝绸博物馆年度时尚回顾展（杭州，2014 年）

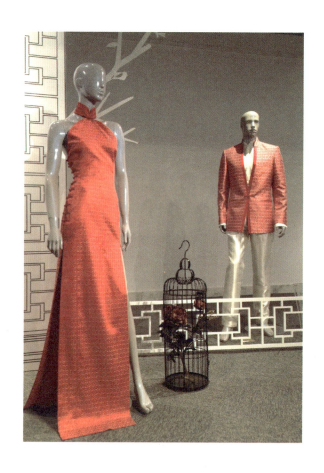

中国丝绸博物馆年度时尚回顾展细节（杭州，2014 年）

师团队在产业发展转型期对人才培养规格的共同认知有关。

　　目前，产业对人才的需求有三个维度：基本维度是期待学生对新生代社群消费的敏感度把握及设计转化能力；其次是学生在此基础上的团队协作、统筹协作等综合能力；核心竞争力是在前两个基础上形成的商业转化能力及品牌发展过程中的动态管理、处理复杂事情的能力。我们希望能依托浙江完善的产业资源优势、新消费前沿阵地优势，持续打磨人才培养思路、路径，做好教学、研究、人才培养的工作，更好地服务于时尚产业未来发展。

卡宾先生：
"颠覆"是我对品牌和设计的理解

Mr. Cabbeen："SUBVERSION" IS MY UNDERSTANDING OF BRAND AND DESIGN

杨紫明

卡宾先生，Cabbeen 卡宾服饰主理人

杨紫明，卡宾先生，Cabbeen 卡宾服饰主理人、中国著名设计师、金顶奖得主。卡宾先生认为，在进入 21 世纪之后的十几年，国内的服装还是很争气的。在这段时间，中国国内的品牌都在进行从款式设计到供应链，再到柔性供应链的打造，现在品牌的开发能力远超国际平均标准，不管是从渠道、供应链和设计等多个方面都发生了巨大的改变。"卡宾服饰，颠覆流行"是卡宾先生创立卡宾品牌的第一个标语，它有很多的原创、很多的叛逆，大家都在不停地否定过去，然后塑造一个新的东西。所以卡宾每年的创作都会面临一些新挑战，同时也拥抱时代的变化，不愿意墨守成规，希望能够做出有创造性的设计。一直用"颠覆"这个概念，是卡宾先生的个性，或者说是其个人对品牌和设计的理解。

卡宾先生：我是 2007 年参加的纽约时装周，在那之前确实没有一个中国的设计师和品牌去纽约举行过发布会，现在在全球各大时装周中，你会频繁见到中国设计师和品牌的身影，这已经不是一件新鲜的事情。

在过去的几年，全球纺织服装行业的变化还是很大的，特别是我们中国设计师品牌的崛起对全球时尚行业的影响很大，可以说在过去几十年完全颠覆了，实现了从中国制造到中国设计的过程。我亲身参与其中，中国本土设计师品牌开始逐渐走向全球是必经之路，并且在这个过程中去展示我们的思想、我们的文化。最近一直流行"国潮当道"的概念，很多国内的设计师都在传递中国文化，讲述中国的传统历史故事。从中可以看到服装行业的崛起和我们整个国家经济的崛起，是各方面文化的复兴，或者说是文化的崛起。以小见大，去带动整个行业的发展。当然这个还要归根于我们服装人自身的努力，能够以此去展现当代我们对服装的理解，对中国文化的理解。

《设计》：与国外时装产业相比，国内时装产业的发展现状如何？

卡宾先生：作为一个本土设计师品牌，我见证了国内时装产业的发展。这十几年的变化非常大。比如，10 年前国际快时尚品牌 Zara 刚刚进入中国的时候，国内的消费者也好，甲方商场渠道也好，对其态度都是膜拜的。但是 2020 年下半年，Zara 所有的副牌全线退出中国市场，接手的是像卡宾、中国李宁这样的本土品牌。这个此消彼长的变化，证明了中国服装企业品牌和设计正在蓬勃发展，也说明了我们中国整个时装产业的国民认可度在逐渐提升。在进入 21 世纪之后的十几年，国内的服装还是很争气的。在这段时间，中国国内的品牌都在进行从款式设计到供应链，再到柔性供应链的打造，现在品牌的开发能力远超国际平均标准，不管是从渠道、供应链和设计等多个方面都发生了巨大的改变。十几年前 Zara 推行快速加单模式，在那时感觉这样的操作像"神"一样，但是现在中国服装企业基本上每一家都能做到，否则就面临着被社会淘汰。

《设计》：介绍下这些年时装发布会的变化与趋势。

卡宾先生：时装秀这件事情已经诞生了很久，从第一场时装秀在欧洲发布，到进入中国已经有三四十年了。从我成为一个设计师开始，就已经有时装发布会这件事情的存在了。但是这十几年发生了很多转变，过去是将产品做提前批次发布，比如以往发布产品会提前很早展示，实际上架售卖还有一定的周期。今天最大的一个变化是我们可以做到即秀即买，秀场当季的产品可以在走秀结束后就上架销售。随着网络的发展，各方面快速反应，包括快速供应链的支持等，让我们紧跟流行时尚的步伐，时代的变化也越来越快。

发布会的格局变化也很大。我参加中国国际时装周十几年，最近两年我的发布会从北京挪到了上海，连续做了两年上海时装周的闭幕式，是因为我觉得上海有很多年轻的独立设计师，当然也有很多国际品牌都在上海时装周同台竞技。我参加了十几年的中国国际时装周，对北京来说我就是一个"老炮儿"。所以我觉得我应该放空自我，怀着一颗"空杯的心"，去跟年轻人同台展现我们的作品，重新去创作，对我来说是有趣的。对于上海时装周来说，我就是个新人，2019 年是我第一次参加上海时装周，可以用一个全新的面貌展现我的设计作品，和全球年轻独立设计师在同一个平台交流。

最后，对我来说，时装秀也反映着一个时代下年轻人的想法，所以我们增加了很多互动和体验在里面，因为这是当代体验性的一种表现手法。我们非常注重用户体验，卡宾之前的线下门店也做了很多体验和互动项目。在新的时代，我们需要用一个崭新的形象和崭新的方式去和热爱我作品的人互动，所以近两年的发布会模糊了观众和表演之间的界限，增加了更多氛围场景的浸入式体验。我们希望通过这些不一样的尝试，摆脱过去时装发布会给人带来的"高高在上"的印象，不仅仅是发布我们对未来的想法，更多地去走近观众，与观众互动，去聆听他们的声音，感受他们的变化。

《设计》：请您介绍下"颠覆时尚"的品牌理念。

卡宾先生：作为一个设计师，我特别喜欢"颠覆"这个词。因为颠覆就是一种创造，要打破过去原来的东西，创造一个新的东西出来。所以"颠覆"这个词，从品牌诞生到现在，我一直都在用。"卡宾服饰，颠覆流行"是我创立这个品牌的第一个标语。在不同的时期，我都不停地否定自己，因为我觉得这个时代很多东西都在变，但是一个品牌的精神内核是不可以改变的。就像我创立卡宾这个品牌，它有很多的原创、很多的叛逆，大家都在不停地否定过去，然后塑造一个新的东西。所以我们每年的创作都会面临一些新挑战，同时也拥抱时代的变化，不愿意墨守成规，希望能够做出有创造性的设计。一直用"颠覆"这个概念，是我的个性，或者说是我个人对品牌和设计的理解。

《设计》：请您谈谈对品牌三大方面的坚持：设计风格鲜明、目标客群明确、渠道规划合理。

卡宾先生：首先，卡宾作为一个设计师品牌，我们的 DNA 一直不会改变，是因为我创立这个品牌以来一直在管理这个品牌，所以不会有任何人因为任何原因来改变它，这是很重要的一点。

卡宾不像一些商业品牌，可能换一个设计总监或者艺术总监就会改变原来的东西，毕竟人不一样。对我而言，我创立这个设计师品牌，始终坚持着我对这个品牌的理解和执行，使品牌的设计风格不会变形。这是一个可以得到保证的事情，也是我们这么多年来一直坚持的事情。

作为这个品牌的创始人，我对于产品的风格把控和渠道把控是很清晰的。因为我们品牌目标客群的定位是二三十岁的年轻人，上市的时候也故意选择 2030 这个股票代码作为我们的品牌标识。我们想传递的概念是，我们品牌的衣服永远卖给二三十岁的年轻人，所以渠道也会很清晰，是年轻人聚集的地方。店面装修风格也是年轻人喜欢的，比较有未来感、科技感的东西，设计风格、目标客群、渠道规划都是一脉相承的。

《设计》：请您介绍下 90 后、00 后新时代消费者的需求趋势。

卡宾先生：每一个时代的年轻人的触觉都不一样。因为流行不可能是一样的，一样就不是流行，所以每个时间都不一样。但一样的是年轻人的好奇心，年轻人对美的渴望和展示没有变。所以，我们每一个季节都会推出当下最流行的东西。像最近我们觉察到当代年轻人对文化的自信，对祖国的热爱，所以有很多国潮和中国元素的创意和设计融入我们的时装里。这是每一个时代都不一样的，我们要满足这些年轻的消费者对美的渴望。这是生活方式的一种体现，包括他们对国家的热爱，对民族的文化自信。我们也会在这方面给他们更多专业上的创新和设计，来满足他们对生活和美的渴望。

还有一个需求变化就是，过去人们都是在线下买衣服，现在 90 后、00 后的新时代消费者更喜欢电商消费平台，比如在哔哩哔哩（bilibili）、毒物这些新的社交媒体上去购买他们想要的东西。移动互联网的出现改变了很多年轻人获取信息的途径和消费习惯，这是非常大的变化。不变的是，我们的衣服能够满足他们对美的渴望，能够创造出他们喜欢的衣服。

《设计》：介绍下品牌如何从时装、门店形象、场景体验等多维度展现创新的生活方式？

卡宾先生：比如，我们现在的新门店有咖啡屋、定制区，还有一个网红直播间。我们希望在直播的过程中有更多的现场感和代入感。咖啡屋里有各种各样新奇的饮料，定制区可以完成DIY的定制，无论你有什么想法我们都可以帮你实现。这些互动是现在年轻人更喜欢的方式，在这里更多的是体验一种生活方式，而不是单纯地买衣服。现在我们开了一个二〇三〇潮流研究社项目，最近在做实施规划，第一个店已经上线了。店铺选择大多是一二线城市潮人聚集的地方，接下来在中国会有很多这种类型的潮研社。

《设计》：您认为时装时尚如何能更好地融入生活？

卡宾先生：很多人都问我怎样让自己变得更加时尚、时髦。我总是回答他们：时尚没有"一招鲜"，没有一招能够打遍天下。更多的是，你需要热爱它，关注时尚杂志，关注艺人明星、偶像在穿什么样的衣服，以了解现在的流行。当然，我也会提醒他们多多关注卡宾先生。

时尚无处不在。它是一种生活方式，不只是穿衣打扮，还包括发型、饰品、车里和家里的装饰等，都是时尚的一部分，所以它是很宽泛的一个名词，更多的是对生活的追求和对美的热爱。

《设计》：请您介绍下为新中国成立70周年庆典设计与制作的庆典服及幕后故事。

卡宾先生：在这里不得不提一下我的好友，北京服装学院的邹游教授。我们认识十几年，我想用互相欣赏来形容我们之间的关系。他作为70周年国庆群众游行服装的总设计和总策划，最后紧要关头临危受命新的项目，找我参与，因为他知道我对男装的理解，也了解我的设计和研发制

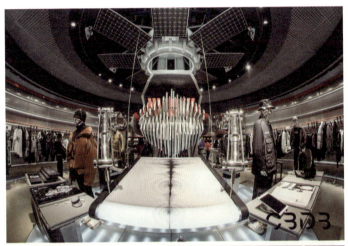

上 | Cabbeen CBDB 概念门店
下 | Cabbeen 二 0 三 0 潮研社概念门店

作能力，能够打样、生产"一条龙"。目前，就国内来说，我们的制作能力还是很强的，所以他在时间非常紧迫的时候找了我来执行。能够为国家做点事情，对我来说是非常幸福的事情。

接到这个任务去北京的时候，所有参与的人都签订了保密协议。因为时间周期特别短，我们只有很少的时间去完成从打样到生产的工作，甚至打样的时候都没有给我们复样的机会，要求一次成型。样衣做到一半的时候，需要设计师确认完成后再继续往下做，我就带领设计师团队全面进驻工厂，带着睡袋住在了车间。时间紧迫到这种程度，在过程中遇到了很多困难。但是能够有机会参与到中华人民共和国成立 70 周年这一全球瞩目的庆典活动的服装设计和制作当中，我们所有的小伙伴都非常兴奋，这是一种荣誉，国家需要我们。这也是作为一个设计师，一个中国服装人，给祖国的献礼。那些日子里，每天跟邹老师在一起研究衣服、设计衣服，虽然很累，但现在回想起来确实特别开心。我们的设计能力也由此得以展现，而且我们深知，这不仅是展现给中国，更展现给了全世界。

《设计》：您认为中国时尚在国际舞台上拥有更丰富发展空间、更有分量话语权的立足点是什么？

卡宾先生：我认为是中国的设计和中国的品牌。想要拥有更有分量的话语权，任重而道远，但中国时尚的发展已经非常快了。中国新一代人才辈出，他们都接受了非常好的设计教育。我的工作室有很多优秀的学生，来自北京服装学院、伦敦艺术大学、圣马丁设计学院、帕森斯设计学院等优秀设计院校，他们都非常有创意，也非常有性格。所以我对未来的中国品牌、中国设计充满了信心和希望，相信新一代的年轻设计师比我们更加有创意，更加有爆炸力。

我最近做了一个 CBDB 项目，也就是"设计师银行"。因为我经历过设计师创业的所有阶段，所以我知道现有设计师的困难和难点在哪里，我希望通过自己几十年的行业经验，对设计的理解以及对纺织服装整个产业链的理解，能够帮助到这些有创意、有能力的设计师，去展现他们的作品。"设计师银行"项目的第一个店开在深圳的壹方城，受到了很多人的关注和青睐。我会持之以恒地坚持对中国设计力量的推动和帮助。因为我是一个设计师，我特别热爱我的职业，希望能够在这个职业里尽我的绵薄之力，让中国设计能在世界的舞台上更有话语权，早日绽放光芒。

李当岐：
无视限定条件所做的设计没有任何价值！

LI DANGQI：THERE IS NO VALUE IN DESIGNING WITHOUT QUALIFICATION！

李当岐

清华大学美术学院前院长、教授、博士生导师，清华大学学术委员会副主任

李当岐，清华大学美术学院前院长、教授、博士生导师，清华大学学术委员会副主任，享受国务院政府特殊津贴，中国美术家协会理事，2011 年—2016 年兼任中国服装设计师协会第七届理事会主席，2008 年—2017 年兼任中国美术家协会服装设计艺术委员会主任。李当岐致力于基础理论研究和平台建设，作为课题负责人先后完成了教育部人文社科基金项目"中西方服饰文化比较研究"、国家社科基金（艺术科学）项目"中国古代服装结构研究"等科研项目。其"服装设计系列课程"于 2009 年被评为北京市精品课程。

李当岐认为，设计创新并不是盲目地变换花样，也不是人云亦云地跟风，而是根据目标市场需求和自身品牌风格定位，权衡材料选择、生产工艺条件诸多因素，适时地、恰当地推出与众不同的新产品。另外，作为一个品牌，应有效利用遍布全球的时装周，不间断地向目标市场做设计发布。在全球化背景下，不间断地设计新作发布有两个作用：对外，不断发声，回应市场需求，增强市场认知度和竞争力；对内，倒逼设计师不断创新，保持设计创新活力，倒逼企业不断进步，不断推出新概念、新产品，持续发展。

您精专于中西方服饰文化比较研究，并著有《西洋服装史》，随着国人民族自信心的不断增强，您认为如何才能将中西服饰文明完美融合，让中国服饰设计更适应新的时代发展需求？

李当岐：的确，自 20 世纪 80 年代末以来，我在学校一直为本科生主讲"西洋服装史"课程，后来又为研究生开设了"西方服饰文化史"课程，也曾完成了教育部人文社科基金项目"中西方服饰文化比较研究"和国家社科基金（艺术科学专项）项目"中国古代服装结构研究"等科研项目。我在这方面有一些心得和思考。

"西洋服装史"是我们学院服装设计专业必修的基础理论课程，在课堂上首先要讨论的问题就是"我们中国人为什么要学西洋服装史"，原因很简单，因为我们现在的衣生活内容基本上都是西方舶来的，我们平时说的"流行"也好，"时尚"也好，评价一个人的穿戴以及言谈举止，审美标准几乎都与西方服饰文化有关，也就是说，我们现代中国人的服饰文化、我们的时尚产业都在西方服饰文化语境下运行，我们称之为"与国际接轨"。这是改革开放以来，我们主动参与国际流行，融入国际社会的结果，是全球化进程中我们实现民族复兴的必然过程。随着我国经济腾飞，综合国力提升，和平崛起，重新认识和弘扬自己优秀传统文化的呼声越来越强，摆脱西方服饰文化语境，引领国际时尚潮流应该是我们的目标和梦想。正基于此，我们就更应该深入系统地了解目前仍然左右着国际时尚潮流的西方服饰文化，否则就无法对过去和现在、对流行有客观清晰的认识，也就不可能去影响和领导未来的时尚潮流。这就是我们学习"西洋服装史"的现实意义，也是我为什么要进行中西方服饰文化比较研究的初衷。

我国是四大文明古国之一，而且是唯一未曾中断文化传承的文明古国，拥有五千年文明史，为人类的进步和发展做出过巨大贡献，创造了许多辉煌。自古以来，在中原农耕文明基础上，几经与北方游牧文化的碰撞与融合，形成了独具东方特色的中国服饰文化体系，与西方相比，我们中国服饰强调"天人合一"，尊卑有别，直线裁剪，平面构成，宽敞舒适，穿脱方便，温文雅致，不追求对人体外形的再现和塑造，体现着中华民族谦和、矜持、平实、善良的性格特色。而西方服饰文化是在地中海周边几个古代文明基础上，经过中世纪基督教的浸润，到文艺复兴时期，随着工商业文明的发展，西方大国崛起，在人文主义思想影响下，在实证科学的推动下形成了强调人的感官存在，追求人为的官能形态，写实地再现甚至夸张人体外形特征，尤其强调男女两性身体外形的区别和差异，曲线裁剪，立体构成，结构和工艺技术复杂，个性鲜明。随着近代西方社会剧烈转型，其时尚潮流此起彼伏，服装外形落差极大，体现着西方激烈动荡的人文思潮。而且，在西方各列强向海外殖民扩张的过程中，西方服饰文化也随之向全世界传播，于 20 世纪形成了普及全球的国际潮流。

20 世纪初，我国处于半殖民地半封建社会，推翻封建王朝救国图存的革命先驱们在学习和引进西方先进的思想文化和科学技术的同时，开始接受西方服饰文化；新中国建立后，受冷战环境影响，我国断绝与西方世界的交流；改革开放以来，我们积极参与国际交流，主动与国际接轨，奋起直追国际时尚，纺织服装产业飞速发展，产业集群遍及大江南北，自主品牌不断涌现，到 21 世纪初，我国已经成为全球第一的服装生产大国、服装出口大国和消费大国。

对比中国与西方服饰文化，可以看出：两种性格不同的文化各具鲜明的个性和特色，都是人类进步和发展过程中的智慧和创造，其精华都是我们应该尊重、研究、学习、传承和发扬的。我们强调文化自信，并不是要去否定西方服饰文化。我们参与国际流行，并不是要抛弃自己的优秀传统文化。必须承认，经过一个世纪的交流与融合，西方服饰文化已经以各种形态不同程度地深入到每个中国人的生活中，成为我们衣生活的组成部分。中华民族历来心胸开阔，非常善于吸收和融合外来文化，海纳百川，有容乃大，这就是文化自信！我认为，对于我们自己的传统服饰文化，既不要妄自尊大，也不可妄自菲薄，应该认真深入研究、挖掘，取其精华，古为今用，用东方哲学、中国智慧去创造新的时尚，形成新的潮流，去影响和引领未来世界。在设计创新过程中，没有必要区分"中""西"比重，较真姓"中"还是姓"西"，应敞开胸怀，广泛吸收一切人类智慧结晶和进步成果，站在巨人肩膀上，坦然面对国内外市场，去创造属于中国设计师、中国时尚产业的未来。

《设计》：几年前您曾谈到"设计创新是我国服装产业发展的短板和软肋，对市场的有效供给不足，无效供给过剩"。经过几年的发展，这种情况得到了改善。您认为哪些途径和手段是有效的？

李当岐：经过 40 多年的发展，我国的服装产业确实今非昔比，无论规模还是产品质量都有巨大提升。目前，服装产业产能过剩，市场饱和，再加上互联网渠道的冲击，传统销售方式遭到重创，与 21 世纪初相比，许多企业进入发展瓶颈，举步维艰，现在，人们生活水平提高了，似乎每个人都不缺衣服穿，但又总觉得没有合适的、时尚的衣服能让自己满意，服装越来越不好卖了——这就是我说的"国内市场有效供给不足，无效供给过剩"现象。要解决这个问题，仅靠扩大进口是解决不了的，唯一途径就是提高国内品牌的设计创新能力和水平，通过设计创新不断向市场提供适合国人消费的、时尚的新产品，唤起消费者的购买欲，这才是解决问题的根本。

设计创新的前提是精准的市场调研和市场细分，要清楚地了解目标市场所需，准确地把握目标市场变化脉络，针对市场情势及时调整设计研发方案。

　　设计创新并不是盲目地变换花样，也不是人云亦云地跟风，而是根据目标市场需求和自身品牌风格定位，权衡材料选择、生产工艺条件诸多因素，适时地、恰当地推出与众不同的新产品。现在市场上有几种现象：一种是为创新而创新，为 T 台走秀而创新；另一种是对传统产品做表面的改变，换汤不换药，没有针对市场需求、应对消费者生活方式变化的实质性变革；还有一种是对传统文化或非物质文化遗产做一些标签式的剪贴。这些都解决不了设计创新的问题。

　　另外，现在是信息时代，酒香也怕巷子深。作为一个品牌，应有效利用遍布全球的时装周，不间断地向目标市场做设计发布。在全球化背景下，不间断地设计新作发布有两个作用：对外，不断发声，回应市场需求，增强市场认知度和竞争力；对内，倒逼设计师不断创新，保持设计创新活力，倒逼企业不断进步，不断推出新概念、新产品，持续发展。

《设计》：请您介绍一下清华大学美术学院染织服装艺术设计系的特色和培养情况。

李当岐：清华大学美术学院的前身是中央工艺美术学院，这是一所以设计为特色的专业院校，过去隶属轻工业部。在计划经济体制下，受条块分割制约，为对应的行业培养应用型专业设计人才是学院的办学宗旨，为祖国的经济和文化建设培养了一大批设计人才，在美术院校中形成独自的办学特色。1999 年，它并入清华大学，成为现在的清华大学美术学院。在保持设计学科全国领先的基础上，完善了美术学科和艺术理论学科的建设，现在，学院有设计学、美术学和艺术理论三个一级学科博士点，设计学科下设染织服装、工业设计、环境艺术、视觉传达、陶瓷艺术、信息艺术和工艺美术七个专业系，涉及"衣""食""住""行"所有生活领域。其中，染织服装艺术设计系就是由建院之初的染织美术系和 1984 年成立的服装设计系合并组建的。改革开放的号角响彻祖国大地之时，刚恢复招生不久的中央工艺美术学院于 1980 年在全国率先创办服装设计专业，同时积极为全国各相关高校培训师资，白崇礼、袁杰英、魏雪晶等老一辈开拓者为服装设计专业的建设和发展做出了卓越贡献。我和刘元风当时还是刚留校的青年教师，在老一辈的呵护和培育下与服装设计系、服装设计专业一起成长。

并入清华大学之前，中央工艺美术学院学科相对单一（属文学门类下的艺术学科，设计艺术是艺术学科的二级学科），规模精悍，但特色鲜明，设计艺术学科不仅有硕士授权，还有博士授权，是一所以培养应用型本科生为主的专业院校。并入清华大学后，在综合学科背景下，学院朝着艺术与科学结合，强调学科交叉、培养研究型专门人才方向迈进。在全国高校普遍扩招，纷纷做增量发展的情况下，清华大学美术学院一直保持稳定的本科招生规模，每年仅招 240 名本科生，本科生的培养方向也摆脱过去条块分割的影响，调整为"通识教育基础上的专业培养"。在稳定本科规模的同时，稳步扩大研究生数量，朝着研究型方向发展。

染织服装艺术设计系目前有两个专业方向：一个是纺织品设计方向，也就是传统的染织美术专业；另一个是服装设计方向。这两个方向具有互补性和交叉性，对应纺织、服装行业人才需求，既要面对蓬勃发展的纺织服装产业及其可持续发展问题，同时也注重挖掘和研究传统文化技艺，研究传承人类在这个领域的优秀文化遗产，为学生未来发展打下坚实的理论基础和实践基础。

《设计》：在新时代背景下，服装设计专业教育需要进行哪些变革和突破？

李当岐：服装设计教育分几个层次，首先是专科和本科教育。专科又分为中专（中技）和大专两个层次，专科教育即职业技术教育，是以职业技能训练为主的应用型人才培养；本科教育则理论与实践并重，服装设计专业的本科教育也是应用型人才的培养，与专科教育的区别不仅仅在于培养层次和水平。一般情况下，专科教育的专业设置有两个特点：一是"细"，精准对应产业需求；二是"灵活"，可根据产业和社会需求随时随地变动。就业是其专业设置的导向，学校可根据就业需求订单式培养。发达国家的这类高校都办得非常好，比如曾培养出许多国际级设计大师的日本文化服装学院、有180年历史在世界各国设有连锁校的法国巴黎ESMOD高等国际时装设计学院等。但比较遗憾的是，由于我国在20世纪末随着高等教育发展，本科院校扩招，国人"望子成龙"心切等因素大大冲击了我们的职业技术教育，一些职业技术院校也想方设法"升本"，使这个层次的人才培养大打折扣。这是我们应努力改进和加强的，因为社会发展需要各类人才，不仅需要硕士、博士这种高层次人才，更需要大量的职业技能型人才，特别是那些专于一技、精于一技、有工匠精神的应用型人才，而这样的人并不需要也不可能去读博士。

本科教育是高等教育的基础，具备一定的通识理论基础和专业实践技能，可以就业，也可以继续深造，攻读硕士或博士，这是综合性大学、研究型大学的人才培养特点。因此，本科专业设置就不能像专科那样精细和随意。过去我国受苏联模式影响，条块分割，各行业都有自己办的对口的高等院校，本科专业设置很窄很细，而且有大量重复设置，既不利于学科交叉和发展，也不利于高层次人才成长，自20世纪末以来，教育部数次大力度缩减本科专业目录就是这个原因。

清华大学的本科教育宗旨是"通识教育基础上的专业教育"，强调按大类培养。在建设世界一流大学过程中，清华的措施是稳定本科规模，稳步扩大研究生特别是博士生规模，内涵发展，提高培养质量，建设研究型大学。现在清华的硕士、博士在校人数远超过本科生。

服装设计教育的高层次是研究生培养。这里也分几个层次，比如硕士生就分为专业学位和普通学位，前者属应用型人才，是在本科培养基础上且有相当的设计实践经验的，通过进一步深造，提高其研究能力和设计创新能力，培养重点在于设计能力和水平的提高。普通学位硕士要求理论与实践并重，往往是继续攻读博士的过渡。

服装设计教育的最高层次是博士生培养，到博士层次基本上侧重基础性、前沿性、学术性的理论研究，主要培养研究型人才。

与发达国家相比，我国的服装产业有这样的特点：起步晚、门槛低、发展快、规模大。现在正处于艰难的转型阶段，需要各方面人才。就设计人才来讲，上述各层次人才都需要。关键是如何正确认识和准确使用这些人才，如果使用不当，大材小用、小材大用，都会造成人力资源浪费或给企业带来损失。

就培养人才的高校来讲，首先应明确自身的培养层次和任务，不可盲目跟风，不切实际地向高层次"拔高"。许多职业技术院校不安于也不专于技能型人才培养，忙着"升本"，升完本科又忙着争取硕士点、博士点。不顾社会需求，浮躁的办学思路，各种钻营的办学手段都是对设计人才培养的极大障碍和灾难。

在设计人才培养过程中，无论哪个层次，专业技能训练都是非常重要的环节。由于浮躁办学理念和"一刀切"的评价机制，导致专业技能型的师资缺乏，许多院校专业技能类课程没人教，或者教这类课的人本身专业技能就欠缺，因为高校师资都要求博士学历，我们还没有准备好那么多专业技术型的博士。再加上学生到相关企业去实习也遇到许多困难，这使社会实践课形同虚设。这就从几个方面架空了专业技能型人才培养的实践环节，造成用人单位对高校人才培养的不认可和不满意。因此，如果要我提建议的话，有以下几点想法，不一定正确，仅供参考：①明确培养层次；②专心于本层次教育，不要盲目拔高；③服装设计人才属应用型人才，应该在设计创新能力培养和专业技能提高上下功夫；④放宽专业技能型师资学历门槛，不拘一格，切实提高专业师资教学水平；⑤紧密联系相关产业，加强学生社会实践环节的过程管理，强化实践能力，条件成熟的可联合相关企业办产业学院；⑥研究型院校应深入联系产业，加强前沿性的基础研究能力培养。

《设计》：请谈谈您对设计的认识。

李当岐：我认为，设计是一种创造，但不是发明，不是从无到有，是在前人基础上的创新。设计追求原创，但不仅仅是"改变"，也不是为了改变而改变，更不是变得越厉害、越离谱就越有设计。所有的设计都是要解决问题的，有明确的目的，不是为抓眼球而设计的。

所有的设计都有限定条件，服装设计也是如此。为谁设计，为其在什么场合做什么穿用而设计，拟使用什么材料，如何加工等，这些都是限定条件。无视这些限定条件所做的设计不是设计，没有任何价值！

设计追求美，讲究艺术性，但所有的设计都更讲究用，要能解决生活所需！因此，设计是一种有限定条件的"命题创作"，不是随心所欲的个人情感宣泄！这也是设计与艺术的本质区别。

在日常生活中，设计往往是一种选择，是针对目标市场需求，根据限定条件，基于以往的经验、教训，经过艰难的取舍，对解决方案的一种选择！在一定程度上，设计是一种资源整合和重组。因此，设计不仅需要灵感启发和艺术感觉，更需要理性分析和科学抉择！

那么，什么是好的设计？我认为，解决了某些实际问题，而且解决得比较巧妙、比较及时的设计就是好设计。比如：解决了"功能问题"，使生活更加便捷、舒适，更有效率；解决了美观和新旧问题，满足了人们对时尚和美的追求等。总之，有用的就是好设计，有大用的、创造大价值的就是优秀的、经典的设计！

设计的评价在于市场，因此，要研究市场（社会需求），不仅要研究当前的市场，而且要研究过去的和未来的市场，过去是当前市场发展的基础，未来是当前市场的发展方向。要关注人们生活方式的变化与时尚潮流的关系——这就是所谓的流行趋势。

上｜2006 年 11 月，第二届"艺术与科学"国际作品展期间在清华园接待李政道先生
下｜2016 年 10 月，为庆祝母校六十华诞，在北京奥加美术馆举办个人画展，接受采访

王逢陈：
服装设计是不应该被定义的
WANG FENGCHEN：FASHION DESIGN SHOULD NOT BE DEFINED

王逢陈

中国先锋服装设计师品牌 Feng Chen Wang 创始人

王逢陈，中国先锋服装设计师品牌 Feng Chen Wang 创始人。作为中国新一代年轻设计力量中的佼佼者，王逢陈于 2015 年取得英国皇家艺术学院男装设计硕士学位，以富有结构功能性的中性设计风格闻名。她用"摩登未来、多元化及真实性"来形容自己的品牌定位，实用性与设计感兼具之余，又敢于彰显以个人人生轨迹为灵感的私密设计情愫。目前，品牌的工作室位于伦敦和上海。

2017 年，Feng Chen Wang 首次在纽约男装周上展示了第一个独立 T 台秀（2018 春夏系列），重新定义了"Made in China"概念，引领国潮在国际时装周上的关注。2019 年，设计师在伦敦男装周展示了品牌在伦敦的第一个独立 T 台秀（2019 秋冬系列），这标志着她的品牌之旅进入了一个全新阶段。

《设计》：请您谈谈中西方教育的差异。

王逢陈：我觉得各有千秋。从感性设计方面来看，中国比较侧重教育的"教"，国外比较侧重"问"。我在国外也待了很久，发现其实没有人会手把手教你内容，告诉你应该怎么做。不过，这可能也和不同的教育阶段有一定的关系，我在国外是读研，可能更看重更高层次的深造。本科可能更多的是注重教授技术方面的能力，读研期间更多在于培养个人的思维创意能力。

《设计》：谈谈您对 Fashion Design 的理解？

王逢陈：我觉得设计是没有边界的，男装、女装之间没有特别明显的界限，也不会有特定的概念。固定的理念，比如男装单一，这其实都是人们给它的定义。服装设计是没有定义的，也是不应该被定义的。每一个人对服装设计的理解都应该是不一样的。也就是说，虽然我是以男装起步，但现在更多的是设计男女同款，有很多女性消费者都在穿我们设计的衣服。设计是不受束缚的。

《设计》：作为一名女设计师，为何选择设计男装？

王逢陈：这本身是因为个人的喜好，我一开始就比较喜欢男装设计。以这个为出发点，设计男装对我来说是挺有激情、挺有火花的事情，我觉得这个是最重要的。在本科的时候我也很喜欢男装，只是那个时候北京服装学院还没有男装专业。

男装也有一些更深层次的意义，需要不断去挖掘，有些东西并不是像表面看到的那么简单。男装更注重工艺技术，比如男士西裤的构成，腰头就有深入的复杂工艺，男士西服则更多，可能有几百道工序、工艺，那里面每一层、每一针、每一线都是看不见的，这些精致都是体现在肉眼看不见的地方，有的细节体现在领子里面，有的则是衬在里边看不见的，

Feng Chen Wang 2021 春夏系列视觉大片

这个对我来说也是比较有意思的。

《设计》：请介绍下 FENG CHEN WANG 的品牌理念。

王逢陈：我们的品牌基本可以用三个词来形容：未来的现代感 Future Modern、多元化 Multidimensional 和真实性 Authentic。"真实性"就是说我的设计灵感大部分源于真实的情感，它们是能从人物中出发的。"多元化"就像是我们设计里既有中国传统的元素，也有西方的造型，是比较包容的。无论我们的"Made in China"系列也好，还是近来的一些系列也好，展现的都是比较多元化的，比较有层次的。包括刚才提到的男装和女装，其实我们没有把品牌定义为男装品牌，里面也有一些男装是女生可以穿的，这也代表了其中的一种包容性。

《设计》：如何平衡创意和商业？

王逢陈：我觉得这可能需要时间的积累。前期还是尽量以创意为主，当品牌发展到一定程度时，确实需要更多地去维持创意和商业上的平衡。商业方面，我觉得大部分的平衡应该是在款式和产品架构上的平衡。每新设计一个单品，肯定需要考量，不能设计太夸张从而导致并不实穿。我还是希望能够设计出人们在日常生活中可以穿着的衣服。

另外，在做具体设计的时候，我不会考虑价格，也不会刻意考虑创意和商业的平衡。因为一切其实都是源于设计的，不需要为了商业思考要去掉什么细节或者取消什么结构，顺其自然就好。

《设计》：请介绍下中国和英国时尚产业的生态环境。

王逢陈：我觉得这一两年还很难说。因为疫情，全球的产业都受到比较大的影响。在疫情之前，英国其实是一个塑造人才的地方，但这并不是说它的时尚产业就非常发达，因为制造业很少在英国，大部分是在中国、意大利或者在亚洲的其他国家，但英国是输出创意人才的好地方。

中国和英国各有各的优点。英国的优点在于创意人才比较多，很多品牌的创意总监和优秀设计师是从英国设计院校毕业的；中国则是生产供应链比较优秀。就时尚产业来谈，中国近期有很多优秀的设计师相继涌现，未来是非常可期的。

《设计》：您如何获得设计灵感？

王逢陈：其实，之前的问题有提到过我是如何获得设计灵感的，平时设计我不会特意去寻找灵感，一般是到该做设计的时候就直接设计了。这主要是因为我的大部分设计灵感源于比较真实的生活状态，比如有时在爬山的过程中就能产生一些灵感，或者说身边的一些人、事、故事，这些真实的、亲身经历的东西都会给我带来影响。

因为疫情的关系，我最近一季的灵感就会比较朴实，回归自然，基本上是在探讨我们和自然环境的关系、和社群之间的关系。这个系列也相当于是致敬当下的环境，鼓励大家继续前行。

《设计》：您认为怎样才是好的时装设计？

王逢陈：我觉得没有好的设计，也没有好的时装设计，同样也没有差的。对我来说，设计是没有评判标准的，也无法去评判，很难定义它的好与坏。就好像是问成功的设计、成功的设计师是什么样的，这都是无法定义的。千姿百态、百花齐放才是共同憧憬。

在品牌里筛选设计的话，只要和品牌基调、整体设计风格相契合的，对我来说就是好的设计。但是我不能用自己对品牌的评判标准去看其他品牌，或者去评判其他设计，这是不公平的。因为每一个品牌都有属于自己的 DNA，应该从每一个品牌的 DNA 出发看待创造出来的东西，而不应该是从自己的角度出发去评价别人，这样的意义不大。

Feng Chen Wang 2021 春夏系列 Lookbook1

《设计》：请谈谈您对独立设计师品牌的看法。

王逢陈：在中国，独立设计师品牌似乎听起来门槛没有很高，但事实并非如此。一个独立设计师品牌如果真的要运作发展，确实是需要一个累积过程的，它涵盖的内容很广泛。可能一开始引领品牌的是设计师，那么就会要求设计师本身也具备很多不一样的才华和才能，或者能够去建立一个比较优秀的团队，或者有比较优秀的搭档，才有可能把这条路走得更远。

有的时候创立一个设计师品牌，它的发展过程还是比较难的。因为它不像大品牌里有其他公司做背书，有很大的团队做支撑。当有很多工作落在设计师身上时，压力和挑战还是比较大的。所以，如果想做设计师品牌，就需要自己特别热爱它，并且能够坚持，遇到困难要能够很好地解决，从而转为动力。但如果只是想做纯粹的设计师，我会推荐多找一些搭档来合作，帮助和提升自己。

《设计》：疫情之后的时尚产业受到哪些影响？

王逢陈：疫情对时尚产业来说其实是一把双刃剑。它最大的影响应该是时装秀如何回归。另外，还有日常层面的影响，比如后续开发和销售的生产日程是不是可以有所调整？时装秀举办时间是不是还和疫情之前一样？走秀的形势现在都改成线上了，那么疫情之后会不会变成线上和线下一起的形式？

当然，这对于未来市场风向标的转变也有很大的影响。比如，中国对疫情控制较好，人们也都比较配合。这就会使很多国际品牌看向中国市场，那么中国市场的发言权就会更大，对中国市场的重视度也会提高。

谢梦荻：
时装应该去寻求智能时代对于身体与身份的注解

XIE MENGDI: FASHION SHOULD LOOK FOR THE NOTES ON BODY AND IDENTITY IN THE AGE OF INTELLIGENCE

谢梦荻

中央美术学院设计学院时装专业方向负责人

谢梦荻，中央美术学院设计学院时装专业方向负责人，伦敦时装学院时尚产业设计管理专业硕士，清华大学美术学院服装艺术设计专业学士。研究方向涉及时装设计、时尚管理与时尚研究，专注于时尚及设计语境下的可持续及共同设计行为研究，以及传统服饰文化在数字环境下的生长与传播，重新审视时尚的社会责任，在设计及设计教育中，利用管理意识及混合式理念，对设计行为进行指导和规划。

谢梦荻认为，理解和分析时装产业生态要求我们超越单纯的美学研究方法，将它放入具体的时代、技术和文化语境中考量。时尚的变化是系统性的，并非简单地折射时代发展和社会文化，而是一种关系的集合。时尚产业是社会需求的产物，在社会现代化进程中发挥至关重要的作用。在信息技术革命的时代，新的时尚系统为快时尚和消费主义提供了土壤，消费变成了无意识和欲望的手段，消费时代"诱发"了群体之间的相互模仿，这种现象也为时装业带来了新一轮的革新。而现今智能技术时代的到来，使整个时装产业呈现出智能化、精细化的特点，智能技术的应用不仅会改变未来行业的生态面貌，也能使智能时装在人们的生活中展现其作用与价值。

《设计》：请您介绍下中央美术学院设计学院时装专业的特色和培养方向?

谢梦荻：时装设计是一个快速流转、丰富多元的国际性实践。同时，时装自身的历史性与社会性也为人们理解自身文化价值提供了重要参考。近几年中央美术学院设计学院时装专业的教学改革中，我们以时尚语境与服装艺术为本体，试图培养关注生活方式与社会文化的创作者。在设计表达中，希望他们将时装理解为传递生活方式的文化媒介，认识到时装在表达民族文化与生活态度方面的直观优势，使他们将自身与更迭变革的时代相对应，主动寻找自身的表达语境与设计潜能，用服装艺术语言去探索未来生活的优化可能。在社会语境下，希望他们成为社会价值与人文观念的创造者与传播者，以及具有广阔视野与合作精神的时代开拓者。

在中央美术学院设计学院时装专业本科生的培养中，首先要帮助学生建立对时装设计的系统认知，使他们从多维度观察并了解所学的专业环境，进而用发展与专业的思维理解时装设计。同时，鼓励学生将自身放置在当代的时尚语境下，充分利用自身灵活且丰富的想象力，建立自身独特的设计语言并展开实践。所以，中央美术学院设计学院时装专业就是在创建多样且关联紧密的学习环境，实现专业和创造力的双向发展，从设计到制作全面实践设计想法。

《设计》：在数字化冲击下，时装设计如何做出教学转型?

谢梦荻：在当今技术革命带来生产方式的多次革新中，时装产业也因科学技术的进步受到了影响和冲击。时代语境的更迭，使时尚在社会构建中的意义和作用悄然发生变化，尤其新冠疫情对社会生活的改变，亦然成为数字时尚发展的重要契机。

在技术和身体的关系层面上，时装的发展是一个从离体到合体的过

往年中央美术学院设计学院时装方向毕业作品展

程，是时装技术的进步，也是技术哲学的反思。同时，时尚的可持续发展与 Z 世代消费者的情感互动，这些都成为数字时尚发展的生态环境与经济动力。从缝纫机到 3D 打印的技术进步，使设计方式、技术规则、生产方式等一系列范式发生转变，数字化与智能化影响着设计者的思维方式。

因此，在相应的教学实践中，我们尝试以 3D 打印技术、虚拟 / 增强现实技术、传感器技术作为课程教学研究的出发点，关注这些技术和材料在时装设计运用中的独特性。重点对时装结构进行研究，舍弃服装中用于装饰美化的元素，返璞归真于时装本身的结构，建立人、时装、社会身份的新途径。此外，新材料与技术手段的使用使着装方式、着装状态、衣与人体的关系发生了变化，进而为服装形态及穿戴方式提供更多的可能。基于此，本科时装专业开设了"参数主义的时尚——编码编织""身体的边界——可穿戴智能时尚艺术创作"等研究性课题。

《设计》：请介绍下整个时装产业生态的发展情况

谢梦荻：理解和分析时装产业生态要求我们超越单纯的美学研究方法，将它放入具体的时代、技术和文化语境中考量。时尚的变化是系统性的，并非简单地折射时代发展和社会文化，而是一种关系的集合。时尚产业是社会需求的产物，在社会现代化进程中发挥着至关重要的作用。时装产业的发展受政治经济环境的影响，经历了多次的时代变革。从 14 世纪欧洲的阶级流动开始，"着装"作为显而易见的表达方式，阐释着人们对于社会的关照和主张。中产阶级通过时尚展现其社会地位的提升，进而带动了时装产业的发展。到第一、二次工业革命时期，蒸汽、电力机器化的整合，改变了服装的生产方式与效率，使传统手工定制时装面临新的挑战。技术的进步推动了成衣产业的迅速发展，高级时装业与成衣产业完全独立，使两个行业服务于不同需求和受到不同限制的两个群体。

在信息技术革命的时代，新的时尚系统为快时尚和消费主义提供了土壤，消费变成了无意识和欲望的手段，消费时代"诱发"了群体之间的相互模仿，这种现象也为时装业带了新一轮的革新。而现今智能技术时代的到来，使整个时装产业呈现出智能化、精细化的特点，智能技术的应用不仅会改变未来行业的生态面貌，也能使智能时装在人们的生活中展现其作用与价值。

《设计》：时装产业目前关注的议题和趋势有哪些？

谢梦荻：　"时装产业＋智能技术"所带来的新变化是目前时装产业关注的趋势和议题。人工智能与互联网制造的"智慧"社会，为时尚产业带来新的社会需求。多次重大的技术变革为时尚产业的颠覆和升级提供了契机和可能性，同时，数字手段的发展与应用为未来时尚研究提供了新的方向。然而，越是在"技术横行"的智能时代，越应当注重同理心和共情带来的感知认同。时装作为一种极具艺术性的自我构建，在可见身份隐喻的创造过程中，应该去寻求智能时代对于身体与身份的注解。

《设计》：时装产业作为第二大污染产业，如何面对可持续发展问题？

谢梦荻：时尚产业是一个全球化、多维度共生的存在。因此，其在发展中必然会面临诸多问题，并与其他行业相互影响。在面对可持续发展问题时，时装产业会和科技、工业、信息等产业相关联。在当今环境下，可持续是在智能革命技术和思维的基础上，有效地提升社会资源与自然资源的利用率。在具体的时装产业流程与实施中，污染也只是产业可持续发展问题的一个切面，解决问题只有依靠时间去优化，有的放矢地将负面作用代谢掉。虽然时装产业污染产生的负面影响，在未来很长的一段时间内不可能消退，但如何应对挑战和避免问题，使其更适应产业发展需求与社会发展，是我们后续需要着重思考的问题。时装产业需要承担更多的社会责任，需要建立并维护一个产业协同、道德规范都更加完满的可持续行业生态。

《设计》：时装产业目前有哪些行业问题？

谢梦荻：每个产业在发展的过程中都会面临诸多问题，随着产业环境的变化，问题也是在不断变化的。现在我们所面临的最大挑战是技术革命。技术革命会使很多产业面临困境，甚至消失，会使产业从业人员因技术的革新而面临裁员，释放出的劳动力需要重新寻找出路。最终洗牌结束，各归其位，至少需要一代人以上的时间。时装产业也是如此，在未来并非每一个人都获得发展机会，有些人甚至要面临转行的问题。智能革命替代了人类引以为豪的大脑，计算机在时装产业的广泛应用，不仅提高了整个产业的效率，未来还有可能代替设计师成为设计的创造者。因而，时尚行业也需要未雨绸缪。我们急需通过升维摆脱原有思维空间的限制。

《设计》：如何加强学生在校期间与社会实践的互动？

谢梦荻：从广义的社会实践来说，设计学科的社会属性要求学生需要自主、持续地认识和了解社会。在时装设计的实践层面，应当明确认清实践的目的，让学生在实践的过程中思考如何通过设计解决社会问题，而不是一味地生产和增加问题。此外，加强实践的另一个方式，可以给学生更多的思考空间和空白领地，让他们充分发挥自己的主观能动性，进而在实践的过程中加深对时装设计的理解。在教学的过程中，学院与社会应该互动开放和包容，老师通过自主设计多元化的教学和课程合作方式，建立时装设计的实践基地，与企业、公司开展实践课程，从时装的视角设立社会研究性课题，营造出更为紧密的教学－社会双联合环境。当然，这也要求老师在专业课程安排上更贴近未来社会需求的转变，也需要学生在自主选择课程方向中更加勇于尝试且坚持专注。

《设计》：根据以往经验，毕业生的就业去向和职业发展路径是怎样的？

谢梦荻：作为老师，学生的就业和职业发展路径是我一直持续关注的问题。由于毕业生在个人能力、艺术感受上都存在着差异，有时也因社会的变化与个人运气的因素，导致最终的结果与预想之间存在差距。所以，过往学生们的职业发展经验，很难有系统的标准来衡量，这样经验似乎就不具有参考价值。

在今天智能革命后，任何简单的脑力工作都可能面临替换。我们一直鼓励学生专注于自己所学的专业，并将自身放置在时代的背景下，以此提高对社会变化的应变能力。这样不仅使他们最大限度地观察世界，也可以迎接未来社会改变带来的不确定性。同时，他们还要拥有大胆地冒险精神，勇于尝试和探索社会的新鲜事物，也要学会和他人甚至是计算机的合作共生。

《设计》：请您介绍下中央美术学院新版学位礼服。

谢梦荻：中央美术学院 2020 版学位服是由设计学院余一萌老师设计的。新版的学位礼服也是作为疫情时期学校送给毕业生的特殊礼物。

传统西式学位服源于中世纪的欧洲，原型来自天主教修士服，由四方帽、流苏、学位袍及垂布组成。此次新版的学位服则是遵循了中国传统的服饰形制，选取了中国历史中与西式学位服形制、用途相对应的品类，并依据现代需求进行了改良和优化。

制式以袍服为主，版型源自深衣制，采用中式平面剪裁，辅以百褶。取同袍之意，象征同袍之谊。披肩以云肩为原型，加之立领。从本科到博士，形态由简至繁，扣数由少至多。学士选以清雅的浅橘色，硕士选以沉稳的灰蓝色，博士选以厚重的棕红色。冠改良于明代儒生所戴四方平定巾，是一种方形软帽，后系带可调节头围尺寸，穗则保留拨穗礼。

本科生　　　硕士生　　　博士生

扣　袍　披
数　服　肩

扣　袍　披
数　服　肩

扣　袍　披
数　服　肩

本科生导师　　硕士生导师　　博士生导师

扣　袍　披　缘
数　服　肩　边

扣　袍　披　缘
数　服　肩　边

扣　袍　披　缘
数　服　肩　边

校长　　　　　党委书记　　　学位评定委员

扣　袍　披　缘
数　服　肩　边

扣　袍　披　缘
数　服　肩　边

扣　袍　披　缘
数　服　肩　边

中央美术学院新版（2020版）学位礼服效果图

材质上以丝绸为主，增加长袍垂坠感，提升披肩光泽度。同时，在遵循传统学位服的组成部分与分级原则的基础上，调整并简化了学位服连接结构，提升穿着便捷度，规范统一仪表，强化仪式感，使学位服能始终保持端庄状态。

"中国有礼仪之大，故称夏；有服章之美，谓之华。"新版学位服的设计植根于中国传统文化，意在展现中式之礼仪、美感，传承中式之文化、精神。

《设计》：受到疫情影响，教学做了哪些调整?

谢梦荻：如同罗伯特·席勒所描述的那样，将疫情视为一个故事、一种叙事，"如果一个故事主导舆论场好几年，就会像一场流行病一样改变许多东西"。虽然疫情对具体的教学工作有着比较大的影响，以具体的教学形式受到的冲击最为直观，但网络教学的实施应用，使过去面对面的线下教学模式被打破，并提供了新的教学场景。在具体的课程教学中，互联网提供了教师与学生新的交流模式，这让整个教学氛围变得新鲜有趣，学生也因互动场景的改变，观察并思考着疫情给社会带来的改变，进而理解设计所承担的社会责任。在更具温度的感知层面，虽然彼此的身体距离拉远，但共同学习的师生前所未有地联结在一起，在教与学的过程中拥有了使命般的温情，就像阿兰·图灵所说，"我们仅能前瞻不远，却有很多事情还要做"。

殷博：
在中国做高端奢华女装品牌是一种让梦境变成现实的美好体验

YIN BO: MAKING HIGH END LUXURY WOMEN'S CLOTHING BRAND IN CHINA IS A WONDERFUL EXPERIENCE TO MAKE DREAMS COME TRUE

殷博

影儿时尚集团副总裁，歌中歌服饰有限公司总经理

　　殷博，影儿时尚集团副总裁，歌中歌服饰有限公司总经理，2000 年加入深圳报业集团旗下报刊，担任新闻中心记者，以媒体人的视角报道社会关注行业；2008 年加入深圳影儿时尚集团，担任影儿时尚集团副总裁，兼任集团旗下品牌 Song of Song（歌中歌）总经理。从媒体人跨界成为服装人，殷博以媒体人的视角创立影儿时尚集团电商部，开启全新的线上购物体验。她打破了传统的培训方式，构建了终端培训体系，创立了集团对外传播推广体系。从歌中歌品牌创立之时起，伴随品牌十年成长，殷博致力于将其打造成中国顶级奢华女装的代表品牌。同时，她积极关注公益事业，发起成立影儿艺术创意基金，持续开展时装与艺术的跨界合作，扶持艺术新生代；成立精英女性社交、成长与分享平台——雅歌荟，鼓励每一位女性追求发展事业与优质生活的平衡；共同发起幸福教育基金，助力儿童素质教育。2019 年，殷博发起"YINGER PRIZE 全球新锐女装设计师邀请赛"。

《设计》：在中国做高端奢华女装品牌是怎样的一种体验？

殷博：2008 年，虽然当时正值全球奢侈品行业不景气的大环境下，但中国改革开放近 30 年，经济依旧欣欣向荣，中国开始出现新财富阶层，特别是以企业家、企业高管等为代表的时代精英女性，她们担负着企业、行业、社会的责任与使命，是荣耀的焦点，也是时代的领跑人，她们穿梭于商务、生活、各种聚会，在不同场合将各类角色把控自如，着装方面追求骨子里的优雅。这是一个巨大的市场需求。

"Song of Song（歌中歌）"就诞生于这样一个东西方时运逆转的时代，正是精准洞悉了精英女性场合着装的需求，歌中歌带着改变场合着装、塑造中国奢侈品牌的使命而来。在此后十余载的发展历程中，歌中歌陪伴中国精英女性见证了高端时尚行业的变迁与革新。

在中国做高端奢华女装品牌是一种让梦境变成现实的美好体验，具体而言体现在以下几个方面：

1）作为中国高端奢华女装的开启者，歌中歌是第一批引进高端品牌管理理念的女装品牌，是走在中国服装行业前列的先行者，在学习西方百年品牌管理经验的道路上，我们打开了眼界，获取了极大的成长。

2）作为服务中国顶尖精英女性的品牌，我们是幸运的，我们服务的这群女性，她们担负着企业、行业、社会的责任与使命；她们对各种角色把控自如，运筹帷幄；她们积极向上，感染着周围的人；她们是社会精英，工作中充满力量，她们的决策往往能影响企业，甚至整个行业；在不同场合，她们永远闪耀，代表了歌中歌所倡导的与众不同的女性力量。这些有阅历、有审美的女性为歌中歌提供许多灵感来源，也促使歌中歌成长为有责任感的专业时尚品牌。

3）在追梦的路上，痛点也依旧存在，我们痛并成长着。欧美国家引领着世界潮流趋势，百年奢侈品牌也牢牢掌握着时尚话语权，歌中歌在这种背景下成长，全体员工加倍付出精力，不断提升自己，希望在全球高端奢华女装品牌中占有一席之地。

《设计》：高端奢华女装在国内的消费者群体是哪些？品牌的生存状态如何？

殷博：高端奢华女装在国内的消费群体是：财富阶层女性、权力阶层女性；品味高雅、追求完美生活品质的现代女性。她们耀眼又内敛，优雅却干练，独立且自信，成熟而沉稳，是资深企业家、政治精英、学术专家、知名艺人、职场精英女性。

国内高端品牌之间的竞争还停留在比较低的层面上，主要是价格、款式等方面的竞争。近年来，虽然企业的品牌意识不断加强，但主要还是在通过低成本优势与国际品牌进行竞争，缺乏真正意义上的国际服装品牌，与欧洲奢侈品女装存在较大差距，尚处于摸索和创新阶段。

《设计》：曾经的媒体从业经历给新的职业角色带来哪些影响？为时尚行业带来哪些不一样的视角？

殷博：2009 年，加盟影儿时尚集团的第二年，我看到了电商介入的契机。首先是市场大环境，2008 年后全球奢侈品牌大举进驻中国市场，推出年轻化品牌，锁定中国年轻消费新贵，这些跨国奢侈品巨头进军年轻人的策略，就是"互联网＋电商"，一方面在互联网媒体上大力投放广告，另一方面积极拥抱电商，给中国女装品牌巨大的市场压力。其次是中国电商市场的成熟，一方面中国年轻主力消费群体崛起，买方群体大大增强；另一方面，电商交易环境改善，如物流不断完善，电子支付越来越简单易用，物流、信息流、资金流"三流"合一趋势越来越明显，电商新业态逐渐成形。最后是我个人经历的研判，从事媒体工作时，我采访过易趣、淘宝等购物平台，也与一些商家进行过深入探讨，我认为互联网电商是传统销售的重要补充，有传统电商不可比拟的优势，需要引起我们的重视。

在集团的支持下，我开始组建电商团队，在天猫开了旗舰店，首先是"YINER（音儿）"上线，然后是"INSUN（恩裳）""PSALTER（诗篇）"，一年内开了3个旗舰店，接下来的几年，集团旗下品牌纷纷进驻天猫开设店铺。2020年双十一，影儿时尚集团旗下品牌全网销售实现了单日5.8亿元。

此外，我用媒体人敏锐的视角为企业做了些创新的事情：2010年，开始推进影儿品牌的终端标准化建设，率先在整个女装行业中建立品牌终端标准化体系；2012年，牵头启动影儿高级定制业务，引领中国女装行业进入高级定制新纪元。

从2008年起，我和团队用艺术语言诠释服装设计，逐年举办"时尚的应答""让品牌歌颂生命"等时尚与艺术的展览，推动服装与艺术设计的融合发展。自2013年起，创办"影·艺术空间"平台，先后举办了70多场艺术、设计类展览活动。2016年，创立影儿艺术创意基金，与清华大学美术学院等院校合作，激发设计新生代的创作活力，推动中国时尚创意产业可持续发展。

此外，我还积极推进"深圳时尚"和"中国女装品牌设计"的国际化交流。2009年开始，我参与推动影儿女装设计国际化工作，整合国际顶尖设计师资源服务中国女装。2019年，我统筹策划了深圳女装行业首个国际设计大赛——"YINGER PRIZE全球新锐女装设计师邀请赛"，推动国际顶尖设计力量了解并进入中国市场，成为全球时尚设计界的盛事。

《设计》：歌中歌的品牌DNA是什么？

殷博：歌中歌的品牌DNA符号是"白鸽"与"虞美人"，它们作为品牌诞生初期的美好意象，一直铭刻在品牌"倾尽所有，为您最美"的使命中，并化为品牌灵感来源，不断呈现于时装设计和营销推广视觉中。

歌中歌的诞生正如和平与祥瑞化身的白鸽，以纯洁优美的体态，携带福音，从远方飞来。白鸽作为歌中歌的幸运符号常被运用于胸针、包包和服装的图案上，从精美的细节中传递着中国名媛温和、高雅、纯洁的女性魅力。

虞美人是罂粟科植物，常以含苞待放和娇艳盛开的两种状态示人，在昼夜温差大且风雨多变的高海拔山区仍能顽强生长，傲然绽放。就像歌中歌的顾客一样，在行业中默默地坚强打拼，毅力十足，以华丽的姿态、行业精英的身份出现在众人面前。

《设计》：歌中歌设计部的构成是怎样的？

殷博：歌中歌非常重视研发创意设计，在品牌成立之初，就不惜重金组建了一支豪华版的国际化设计和管理团队，集结了来自日本、美国、意大利和法国等国的高级时装设计师，共同推动创意设计的提升。这个团队的影响力是巨大的，为刚成立的品牌带来协同作战的团队精神与文化。也可以说，我们的创意设计，从起步就非单枪匹马、唯我独尊的"大师文化"，而是吸收各国技术和创意精华，依靠团队智慧，形成了歌中歌品牌独一无二的设计创意文化。

歌中歌的设计团队构成就如"三驾马车"：首先是国内外优秀设计师。歌中歌的研发团队主力皆是毕业于国内外顶级设计院校的科班设计师，经历了系统专业的时尚教育，具备国际化视野和专业化素质，了解时尚趋势，拥有极佳的审美，为顾客带来前沿的设计。其次是全球时尚顾问。除了专业设计人员，歌中歌还有一批往返于世界各地的全球时尚顾问，她们了解最新的流行信息，掌握前沿的流行趋势，在设计上为歌中歌提供前沿而专业的建议。最后，歌中歌与高级定制专属设计总监尼古拉·德·威尔姆（Nicola Del Verme）在意大利创立了设计室。

2020 年，歌中歌与艺术插画家何平联名系列——江南水墨里的潮流新国风

《设计》：请介绍下影儿艺术创意基金及近年开展的重要活动。

殷博：2016 年，影儿时尚集团宣布成立"影儿艺术创意基金"，并以该基金的名义首次向深圳大学捐赠 200 万元。基金将着重支持艺术设计学院学生更好地开展艺术设计创意，还将作为支持艺术设计学院师生到海外交流，以及资助学生从事橱窗设计、视觉艺术等专题设计活动的相关费用。通过成立创意基金，影儿与设计院校利用自身的优势达成人才和企业的共赢，树立"企业支持大学，大学服务企业"的典范，扶持艺术设计的新生力量。

近年来，通过影儿艺术创意基金，影儿时尚集团与艺术高校的合作更加深入与广泛。2017 年举办的"融合之美——影儿时尚集团与中国 20 所著名高校跨界艺术展"，围绕影儿时尚集团旗下品牌歌中歌进行艺术设计创作，作为高校与企业的创意融合，也正说明了"真正的教育不是虚拟教学，而是要贴近实践"。

2018 年 7 月，在"致未来"艺术展上，影儿艺术创意基金携手清华大学美术学院、深圳大学艺术设计学院、广州美术学院、西安美术学院、湖北美术学院、中南民族大学美术学院六大艺术院校的新生设计力量，利用影儿时尚集团时装发起了艺术再创作。这些时装艺术作品中呈现了多个高校的创意碰撞，也是新生代对可持续时尚的思考与践行。

2018 年 12 月，影儿艺术创意基金与深圳大学艺术设计学院共同发起"深圳力量"时尚创意设计艺术展，以时尚与创意结合的形式，致敬深圳的过去、现在和未来；同时，在深圳大学成立"影儿时尚集团创意中心"，坚持时尚与创意、艺术的结合，不断激发新生代创作活力，推动深圳时尚创意产业持续发展。

《设计》：作为一个由品牌打造的服装设计大赛，"YINGER PRIZE 全球新锐女装设计师邀请赛"创立的初衷是什么？已举办的两届大赛让影儿时尚集团

获得了什么？

殷博："YINGER PRIZE 全球新锐女装设计师邀请赛"是由影儿时尚集团主办的一年一度的国际化、专业化服装设计赛事，分为时装设计院校毕业生单元和独立设计师单元（拥有个人品牌），通过征稿及邀请的方式，汇集全球不同国家的设计师，在"YINGER PRIZE"舞台上展示风格多元、各具特色的设计作品。从线上初选到线下决赛评选，"YINGER PRIZE"邀请来自国际国内的知名设计师、重点服装院校专家学者、主流时尚媒体、行业零售专家以及时尚 KOL（关键意见领袖）组成专业评委团评选出各个奖项，奖金最高达 10 万元，获奖独立设计师还将有机会与影儿时尚集团展开商业合作。

影儿时尚集团举办"YINGER PRIZE 全球新锐女装设计师邀请赛"，分享在服装行业 20 多年的积累，开放商业平台给有设计理想的人才，鼓励新锐设计力量推出更多创意作品，初衷是借此打通海内外创新资源集聚通道，从设计、创意、商业、市场全角度切入，将优秀设计师的创意力量落到市场的实处，充分发挥深圳在国际时尚行业中的制造和市场优势，为复合型人才的诞生提供机会，助力深圳时尚行业实现由产业链向价值链升级的跨越。

通过举办两届"YINGER PRIZE"，影儿时尚集团发掘出众多新锐设计力量，不仅扩充了设计人才储备资源，更通过与签约独立设计师合作开发联名产品，开放研发模式，为品牌注入更多创新活力，丰富了顾客对品牌的认识，逐步实现服装产业链的跨越升级。另外，"YINGER PRIZE"也让国内外许多设计师有机会深入了解影儿时尚集团及旗下品牌，也是一种正向的有力宣传。

《设计》："YINGER PRIZE 全球新锐女装设计师邀请赛"创办以来，发掘出哪些优秀的设计师？获奖设计师后续是否与影儿时尚集团展开合作？

上 | 歌中歌高级定制，由 *vouge* 视觉团队倾情打造

下 | 米兰时间 2019 年 9 月 22 日，歌中歌以"光之声"为主题，在意大利历史性建筑 *Società del Giardino* 发布 2020 春夏系列，延续品牌一直以来对于新时代精英女性精神世界的探索，从时空维度出发，以时装勾勒当代诠释生命精彩、坚守自我的精英女性群像

殷博：自创办以来，"YINGER PRIZE"发掘了众多国内外优秀设计师。在院校毕业生单元中，有包括伦敦中央圣马丁学院、纽约帕森斯设计学院、伦敦时装学院、英国皇家艺术学院、巴黎国际时装艺术学院、柏丽慕达时装学院、巴塞罗那高等设计学院、日本文化时尚大学院大学、香港理工大学、北京服装学院、广州美术学院、中央民族大学、深圳大学、东华大学和苏州大学等众多知名设计院校的新生代设计师入围决赛，在"YINGER PRIZE"的舞台上展现别具一格的创意设计。

而在独立设计师单元中，有受邀参加伦敦时装周的设计师、2019"中国时尚权力榜"颁奖盛典"年度设计师"、俄罗斯圣彼得堡金顶针国际设计师大赛最高奖得主、美国 AOF 服装设计大赛获奖选手、法国时装大师 Jean Paul Gaultier 的爱徒以及 Sprung Frères 品牌的创意总监等独立设计师参赛。获奖独立设计师与影儿时尚集团展开了商业合作。

2019 年，"YINGER PRIZE"选出的签约独立设计师有安博、刘彦君、王珏伈、黄芸芸、马思彤、梅赫理·霜和刘世洋，意大利的 Andrea Maragoni、Sabina Fragata 以及韩国的 Eunae Cho 分别与影儿时尚集团旗下品牌音儿、恩裳、诗篇、歌中歌、十二篮合作开发联名产品，并在 2020 年 7 月第一届"YINGER PRIZE"联名款发布秀上正式公开，后续通过影儿时尚集团线上线下渠道发售。

2020 年，"YINGER PRIZE"签约独立设计师 Chung Chung Lee（韩）、罗宇豪、Joshua James Small（英）、Alphonse Maitrepierre（法）、良宇、冷清和李坤也分别与影儿时尚集团旗下品牌合作开发联名系列，于 2021 年 3 月举办第二届"YINGER PRIZE"联名款发布秀。

《设计》：2020 年，全球各行各业都受到新冠肺炎疫情影响，高奢女装面临了哪些"危"与"机"？歌中歌采取了哪些针对性的应对措施？

殷博：随着全球时尚零售行业开始向中国转移，国外奢侈、轻奢品牌纷

上 | 2019 YINGER PRIZE 独立设计师 Eunae Cho 参赛作品
下 | 2019 YINGER PRIZE 院校毕业生组金奖作品

纷回收中国区的分销权，想在中国市场发掘更大潜力，这无疑对歌中歌造成了极大压力。但当市场环境与消费意识均发生剧烈改变时，国内以中产阶级为主的消费群体越发觉醒，新一代消费者也开始将本土品牌纳入选择范围，他们对优质产品和服务的需求惊人，国内品牌将有很大的市场空间。如何应对环境的变化，如何正确地抉择与取舍，将决定品牌下一个10年的兴衰。做超越变化的长期主义者！越是动荡的阶段，越要坚守长期主义的品牌价值观。"内求定力，外求生长"这种内在的定力与坚守，是我们对品牌的敬畏，是我们对伙伴的信任，也是我们对顾客的承诺。

品牌要实现稳步升级，关键一步是对社会经济环境进行调研，对市场主流消费群体进行分析，结合品牌的传统与品牌现实目标客群情况，对品牌做出正确的定位与更新，并延伸到产品战略、销售战略、传播战略的更新，多维度的立体革新，才能最终成就品牌整体形象的焕然一新。比如，歌中歌推出了副线旗袍系列、褶皱系列等，以此来丰富产品的品类与设计。

在品牌发展上，歌中歌无法阻挡新旧消费者的更迭，特别是随着时间的流逝，这批"后浪"——曾经的年轻消费群体，已逐渐跻身C位，成为高端消费人群。年轻人在消费喜好与习惯上，与"前浪"有着巨大差距，消费意识也更为超前，购物方式也向数字端转移。

我们认为，倾听年轻人的声音非常重要。因为互联网时代是属于年轻人的天下，谁忽略了年轻人，无疑等于失去了半壁江山。今后，我们每一季的产品创意都会考虑年轻一代的需求，从她们身上找寻时代的美学与需求，并通过她们把歌中歌的美与正能量传播出去。当然，我们在不断调整发展方向的同时，首先要做的是保持品牌的高级定制的品质，"品质至上"这个核心命题永远不变。

我们调查发现，在中高消费人群年轻化的趋势下，想要让消费者主动帮忙进行口碑传播并没有想象得那么简单，Z 世代追求多样的产品选择，对时尚的鉴赏能力和知识储备都较为丰富，她们对品牌和产品的要求更加苛刻。

歌中歌会紧跟时代脚步，继续强化品牌，在线上卖成衣，同时做大做强线下的实体店。除保持实体店高品质的体验式购物外，我们现在要做的还有如何提供优质的线上服务。

在社交媒体进入 2.0 时代后，快手、抖音、小红书等加上原有的微博、微信群、朋友圈，构筑了一个巨大、繁杂的虚拟社交世界。在场景多元化的情况下，重构人、货、场，改变了时间，扩大了空间，从有限到随时随地，从单项传播到所有接触点，交易从"人找货"到"货找人"，我们需要利用好大数据来影响决策，引导消费者。全渠道融合，彻底消除传统零售人对线上的抵触，拥抱线上，提高会员复购次数。未来决定品牌业绩规模的不再是门店数，而是导购与顾客的关系数。

未来，我们要变得更数字化、全球化，更积极，更敢于承担风险。无论何时何地，歌中歌都会一步一个脚印，坚守高级定制的品牌形象，提升文化价值，不断创新，满足新时代、新生代的需求。

张立川：
培养"懂审美、讲科学、能设计、善管理、会经营"的专业创新型人才

ZHANG LICHUAN：WE DEVOTE OURSELVES TO INNOVATIVE TALENT CULTIVATION，AIMING TO FOSTER AESTHETIC DEVELOPMENT，CONCEPT OF FASHION DESIGN，ABILITY OF SCIENTIFIC OPERATION AND MANAGEMENT

张立川
深圳大学艺术学部美术与设计学院服装系主任、副教授、硕士生导师

张立川，深圳大学艺术学部美术与设计学院服装系主任、副教授、硕士生导师，毕业于清华大学美术学院，获学士、硕士学位，深圳市高层次人才之后备级人才，享受学术津贴，获"深圳市精神文明建设重大成果奖"，获深圳市优秀共产党员、"深圳市优秀教师"称号，中国美术家协会会员，中国服装设计师协会会员、学术委员会委员，深圳市服装设计协会副主席。

深圳大学人才培养扎根粤港澳大湾区，对标深圳作为中国特色社会主义先行示范区的新定位，把人才培养目标从过去的"为特区发展培养建设者"变为"培养新时代引领社会发展进步的高素质创新创业人才"。人才培养专业目标是：通过系列专业核心课程来培养服务于"设计之都""女装之都"的时尚产业，掌握与原创品牌需求相适应的产品规划设计、品牌形象塑造、拥有现代营销理念和手段的"懂审美、讲科学、能设计、善管理、会经营"的专业创新型人才。

《设计》：请您介绍下深圳大学艺术学部美术与设计学院服装系的人才培养方向目标。

张立川：深圳大学人才培养扎根粤港澳大湾区，对标深圳作为中国特色社会主义先行示范区的新定位，把人才培养目标从过去的"为特区发展培养建设者"变为"培养新时代引领社会发展进步的高素质创新创业人才"。根据中国特色社会主义先行示范区的战略定位和战略目标，深圳大学调整办学定位，提高办学水平。在人才培养上，深圳大学围绕通识教育基础上的宽口径专业教育和精英教育，以及创新教育基础上的高层次创业教育这两条主线，落实立德树人根本任务，为粤港澳大湾区和先行示范区建设培养高素质创新创业人才。

深圳大学艺术学部美术与设计学院服装系人才培养总体目标是：充分发挥综合性大学的优势，以综合性跨学科课程学习来实现培育有理想、懂追求、厚基础、善创新的综合型设计人才。人才培养专业目标是：通过系列专业核心课程来培养服务于"设计之都""女装之都"的时尚产业，掌握与原创品牌需求相适应的产品规划设计、品牌形象塑造，拥有现代营销理念和手段的"懂审美、讲科学、能设计、善管理、会经营"的专业创新型人才。

《设计》：深圳大学艺术学部美术与设计学院服装系的办学特色和具体培养方向是怎样的？

张立川：深圳大学艺术学部美术与设计学院服装系成立于 1994 年，致力于培养国家信赖、人民满意、敢闯会创的创新创业人才。它主要分为两个专业方向：一是服装与服饰设计方向；二是服装品牌策划与市场营销方向。依托综合性大学交叉学科建设的背景以及深圳市作为"设计之都"、女装产业基地的产业优势，办学理念始终坚持与珠三角地区产业的紧密结合，为行业输送具备与原创品牌需求相适应的产品规划设计、品牌形象塑造及拥有现代营销理念和手段的复合型创意设计人才。

深圳是一座充满活力创意的年轻城市，是联合国教科文组织授予的全球第六个"设计之都"，整体的城市氛围就是敢想敢干、敢为人先。深圳大学有"特区大学""窗口大学""实验大学"之称，创新创业氛围浓厚，服装系所在的沧海校区就坐落在深圳的高新产业园，与腾讯、百度、阿里巴巴等多家知名高新科技企业为邻，约800家企业形成的创新创业生态圈发展态势方兴未艾。

深圳作为女装产业基地汇聚了大浪时尚小镇、南油原创设计平台等多个大型产业园区，拥有深圳时装周、深圳市国际品牌服装服饰交易博览会等具备国际影响力的优质传播推广平台，包括超过3000家运营良好、影响力大、辐射面广的原创服装服饰品牌。这为服装系的办学提供了得天独厚的先天条件。近年来，深圳主要作为众多成功服装企业、品牌的时尚产品创意研发和品牌运营中心，而并非初级的生产加工基地，这一点至关重要，是我们调整办学思路的主要依据，也为我们的人才培养提供了良好的平台和肥沃的土壤。

27年来，深圳大学服装设计专业源源不断地为时尚行业输送毕业生人才，他们成为各大品牌公司的核心设计主力军，亦有许多优秀的毕业生创办了原创独立设计师品牌并获得成功。10年前，随着国内时尚品牌的快速发展与转型升级，产业对品牌运营与管理方面的人才需求迫切，深圳大学服装系也率先开设了服装品牌策划与市场营销专业，与服装设计专业并行，对标深圳作为中国特色社会主义先行示范区的新定位，把人才培养目标从过去的"为特区发展培养建设者"变为"培养新时代引领社会发展进步的高素质创新创业人才"，为产业输送具备前瞻性、引领性，以及具有快速应变能力的多元化创意创新创业人才。

深圳大学还与国外高校合作交流紧密，开展国际化双校园办学。学院与比利时安特卫普皇家美术学院、俄罗斯列宾美术学院建立了长期合作办学，每年派出四批近百名学生赴国外完成阶段性学业学分认定或获得双学位。

《设计》：数字化时代，服装设计专业教学主要有哪些举措和革新？

张立川：在数字化知识网络时代，数字经济对服装设计专业教学的冲击是显而易见的，基于信息物理环境的社会发展变革引起了生活方式的革新，也势必引起消费者心理及行为的变化，这些变化在方方面面都会对服装设计与品牌运营提出新的需求，亦对设计学科人才培养提出新的要求。如今，时尚的传播路径发生了巨变，设计的语境也发生着转移，消费者购买时尚类产品的渠道更加多元。数字化秀场、即秀即买模式、网络在线购买方式早已成为新兴生活方式的一部分。

深圳大学的时尚教育相较于其他服装院校会更加敏锐地察觉到这些变化，并对创新设计教学进行升级与调整。2020 年度是对时尚品牌的巨大考验，我们关注到疫情的来临对时尚产业的影响是巨大的，而那些提前在数字化营销等方面进行布局的品牌则更加顺利地渡过难关和实现转型。因此，在教学理念上应当与时俱进，在传统服装设计师能力培养的基础上，更加强调在创新型社会对人文、科技知识的把握，数字创意产业、高新技术产业、传统产业的快速应变设计研发、数字化设计研发、网络营销、商业模式创新、传播形式的创新与服务形式的创新成为不可忽视的新内容。

我们在教学方面的思考主要体现在以下几个方面：

第一，服装设计学科人才培养体系的构建。近年来，深圳大学把交叉学科建设与拔尖创新人才培养作为主攻方向，着力推进交叉学科人才培养体系建设，做好本科生大类招生、辅修第二专业等工作。服装系力求构建科学性、系统性的人才培养体系，在艺术类本科生大类招生的基础上，根据两个专业方向的差异化制定了有针对性的培养方案，将项目制引入专业核心课程体系的各个环节，为学生在低年级即构建一个完整的创意设计思维体系和方法论，并在每个学期的课程体系中以专题实践项目层层递进，形成"系统设计思维构建－单品自由命题设计－系列设计品牌项目－品牌服装专题设计－品牌服装企划专题－具体项目合作专题－毕业设计"的整体布局。提供多样化的选修课程，鼓励学生根据兴趣和个性需求跨学科选修课程、辅修第二专业。

第二，以模块化教学来契合产业规律。构建每个学期的专业核心课的模块化流程，为学生引入企业实际运作的流程与规律，以理论类、技术实践类、设计思维类课程相交融，以密切的产、学、研、经相结合，助力设计教学的转型。改变过去单一化、碎片化的课程结构，将课程群转化为完整的链条，辅助以大量讲座、参观和学术交流，便于学生对专业的深度理解和设计运用。

第三，授课方式的多样化。师生面对面授课的方式发生改变，以MOOC线上课程、多元化的教学空间来重构知识体系。在信息社会传统意义上的校园逐渐消失，教育全球化加快。2020年，在全球抗疫的背景下，深圳大学与美国新学院大学帕森斯设计学院进行首次合作，与清华大学、同济大学一同作为帕森斯设计学院在中国的合作伙伴，承担其校外学期任务。服装系有多名教师参与"深圳大学全球联接：新学院大学全球校外学期项目"，承担了"二维到三维的创意服装结构设计""可持续面料再造"等课程。

第四，文化创意设计思维的引导。重视学生的审美能力提升和对文化要素的挖掘，引导学生运用文献及图像检索工具寻找设计灵感素材，激发好奇心与充沛的设计情感，注重对学生敏锐地捕捉设计灵感与构建创意概念能力的培养，尤其是对数字化时代背景下设计语言提取和设计元素的归纳运用能力。随着设计语境的转变，品牌策划与品牌设计定位方面的系统性研究越发受到重视，用户理念也在不断提升，跨时空、跨领域文化元素创新、设计定位与设计目标的研究、出色的概念构思能力与设计传达能力成为服装专业学生的核心能力，也是日后的核心竞争力。

第五，注重数字化信息技术的应用。一年级以基础设计研发专题为导向，以大类平台课与设计基础课程进行调整，将新兴的新媒体技术手段、视频音像影像、设计类软件等纳入专业表达学习的基础内容。倡导将数字文化创意技术纳入学生创意表达的重要媒介，丰富设计思维表达的形式，使学生在设计创意表达的各个环节都受益匪浅。二年级则进入分类设计研发专题，注重实践类课程的技术手段革新，引入企业前沿的制版制衣技术，传统工艺板型类课程内容升级，减少基础性介绍和理解的内容，以快速灵活运用为主要导向，能够将设计课程的款式研发转化为实物。三年级进入品牌服装企划专题，进一步将企业的实际设计命题带入课堂。经过两年的专业模块循环，学生积累了大量的实践经验，对行业所需要的新兴技术手段了然于心，能够在毕业设计环节和工作中学以致用。

《设计》：00 后学生在设计及思考上有哪些特点？

张立川：深圳大学艺术学部服装系的生源以珠三角地区为主，兼顾江苏、广西等四个省份的学生，因此在生源结构上比较有地域特色，学生思维活跃、视野开阔、履历丰富，综合能力强，与社会的黏合度高是普遍现象。

近年来，学生的整体美学素养和综合素质都在提高，兴趣爱好广泛，专业热情高，在个性化思维方式上更加不设限，对新兴事物和热点事件关注度高，情感丰富，视角独特，实践能力和综合能力强，自信且能够高度追求自我价值的实现。

学生在设计选题方面较为大胆，视角独特，设计风格的构思也更加富有创意。我们在教学方面更注重引导学生通过调研去发现问题、分析

Designer:Lien Mai
Photographed:Jyoji
Model:Nicole
Makeup:Rachel Wu

"早茶"系列设计作品——作者：麦婉琳

问题、解决问题。学生更加注重对于当代社会发展的反思，注重设计师的社会责任感和对未来的引领性，更加能够以哲学性思辨的视角去展开设计调研，对自我认知的深度挖掘也变得越来越多见。在设计表达方面想象力丰富、涉猎广泛，对新兴族群、社交方式、着装风格的研究也较为突出。

《设计》：时装产业目前关注的议题和趋势有哪些？

张立川：时尚产业的发展受到经济、政治、环境、文化等方面的作用与影响，疫情下的时尚产业越发艰难，有国外学者提出"新常态"的概念，如今时尚的发布方式、被阅读的方式、购买方式等都在发生着巨变。

在国际四大时装周，百年历史的时装秀模式得以动摇，数字化秀场成为新趋势，秀场的内涵和外延也在发生转变。时尚品牌的传播推广方式得到新发展，寻找以更加经济、更加有效的渠道来达到品牌宣传的目标。网络营销和数字化运营是品牌要面临的新挑战。可持续、零浪费、旧衣回收与再利用进一步成为热点，手工艺的回归，慢生活居家服饰的兴起、新型生活方式的构建，返璞归真、重拾希望的话题被热议，设计师的社会责任感与使命感增强。

《设计》：时装产业作为第二大污染产业，如何面对可持续发展问题？

张立川：首先，时尚教育领域的深度研究是重要的途径。院校的设计研究能够从设计路径上提出有效的解决方案，为产业发展提供可行性建议。库存面料的再利用、旧衣改造、零浪费、模块化组装设计等思路能够从理论上提供新的思路和解决路径。

2018 年，影儿时尚集团联合广州美术学院、武汉纺织大学、深圳大学等六大设计院校开展了以艺术"致未来" 2018 时尚艺术创意展览，在深圳市服装交易博览会上作为主要展场对公众开放，引起关注。以旧衣

上 | 基于手机依赖群体研究的设计表达——作者：朱玲玲
中 | 基于家庭关系调研的设计系列——作者：陈思如
下 | 源自上班族研究的设计系列——作者：曹琳

"致未来"｜2018 时尚深圳展现场

回收改造的方式进行设计创意表达，变废为宝、变库存为艺术品，也是关于时尚可持续发展问题的一次探讨。

其次，以服装品牌的力量进行消费理念引导。品牌拥有相对稳定的目标消费群，也对消费者有着巨大的影响力。通过品牌来推进可持续理念，引导可持续的理性消费观也是当下比较时尚的话题。Stella McCartney、H&M、Marine Serre 等品牌从材料研发的源头解决问题，不失为行业的表率，如今越来越多的品牌加入到这个行列之中。环保材料的研发通过品牌的力量进行引导，同时倡导理性的消费观，

最后，从时尚产业链条的各个环节找到突破口。二手衣的交易平台、古着复古服饰的流通平台建设，运输与流通环节的整合等方面可以提供新的解决路径。

《设计》：专业的产学研结合是如何展开的？

张立川：在人才培养方面，深圳大学服装系充分调动校企之间的良性互动，积极进行教学实践方面的探索。腾讯、影儿时尚集团、歌力思等知名企业纷纷在深圳大学艺术学部挂牌建立创新实践基地，以企业项目联动设计创意实践。

首先，与多家时尚企业、品牌建立长期可持续的合作关系，推荐学生进入企业进行参观访谈、参与实习实践环节，建立多家实习基地，以企业实际运作促进课堂教学。使学生在二年级进入专业学习即对企业、品牌建立充分的认知，在各大服装公司实习和参与校企合作实践项目，可直接参与企业运作，实现部分学生毕业前双向选择录取。

其次，将企业实际项目引入时尚教学。将时尚企业、品牌在运营过程中的实际需求进行提前采集汇总，结合课程设置进行匹配，达到课程教学成果可实际运用与服务于产业的效果。

最后，校外导师进课堂。深圳大学服装系与近 20 家时装公司总裁、

创意设计总监、营销运营总监、全国十佳设计师等精英专业人才签订了校外导师合作协议，企业导师们在教学实践的过程中定期进入校园开设讲座，并参与课程教学和毕业设计等环节，开设短期的跨专业设计营和大师班，为学生源源不断地输送前沿的时尚视角与优秀的设计案例，丰富教学内容，提升毕业设计的整体水平。

深圳大学服装系坚持项目教学的模块化教学培养模式，多年来我们探索了一条可持续发展的道路。由于前期校企项目的成果丰硕，影儿时尚集团率先在深圳大学开设影儿创新创意发展基金，支持学生的创意实践与探索。

在该项基金的持续支持下，我们先后开展了一系列设计创意研究项目，每年多项设计项目跟进课堂教学，教学成果可直接转化为生产力。2016 年，深圳大学师生为完成影儿旗下恩裳品牌十周年秀场款设计企划方案，创意设计作品 60 套登上深圳时装周。

2017 年，深圳大学师生完成了歌中歌品牌橱窗设计项目，并为影儿时尚集团米兰时装周首秀完成诗篇品牌米兰时装周设计企划提案。2018年，影儿发起了"深圳力量"时尚创意设计艺术展。这是一次集结时尚艺术设计新生力量的展览，尝试从创意城市的角度，发掘与扶持新人，鼓励原创精神，为深圳的时尚创意设计积攒能量。

2019 年以来，校企合作模式更加多元立体化和常态化，以课程项目研究、短期项目实践与专项设计课程研究为基础，以创意大赛为契机发掘优秀设计师新锐力量，以国内外时装周、服交会为平台展示产学研实践成果。多维度的校企合作可以帮助学生开阔视野，挖掘潜力，提升实践能力。此外，它还提供了丰富的展示平台和交流空间，能够使学生对产业的发展态势有所了解，在丰富的实践环节得到提升。许多学生在低年级就具备了丰富的实习实践经验，四年级就已经被企业录取，获得很好的发展机会。教学实践成果不断被企业肯定和接受，甚至直接运用于商业运作，也为教学改革研究提供了新思路。

《设计》：近年毕业生的就业去向和职业发展路径呈现怎样的发展规律？

张立川：毕业秀直接选择优秀毕业生签约，就业率高。近年读研与出国比例高，多名学生获得双学位。学生获得国际名校研究生入学录取通知（offer）比例逐年增高。

近年来，本科毕业生的考研、出国深造的比例在增加，毕业生的就业呈现出多样化的趋势。我们的毕业生不仅仅局限于传统的实体经营模式下的服装设计师岗位，而是在线上线下品牌运营链条的各个环节发挥作用。纺织与服饰产品设计师、服装品牌活动策划、时尚橱窗设计、电子商务运营、品牌运营与管理等方面都大量需要专业化的人才。跨专业人才就业也比较多见，我们的学生能够有非常好的快速应变能力和适应力，在新兴的行业如自媒体、新媒体运营等领域亦表现突出。

邹游：
时尚产业也要考虑社会责任与民族传承
ZOU YOU: THE FASHION INDUSTRY SHOULD ALSO CONSIDER SOCIAL RESPONSIBILITY AND NATIONAL HERITAGE

邹游
北京服装学院教授、博士生导师，学术委员会副主任

邹游，北京服装学院教授、博士生导师，学术委员会副主任，中央美术学院博士，中华人民共和国成立 70 周年群众游行服装总策划、总设计，2022 年冬奥会和冬残奥会制服装备专家委员会委员，中国服装设计师协会理事。

谈到时尚行业的现状，邹游认为，当我们面对和发扬自己的民族性时，特别要警惕不能用古人的思维去解释传统，而是应该站在当今时代语境下，去理解和传承自己民族的文化。我们对传统文化的理解与阐释，当然应该是今天的人用现代的思维来处理当下的问题，而不是简单地把过去的东西做挪移、没有理由地复制、粘贴，这种理解传统的方式太过简单化了。对于一个优秀的创作者来说，他的文化基因构成里，一定是民族传统和现代语境的双螺旋结构。也就是他的文化基因里，既包含了对中国传统文化的吸收，也应该融合新时代的先进方法与技术。创作者只有在拥有了复合的知识结构后，再来讨论民族传承问题，才会提供传统与现代相融合的新思路。

邹游：20 世纪 80 年代，一些国外院校已经开设了设计管理课程。随后，设计管理在整个产业及商业系统得到广泛认同，在完善并扩展设计自身边界的同时，也极大地促进了生产物质产品集合体的飞速发展。设计管理所倡导的批判性思维方式，对设计问题进行策略性、结构性的规划管理，立足经济、社会文化和环境因素对设计与商业关系的梳理等一系列学理特征，使设计管理这一学科在理论和实践上显现出了自身的意义和价值。

我于 2005 年进入中央美术学院攻读设计管理博士，是该专业开设的第二届，师从许平教授。许平先生在长期的设计研究工作中，非常敏锐地看到了设计学科的未来趋势。2002 年他在中央美术学院就提出增设设计管理专业的事情，从 2004 年开始，面向全国招收设计管理博士研究生。可见，设计管理专业进入中国的教育系统时间并不长。

北京服装学院从 2009 年招收服装设计与管理方向的研究生，至今也就短短的 10 余年时间，但它反映出教育领域对设计管理的重视，以及我国设计产业对此类人才的急需。显然，设计管理是为设计赋能的艺术与科学，在设计与商业之间增强了彼此的协作作用，从而将设计的价值最大化。

谈到北京服装学院在设计管理方向有何教学特色的问题，我想有两个方面可以说说。一方面，我们可以看到，"服装设计与管理"中的"服装"两个字，指向的是时尚、服装产业，有非常明确的目标导向，也就是培育方向。这就将设计管理所涉及的设计程序、商业决策和策略等问题聚焦在了一个有明确规定性的范畴。另一方面，整个课程的教学中特别强调"从做中学"。不只是在文本中讨论设计管理问题，更多的是带着研究生进入一些品牌的实践活动中，让他们能够进入一种现代商业系统中，去面对真实的问题，并提出自己的解决方案。通过由技入道和由理入道

"14度"中国青年设计论坛

的双通道结构，学生自身的知识结构得以充分发展和完善。

《设计》：请您谈谈对服装设计管理的研究。

邹游：设计管理的研究范畴很广，可以把它分解成不同的部分，试着找出其中最有价值的问题，有针对性地进行系统、深入的研究。我个人长期关注的是创造与认同问题，从组织认同到商业认同，最后再到社会认同是相当漫长的递进过程，每一阶段，设计师的创造力所面临的评价系统都不尽相同，如何构建和调测设计"关系"的认同理论，对中国市场无疑具有一定的现实意义。

如果说设计师的创造力是一种有效的企业资源，我想，没有人对此会有疑义，但如果将其视为一个国家的文化资源，或者说是一种文化选择，那么，对有关设计和设计管理的研究必然会在一个不同的层面上接受挑战。这是未来我会持续关注的课题。

在不同的阶段，顺应社会环境以及科学技术的变化，"设计"这一人造物的科学，必然在其本体性和工具性研究中产生新的内涵和外延。但比较明确的是，服装和时尚这个大产业，因为与人所发生的有形的和无形的关系，使其所具有的复杂性、生动性，以及与当下日常生活的切近性，为自己展开研究提供了重要的材料。

《设计》：请您谈谈中国设计师品牌发展有哪些路径及问题？

邹游：今天中国时装设计师品牌的生态，比很多地域和国家都要生动和丰富，这不仅得益于服装产业的强大，更是一种文化内生力的迸发。大批新晋时装设计师的主观能动性让中国时装设计展现出极强的国际竞争力。但是，我们也清楚地看到，全球具有领导力的时装品牌，大多聚集在法国、英国、美国、日本等少数国家，涉及的范围并不是很广。为何在偌大的世界中，偏偏这几个国家在时尚产业拥有了话语权？研究发现，一个完备的时尚产业需有两个重要的构成部分，一个是生产系统，另一个是文化系统。而今天，中国服装产业所面临的从"中国制造"到"中国设计"的问题，非常清楚地说明，即便我们拥有在全球领先的纺织制造技术，但我们在文化系统构建上严重乏力，这一问题已经严重制约了整个时尚产业的向上提振。

每个品牌，因为时间、环境及各种所拥有的资源不一样，所以其发展路径基本上都不相同。具体问题还待具体分析，没法提供一个统一标准，这里我想谈的是，在成就一个品牌之前，需要解决几个基本问题或者说是最核心问题。

1. 设计师创造力的问题

创造是一个尽可能展现完备之意的妥当概念单位，意味着一种思维实验。一种独特的、具有批判性有辨识度的态度，对设计师自我身份塑造而言，是最为核心的要素。如果你的设计只是一种重复（抄袭），那就丧失了设计的意义。如果永远在做形式上的模仿，就只会成为他人的跟随者，不可能成为设计的领先者，更不可能成为时尚的领导者。

进一步，我们会问创造力在哪里？杜威说"艺术即经验"，那么就个人经验的习得来说就非常重要了，但我们必须注意，创造力是在人的思想和社会文化环境的相互作用中发生的，绝不是自己闭门造车，它需要一种实践、外在"做"的表达，必须强调"实践"和"方法"的同步。

2. 设计的商业价值

尽管我特别强调设计需要建立和保持一种"文化"形式，但我们不应忽略设计的商业属性，作为商业中重要的组成部分，设计能够为企业和品牌引导出积极的战略利益。"物尽其用"的概念我们须牢牢地把握，这是一种"职业义务"。这在后面一个问题中还会展开来说。

3. "在中国设计" 及 "为中国设计"

作为中国设计，能否用一种全球通用的设计语言来建立某种新型全球化的交换关系？这种关系至少可从经济和文化两个指标来考察。从设计的输入和输出来看，我们和别的国家所呈现出来的文化影响力和贸易额并不平衡，就时尚产业来看，"领先"和"跟从"的关系非常清晰。这一现实境况，我们必须有清醒地认识。

从单个品牌到整个产业，从生产和消费系统的快速发展，到文化系统的意义被唤醒，想要长久地发展，就必须意识到保留自身民族文化的重要性。这就需要品牌站在"人类文明共同体"这一共识的基础上，坚持开放包容的心态，去发展本民族的具有现代性的语言，这也是对品牌具有功能性和情感性的价值集合，带有自我省思的回应。

在中国设计，并不是把自己封闭起来，一种地域的实在性、一种特有的生活场景是个体无法逾越的，而这恰恰是设计师创造力具有独特魅力的根本所在，同时，注意要兼具一种通达四方的眼界，在今天这样一个互联互通的全球化时代，也应当是一种基本功了。

为中国设计，是需要我们看到中国市场本身的整体消费容量和个体的审美包容度，中国市场是全球所关注的，我们本就深处其中，人和事应该都是自己熟悉的情况，如果连这个市场都没法把握，那么何谈全球市场呢？

《设计》：您认为设计和商业应该保持怎样的平衡关系？

邹游：同样是服装设计师，为什么一些设计师成功了，一些却失败离场？他们之间的差距究竟是什么？这就涉及设计的价值在商业上体现这一关键问题。

作为设计师，是否充分理解"设计作为生产者和使用者的链接"这一概念，同样是服装，消费者为什么买的是 A 品牌，而没有选择 B 品牌？

显然，是设计造成了一种风格化的结果，而消费者愿意为有区别化的、独特的服装设计买单，进而通过商业交换，服装才得以进入社会，个人的穿着、使用也只有通过购买才能够达成。由此可见，设计的物品是否具有使用价值，是否促成了交换行为，本就是设计的人造物最基本的属性。

消费者愿意购买经过设计的物品，这就说明他对物品的文化品质和物理品质是认可的。设计的价值和意义以人造物（如服装）为媒介，通过商业平台被生产出来。试想，如果你排斥商业行为，那么你是为谁在设计呢？无人接受的设计有什么意义呢？

因此，在我看来，在理解设计和商业的关系时，我们不应该预先把两者放在一种对立的关系上，如果我们能够清楚，服装（设计被镶嵌其中）本质上就是商品。客观来讲，以这样的一个认知为基础，才会真正理解设计的意义，才能真的做出好的设计。

《设计》：当设计师向管理者转型，会遇到哪些问题和挑战？

邹游：设计师不一定要从事管理者的岗位才会涉及管理问题，同一项工作如果有两个人参与，就会自然而然形成某种管理关系。例如一个公司的两位设计师，当他们的方案做出来之后，两个人在沟通过程中就会涉及管理问题。比如，需要判断哪个设计更适合企业的方向，更贴近商品企划的目标等，两者必须通过沟通，比较哪方对事物的理解更加透彻，进而就如何对方案进行调整、取舍等达成共识，以保证行动深入地开展。可见，成功的说服行为必不可少。再举个例子，设计师在和技术工程师协同工作的时候，必然会对专业技术、程序合理性等问题进行讨论，让团队成员采取协调一致的行动，正是为了实现管理的目的。所以，设计师职业本身就带有天然的管理属性。

从一个服装设计师的成长经历来看，从学生阶段到企业或品牌的服装设计助理，然后慢慢地升级，初级设计师、中级设计师、高级设计师，最后设计部经理、设计总监等，设计师会随着年龄的增长，逐渐丰富自己的经验与阅历，当然所处的角色也会发生变化，管理事务的范围也会随之扩大。在此想强调的是，我们不一定要到达某种职位才去考虑管理问题，即便作为服装设计专业的学生，也应该具有管理者的思维意识，以应对接下来各个阶段的设计与管理事务。只有拥有设计管理的思维后，才能清楚地了解营销团队是怎样运营的，品牌的目标用户到底在想些什么。这些参考坐标对于设计是至关重要的。

如果一个设计师想自创品牌，那就更得面临无数的管理问题了。所以，不要把设计与管理之间割裂开来，它们是一个有机的整体。认识到这一点是解开所有其他问题的关键。

《设计》：请您谈谈国内时装周的发展现状及趋势。

邹游：时装周可以是设计师展示自我的平台，也是时尚产业对过去一年的成果回顾，更有对未来趋势的预测，同时，它也是时尚产业向公众传达"美"的桥梁。从1910年法国举办第一届时装周开始，时装周就成为时尚产业表达自我身份和宣言的平台，它让公众提高了对美的理解，也让设计师拥有了自我表达的窗口。

时装周本身带有行会性质，它会设立自己的门槛，实际上就是设置行业标准。这个标准的设定极为重要，不仅使整个行业更加规范，也提高了公众对审美的理解。时装周就是以艺术化的方式去演绎，实实在在美的事物，从而让大众对时尚行业以及美有直观的认识。

观察全球最具代表性或示范性的时装周可以发现，一些参与其中的服装品牌有着自己的厚重历史，它们不仅在为全球时尚树立潮流风向，还表达着对世界的思考与批判。那么，国外时装周的权威感是如何形成的？应该是服装品牌与专业人士的共同作用，尤其为时装周工作的专业人士，他们站在足够高的高度上，思考时尚产业未来的发展走向，有着非常专业与严谨的态度，这才让具有领先性的时装周成为全球服装产业的权威。

现今中国有很多地方都在举办时装周，但普遍缺乏领先性和权威性。这时就需要各地组织者有个判断与思考，需要结合本国或当地的人文特色，建立起自己与众不同的时尚风格。同时，要建立时装周的品牌标准，提高整体的专业性，这样才能够形成时装周的权威感，才能够领导全球时尚行业的风向。从1997年第一届中国国际时装周举办以来，确实推动了国内时尚行业的整体发展，它通过视觉化的展示向公众传达时尚行业的价值，也生动地将不同时期美的画面定格下来，正是因其记录了中国人精神面貌的变化，时装周本身才具有了特别的意义。

而对于国内时装周未来的发展，我认为必须建立自己的价值体系。简单来说，就是挖掘本民族的文化特点，利用现代先进的科技知识与技术，建立拥有我国特色的时尚体系。同时，近几年线上交互媒体在时装周的广泛使用，已然将真实和幻象之间做了很好的联结，也让我们看到了中国国际时装周未来的发展走向。时装周其实就是一场大 Party，牵动着我们每一个人的神经，在这里你可以成为发声者，也可以成为倾听者，它让我们看到更好的自己，给予我们美好生活的启示。它不仅代表着一个国家时尚产业的发展阶段，还代表着我国在国际中的文化地位。

《设计》：您认为应如何推动时尚创业产业链的发展？

邹游：前述问题或多或少都有涉及产业链的问题。产业链最重要的是什么？其实是核心诉求问题。举个简单的例子，服装品牌作为时尚产业链的重要一环，如果仅仅以追求高额利润为目标，就会忽视产品的创新与研发，自然就很难形成品牌独特的设计风格。因为，一味地迎合市场，很容易让品牌失去创新的动力，进而也就会在企业的发展上失去长远的目标。一旦产业链中的一环失去创新性，其他与之相关联的部门，也就

2015AW 秀场

2018AW 秀场

缺少了产业革新的力量。

法国作为时尚潮流的策源地，它在全球时尚行业的地位举足轻重。研究它的整个产业链会发现，盈利并不是法国时尚行业追求的唯一目的，各部门为创新投入大量的物力与财力，承担着社会责任与国家文化形象的输出。所以想要赢得社会的认可，就不能把产业利益作为唯一诉求，社会责任与民族传承也是整个产业需要考虑的因素，只有这样，时尚的创新能力才能拥有丰富的内容。

这里还有特别重要的前提，就是企业的社会使命感，如民族意识、可持续发展意识等，我们的企业只有拥有了这样的责任担当，才能够在整个产业链中发挥重要作用。但是目前我们的企业很难有这样的能力，或者说它们的能力还很有限。作为学校的老师，有责任把这个问题指出来，尽管我的声音还很弱小，至少要有人把看到的问题说出来。

《设计》：请您谈谈目前行业面临的问题。

邹游：整个行业发展到今天，未必所有人都愿意去提供解决方案。其实，我们是需要有人提出一些问题的，比如最近行业内部关于中国传统文化的传承问题。很多年前，我在国外上学的时候就在思考我们和意大利、法国的设计师究竟有什么区别？现在全球因科技互联变成了地球村，我们处在信息共享的开放局面下，很多东西因相互学习而相似。而国家之间最大的区分就是自身的民族性，并且这种差异不以人的意志为转移，这就是我们的基因。从物种进化论的角度来讲，它不仅是生物基因，还是文化基因，这是我们无法回避的事实。

当我们面对和发扬自己的民族性时，特别要警惕不能用古人的思维去解释传统，而是应该站在当今时代语境下，去理解和传承自己民族的文化。社会人类学学者项飙在谈论知识分子时的一些观点对此问题颇有启示，在他看来，"在地"非常重要，对古典的东西当然要熟悉，但要划到当下的实践中去，他说神经一定要跟着现代去跳动，显然，我们的出发点必须是现在的困惑，也就是说当代问题，大众的困惑必须是最新的变化。如果孔子或亚里士多德身处现代社会，掌握了所有当下的信息，像这样的思考者，他们问的问题是什么？他们会用什么样的方式去解决问题？对此我深有感触，我们对传统文化的理解与阐释，当然应该是今天的人用现代的思维来处理当下的问题，而不是简单地把过去的东西做挪移、没有理由地复制、粘贴，这种理解传统的方式太过简单化了。

对于一个优秀的创作者来说，他的文化基因构成里，一定是民族传统和现代语境的双螺旋结构。也就是他的文化基因里，既包含了对中国传统文化的吸收，也应该融合新时代的先进方法与技术。创作者只有在拥有了复合的知识结构后，再来讨论民族传承问题，才会提供传统与现代相融合的新思路。

显然，我们面临的问题绝不止于此，但我想，一种文化身份的确立以及自我身份的当代性问题应该在整个问题链中占最大的权重吧！

《设计》：您如何在设计师和教师之间进行身份切换？

邹游：我经常把自己放在一个多重的角色上去思考教师和设计师身份。过去我经常在两者的身份中转换，考虑什么问题最有价值。我认为有价值的事物就是不断地去尝试新鲜，去探索自己的极限，去得到他人的认可，哪怕只是和很小部分的人群发生共鸣。

我很享受这种互换、交替的状态。为什么呢？首先，作为一名教师，就应该时刻保持学习的态度。并不是说教师就一定是教授别人知识，有时候知识的获取是相互的。比如，在和学生的教学沟通中，我和学生的思维时刻在发生碰撞，这让我的大脑皮层处在很兴奋的状态。我们的对话沟通会激发我的探索意识，唤起对未知的好奇心，双向的信息传递让教师与学生的身份显得不那么重要。当发现未知的领域时，需要刨根问底，把问题弄清楚，进而去思考表象背后的成因。求知探索并不是教师给我的职业设定，这是生物的本能。

那么，我进入设计师的角色又是什么状态呢？就是去解决问题。很多时候设计师处在头脑风暴中，处在很虚幻不真实的幻想世界。但最终设计师却要把虚构的想象转换成真实存在的人造物，所以在解决问题的过程中，设计师也成了创造者。我在自己的服装作品完成时，心里会产生特别大的满足感，因为这个过程会遇到很多问题，当作品最终呈现时，也预示着整个创造行为的完成。当然我也很谨慎地对待设计师这个角色，因为我在创造美，它会真切地改变别人的生活。所以，我在表达情感时，一定是有着对作品的反复斟酌，这就需要不断地推倒重来。

实际上，设计师和教师的角色对我而言是个统一体。我会在教师身份上找到设计师的幻想，在设计师的创造中找到教师的求知欲。比如，我在教师身份时，喜欢通过自己的写作表达我心中的诉求，而切换到设计师角色时，则是通过设计的作品表达内心的情感部分。实际上，两个身份都在探索未知，都在寻求表达自我，是"你中有我、我中有你"的关系。

《设计》：您作为70周年国庆群众游行服装的总策划和总设计，对这次的设计有什么特殊的感受？

邹游：中华人民共和国70周年庆祝大会已经过去一年多了，今天回想起来我依然觉得兴奋和自豪。多年来，我一直在思考设计的创造与认同问题，我认为优秀设计师的创造与设计能力，必须先在组织内部得到大家的认同，比如学校、公司、设计界。可能是你在上学期间通过每次作业的表达，慢慢得到大家对你设计能力的认可，或者作为设计师展示自己的设计作品，得到行业内部的一致好评，这些是最基础的组织认同。

但是获得这个层面的认同后，就应该思考如何获得商业上的认同。

设计必须放在商业系统中去检验，考验它是否产生了商业上的价值，这不能是被忽略匿名的状态，它是价值认可与实现的阶段之一。设计师要清楚地意识到设计产品，并不会告诉消费者它是由谁设计和制造的。产品是在匿名的状态下，充当设计师和消费者交流的工具，设计师的能力就是通过产品的受欢迎程度来进行检验的。所以，如果能够在商业系统的匿名状态下获得消费者的肯定和认同，这是对设计师在商业上的认可。

从组织认同到商业认同需要设计师耐得住寂寞，因为它可能会跨越很长的时间。如果设计师已经获得了商业上的认同，实际上已经达到了很高的标准。但是我认为还有一个更高的层次，就是社会认同。这时候设计已经不局限在组织和商业范畴，它进入了更广泛、深层次的社会层面，会引起社会以及公众的震动与回响，所以社会认同是对设计师能力的最高肯定。

中华人民共和国 70 周年群众游行的服装设计过程，就是在实现设计师的社会认同。在长安街游行的近 10 万群众，穿着我们团队的设计作品，向全世界人民传递着中国声音，这是对我们设计作品的最大认可。我作为一名服装设计师，能够有幸参与这次设计，不仅收获了难得的设计体验，也是对我设计能力的认可。所以今天再回想这次设计，应该是我人生中最重要、最难忘的时刻。

中华人民共和国 70 周年的庆祝大会，是向世界展示中国的窗口。它不仅展示了我们国家的软实力，实际上也是新时代中国人信念的阐释，展现了中国人整体的精神面貌，以及对未来生活的无限憧憬。我们团队作为活动的参与者，为国家的形象塑造贡献了微薄的力量，这让我们觉得无比荣幸和自豪。所以，我很庆幸生活在美好的时代，珍视时代赋予我的使命与责任。